Spain 西班牙

no.62

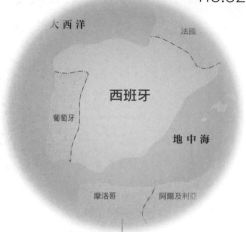

大西洋

法國

西班牙

葡萄牙

地中海

摩洛哥   阿爾及利亞

MOOK NEW**Action**

西班牙 Spain

MOOK NEWAction no.62

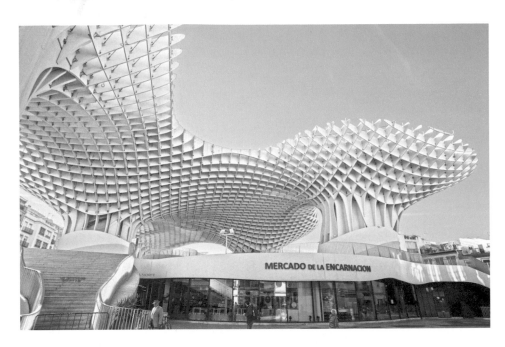

MERCADO DE LA ENCARNACION

本書所提供的各項可能變動性資訊，如交通、時間、價格（含票價）、地址、電話、網址，係以2022年11月前所收集的為準；特別提醒的是，COVID-19疫情期間這類資訊的變動幅度較大，正確內容請以當地即時標示的資訊為主。
如果你在旅行中發現資訊已更動，或是有任何內文或地圖需要修正的地方，歡迎隨時指正和批評。你可以透過下列方式告訴我們：
寫信：台北市104中山區民生東路二段141號9樓MOOK編輯部收
傳真：02-25007796
E-mail：mook_service@hmg.com.tw
FB粉絲團：「MOOK墨刻出版」www.facebook.com/travelmook

符號說明

☎ 電話　　　❶ 注意事項
🅕 傳真　　　🎯 營業項目
🏠 地址　　　✿ 特色
🕐 時間　　　🚗 所需時間
休 休日　　　🚩 距離
💲 價格　　　🚌 如何前往
🌐 網址　　　🚍 市區交通
◎ 電子信箱　　❶ 旅遊諮詢
💳 信用卡　　　Ⓗ 住宿

Welcome to Spain

歡迎來到西班牙

　　看膩了歐洲一成不變的教堂和城堡，想找點新鮮，西班牙必定不讓人失望！西班牙各區各具特色，每探訪一個區域，都會獲得新的驚喜。沒想到在同一個國家裡，竟然能呈現如此多樣變化。

　　中部的首都馬德里，有著皇家富麗與國際都會的明亮氣息，但周圍的紅土大地卻彷彿仍留在中世紀，同樣在中部的古城托雷多、塞哥維亞、阿維拉等，則獨特得教人捨不得離開；東部海岸是陽光度假勝地，巴塞隆納的藝術和奇詭建築早就

蜚聲國際，瓦倫西亞火節吸引世界人潮。

　　南部安達魯西亞蘊藏最鮮活的西班牙印象，格拉那達、哥多華和塞維亞的穆德哈爾建築，以其繁複細緻讓人目眩神馳，白色小鎮在山林間勾勒出一抹與世無爭的愜意；西部銀之路貫穿南北，串連起曾經的帝國繁榮與珍貴的歷史遺跡；北部海岸滿載夏日歡笑，深入內陸，盎然綠意隨群山起伏，朝聖者一步一腳印烙下虔誠信仰。

　　西班牙像盤色彩繽紛的調色盤，個性鮮明，無可取代。佛朗明哥翻飛的舞裙和明快節奏，

踩踏出西班牙的熱情;鬥牛場裡血脈賁張的生死交會,抓住每個屏氣凝神的視線;慶典釋放狂熱的因子,不管是奔牛節、番茄節、火節或塞維亞春會,保證永生難忘;不踩雷的美食天堂,海鮮飯、伊比利豬、烤乳豬、燉牛尾、醃漬橄欖、Tapas⋯小酒館裡喝的桑格莉亞,也是生活與文化。

別忘了,西班牙還是藝術鬼才的製造地,從17世紀的委拉斯奎茲和埃爾‧葛雷科先發,到19世紀開啟浪漫派的哥雅,20世紀接棒的達利、畢卡索、米羅和高第,每一蓋光芒都是強力探照燈等級。

New Action系列的西班牙,除了必訪的巴塞隆納和馬德里,更遍及中部高原、安達魯西亞、西部銀之路和北部朝聖之路的精華,分區導覽,詳細介紹各城市景點。此外,更為讀者做了有系統、快速入門的整理,包括「西班牙之最」、「精選行程」、「最佳旅行時刻」、「西班牙好味」、「西班牙好買」、「交通攻略」、「小百科」等單元,規畫西班牙之旅不求人,一本書就上手。

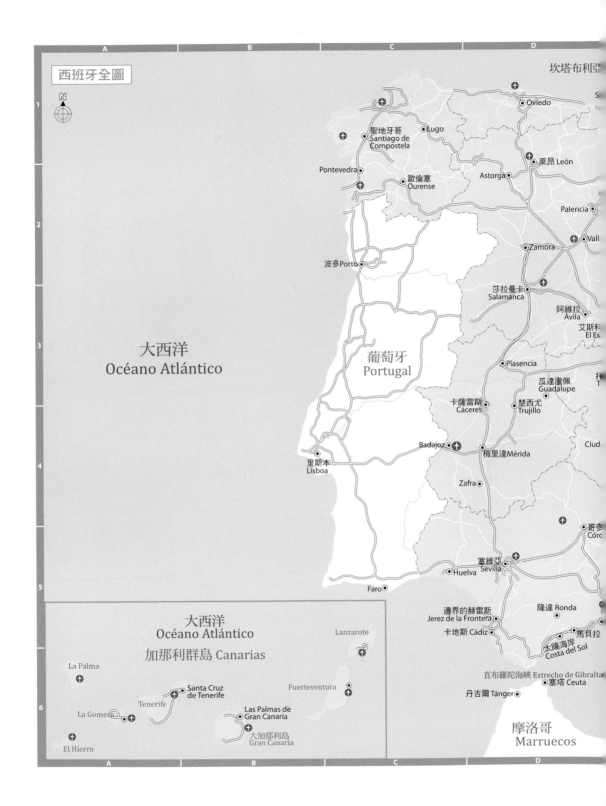

西班牙全圖

N

聖地牙哥
Santiago de
Compostela

Lugo

Pontevedra

歐倫塞
Ourense

波多 Porto

萊昂 León

Astorga

Palencia

Vall

Zamora

莎拉曼卡
Salamánca

阿維拉
Ávila

艾斯和
El Es

大西洋
Océano Atlántico

葡萄牙
Portugal

Plasencia

瓜達盧佩
Guadalupe

卡薩雷斯
Cáceres

楚西尤
Trujillo

Badajoz

梅里達 Mérida

Ciud

里斯本
Lisboa

Zafra

塞維亞
Sevilla

Huelva

Faro

隆達 Ronda

邊界的赫雷斯
Jerez de la Frontera

卡地斯 Cádiz

馬貝拉

太陽海岸
Costa del Sol

大西洋
Océano Atlántico

加那利群島 Canarias

Lanzarote

La Palma

Fuerteventura

Santa Cruz
de Tenerife

Tenerife

Las Palmas de
Gran Canaria

La Gomera

大加那利島
Gran Canaria

直布羅陀海峽 Estrecho de Gibralta

塞塔 Ceuta

丹吉爾 Tánger

摩洛哥
Marruecos

El Hierro

Mar Cantábrico

坦德
nder

聖瑟巴斯提恩
San Sebastián

法國 Francia

畢爾包
Bilbao

安道爾
Andorra

Victoria Gásteiz

潘普隆納
Pamplona

菲格列斯
Figueres

布勾斯
Burgos

Huesca

Girona

Soria

薩拉戈薩
Zaragoza

蒙瑟瑞特山
Montserrat

巴塞隆納 Barcelona

維亞
ovia

波布列特修道院
Monestir de Poblet

塔拉戈納
Tarragona

西班牙
SPAIN

Guadalajara

梅諾卡島
Menorca

馬德里 Madrid

特魯埃爾
Teruel

馬約卡島
Mallorca

阿蘭惠斯
Aranjuez

昆卡 Cuenca

Castellón de la Plana

帕馬 Palma

瓦倫西亞
Valencia

伊比薩島
Ibiza

巴利亞利群島
Illes Balears

eal

Albacete

弗門特拉島
Formentera

阿利坎特
Alicante

哈恩 Jaén

Murcia

地中海 Mar Mediterráneo

格拉那達 Granada

拉加 Málaga
爾莫里諾斯 Torremolinos
ella

Almería

阿爾及利亞
Algelia

圖例 ━━ 國家級道路 ✚機場

7

必去西班牙理由

古今建築競技

古羅馬劇院和水道橋見證歷史，伊斯蘭和基督教文化在穆德哈爾式建築握手和解，莎拉曼卡的銀匠式建築將立面雕刻成精緻銀器，高第把巴塞隆納當成畫布、在教堂裡創造森林，西班牙的建築每一棟皆是跨時代的經典。

藝術鬼才誕生地

委拉斯奎茲帶領17世紀畫壇，達利在超現實夢境間探索慾望，畢卡索解構形象、啟蒙現代藝術，米羅的抽象符號彩繪出充滿無限可能的童趣世界，西班牙的藝術光彩就和地中海的陽光一樣豐沛耀眼。

西班牙限定

佛朗明哥舞蹈奔放熱情、鬥牛場中燃燒冒險因子、小酒館裡學西班牙人過悠閒生活、投入節慶活動感受真正的放肆狂歡、走一段朝聖之路洗滌心靈…西班牙限定體驗，在靜與動之間探索生活文化。

伊比利美味

陽光與海洋孕育伊比利半島的豐饒，餐桌上的風景有地中海的多變特性，海鮮飯、烤乳豬、燉牛尾、伊比利火腿、吉拿棒、西班牙蛋餅、雪莉酒、桑格莉亞水果酒，這種選擇困難是美好的課題。

中世紀古城

河流環繞的托雷多在夕陽下閃耀淡金色光芒；塞哥維亞王宮像童話中白雪公主的城堡；厚實城牆環繞的阿維拉散發古拙韻味；昆卡見識學會攀岩的房屋。古城凝結了中世紀的時光，留下旅人的腳步。

世界文化遺產

西班牙的世界文化遺產數量可以擠進全球前幾名，首都馬德里幾乎被文化遺產古城包圍，阿爾罕布拉宮、哥多華、莎拉曼卡、塞維亞大教堂和王宮、巴塞隆納的高第建築，從南到北遍佈珍寶，每一處都歎為觀止。

旅行計畫
Plan Your Trip

Top Highlights of Spain
西班牙之最

巴塞隆納與高第建築
Barcelona & Works of Antoni Gaudí

　　沒參觀過高第的作品，不算到過西班牙！無論是以蒙特瑞瑟聖石山為靈感打造的聖家堂、色彩繽紛如童話世界的奎爾公園、像走進惡龍體內的巴特婁之家、或是無稜無角的波浪建築米拉之家，每一棟都是經典，即便以現代的眼光來看這些百年前的建築，仍然前衛而大膽。

　　高第的作品充滿原創力與想像力，打破建築的人工直線迷思，回歸大自然的變動曲線，使用大量的鍛鐵、陶瓷、磚瓦和石材，每個細節都獨一無二。1882年動工的聖家堂，預計於2026年完工，以紀念高第逝世百年，相信屆時將再掀起一股高第旋風。

最佳博物館
The Best Museum

普拉多美術館/馬德里
Museo del Prado/
Madrid(P.74)

國立蘇菲亞王妃藝術中心/
馬德里
Museo Nacional Centro
de Arte Reina Sofía/
Madrid(P.80)

佛朗明哥Flamenco

「煽情」是佛朗明哥最重要的元素，集合曲調、歌聲、表情、節拍，竭盡全力撩動在場每個人的「情」緒，這就是最鮮明的西班牙文化特性。

15世紀，吉普賽人穿越印度、北非和歐洲，流浪至安達魯西亞定居，這種無論到哪都受人鄙視的遭遇，讓吉普賽民謠總帶有一絲哀愁憂傷，除了深深打動我們的靈魂，也隱含著吉普賽人的獨立與自傲，這類深沉歌曲(cante jondo)可以說是佛朗明哥樂曲的濫觴。

歌手伴隨著吉他樂曲，與一至數位舞者共同表演，曲目主要是吉普賽傳統音樂或安達魯西亞民謠，舞蹈則著重手指、手腕與腳步的動作，優秀的舞者是身體幾乎完全不動，僅靠著腳踩地起舞，伴隨手中的響板，強烈的節奏觸動人心。

鬥牛
Corrida de Toros

西班牙的鬥牛源於貴族間的比賽，18世紀時波旁家族視其為野蠻行為而反對繼續進行，讓鬥牛從貴族比賽演變成平民活動。18世紀後，隆達與塞維亞兩派的鬥牛士互相較勁，從此奠定鬥牛賽的規則與服裝規範。

3至10月是西班牙的鬥牛季，這項活動在西班牙的大型慶典中是不可缺少的元素，例如瓦倫西亞的火節、塞維亞的春會。鬥牛表演通常包含進場式和3場搏鬥，3場搏鬥表演的節奏鬆弛有度，各組人馬從各個角度試探並激怒公牛，為最後15分鐘的殺牛高潮作準備。

鬥牛表演選用的公牛血統純正，好鬥本性與生俱來，不過卻是色盲，對鬥牛布的紅色無感，只有搖動的物體才能讓牠們激動。如果主鬥牛士花費超過25分鐘，或3次入劍都未能刺死公牛，主席將停止比賽，終止刺殺。

白色小鎮
Los Pueblos Blancos

　　白牆瓦頂的小鎮民宅依著地形起起落落，星羅棋布於山傀水涯，成為安達魯西亞獨特的風情。斜坡、窄街、白牆及種滿鮮豔花卉的陽台，上上下下高高低低的樓梯宛如迷宮，引領旅人通往不知名的中庭或角落。

　　小鎮外貌看似相去不遠，卻各有各的美麗，擁有橫斷崖壁城牆的隆達(Ronda)、特殊穴居的瓜地斯(Guadix)、保留最多伊斯蘭圓拱建築的阿爾克斯(Arcos de la Frontera)，或以健行路線聞名的特列貝雷斯(Trevelez)，都有其獨特的魅力。

最美教堂
The Most Beautiful Cathedral

聖家堂/巴塞隆納
Sagrada Família/
Barcelona(P.134)

托雷多大教堂/托雷多
Toledo Cathedral/
Toledo(P.101)

托雷多
Toledo

悠久的歷史讓托雷多擁有無數的珍貴資產，特別是融合伊斯蘭教、天主教和猶太教的混血文化，擁有「三個文化城」美譽。從Tajo河對岸遠眺托雷多，河流像條寶藍色的絲絹，圈繞著夕陽下閃著淡淡金光的小城，此刻似乎這些西班牙首都的地位、名列西班牙三大教堂之一的文化遺產、畫家葛雷科居住地的藝術光環等都不再重要，那份濃濃的中世紀風味，就足以令人迷醉。

大教堂和希拉達塔/塞維亞
Catedral y La Giralda/
Sevilla(P.202)

聖地牙哥大教堂/聖地牙哥
Catedral de Santiago/
Santiago de
Compostela(P.251)

莎拉曼卡大教堂/ 莎拉曼卡
Catedral de Salamanca /
Salamanca(P.239)

穆德哈爾式建築
Mudéjar Architecture

安達魯西亞在北非摩爾人的統治下長達八個世紀，之後雖回到天主的懷抱，伊斯蘭文化早已深深扎根，結合天主教和伊斯蘭風格的穆德哈爾式建築，在這片高低起伏的丘陵交織出洋溢異國風情的面貌。塞維亞的阿卡乍堡層層疊疊的拱門和中庭最為經典，格拉那達則以阿爾罕布拉宮華麗的灰泥壁雕驚艷世界。

另一個穆德哈爾式建築集中之區是阿拉崗地區(Aragon)，特魯埃爾被稱為「穆德哈爾之都」，外牆裝飾著彩色磁磚的高塔和教堂是最大特色。

最迷人古城
The Most Charming Old Town

參與一場狂歡慶典
Participating the Festivals

西班牙一年四季有大大小小的節慶，熱情、奔放與瘋狂的南國因子，在慶典中完全釋放。其中以瓦倫西亞的火節(Las Fallas)、塞維亞的春會(Feria)和潘普隆納的奔牛節(San Fermín)最具特色。

瓦倫西亞在3月15至19日的火節當週，幾乎是「焚城」狀態，以鞭炮、煙火和火燒人偶向Saint Joseph致敬；4、5月的春會期間，塞維亞人不需要休息，穿著傳統服飾，唱歌、飲酒、玩樂，不到清晨絕不罷休；7月6至14日的奔牛節，是美國文豪海明威的最愛，稱得上是全世界最刺激的節慶，白天活動高潮就是讓公牛在長約800公尺的路上狂追著一群不怕死的勇士，晚上則邀請各地鬥牛士於鬥牛場中正式表演。

古典大師與現代鬼才
Classical Art & Modern Art

　　西班牙的藝術光彩和伊比利半島的陽光一樣耀眼，馬德里蘊藏古典與優雅，世界三大博物館之一的普拉多美術館內，埃爾·葛雷科、委拉斯奎茲和哥雅描繪17～18世紀的宗教狂熱與宮廷生活；巴塞隆納則是揮灑異想的舞台，達利用畫筆建構超現實夢境，畢卡索解構形象，啟蒙現代藝術，米羅則以抽象符號彩繪出童趣世界。

最佳宮殿
The Best Palace

阿爾罕布拉宮/格拉那達
La Alhambra/
Granada(P.212)

阿卡乍堡/塞維亞
Alcázar/ Sevilla(P.204)

伊比利美食饗宴
Gourment in Iberian

伊比利半島的美味來自終年燦爛的陽光及四周的廣闊海洋，香草、橄欖油和新鮮的在地食材是發展出多元料理的關鍵。最具代表性的首推西班牙海鮮飯，生猛海鮮、米飯和番紅花在鐵鍋中跳出澎湃且協調的舞曲，絲毫不遜色的還有各式各樣的Tapas、豬肉界的王者伊比利火腿、軟爛入味的燉牛尾、用盤子就能切開的烤乳豬等。

入住古堡飯店
Stay in Castle

是否曾幻想入住歐洲古堡，當一夜貴族？西班牙特有的國營飯店體系Padador，能為你實現願望。國營飯店將貴族古堡、領主宅邸、中世紀修道院等改裝成奢華旅宿，讓旅客入住歷史古蹟的同時，還能享受現代化的舒適設備，而這些地方通常也都坐擁絕佳美景的地理位置。其中，可以盡攬托雷多美景的Padador Toledo、格拉那達的阿爾罕布拉宮、哥多華的避暑行宮，都相當受歡迎。

皇宮/馬德里
Palacio Real/
Madrid(P.66)

阿蘭惠斯皇宮/
阿蘭惠斯
Real Sitio de Aranjuez/
Aranjuez(P.88)

阿卡乍堡/
塞哥維亞
Alcázar/
Segovia (P.109)

塞哥維亞Segovia

　　古城入口廣場的羅馬水道橋以層層疊疊的拱門搶走旅人驚嘆的目光，這座西班牙境內最具規模的古羅馬遺跡，巧妙運用石頭的各個角度，不需水泥或釘子的輔助，堆砌出龐大且穩固的橋身，度過2000多年歲月，堪稱人類最偉大的工程之一。穿越彷如中世紀的城鎮，山崖邊倨傲佇立的阿卡乍堡再次令人驚豔，巫師帽般的藍色尖頂讓人想起迪士尼樂園裡的《白雪公主》城堡。

最特別景點
The Most Special Spot

凡塔斯鬥牛場/馬德里
Plaza de Toros de Las Ventas/ Madrid(P.86)

懸壁屋/昆卡
Casas Colgada/
Cuenca(P.119)

朝聖之路
Camino de Santiago

9世紀時一位牧羊人在星星的指引下發現了聖雅各(St. Jacob)的墳墓，該地於是命名為聖地牙哥，信徒隨之蜂擁而至，成為中世紀最重要的朝聖路線之一。

「朝聖之路」其實就是歐洲天主教徒從自家門口往聖地牙哥大教堂的這條路，路線有很多條，最受歡迎的是法國之路(Camino Frances)，全長800多公里，從法國松坡(Somport)啟程，翻越庇里牛斯山，經布勾斯、萊昂等城市，一步步朝聖地邁進。

© Sadie Hsu

哥多華
Córdoba

跟著盛艷綻放的花朵，迷失於白色巷弄間，邂逅隱密的幽靜中庭，藤蔓爬滿鑄鐵陽台，柑橘樹下的小噴泉紓解夏日暑氣，時光流轉回12世紀，凝結一方靜謐。猶太街區之外，羅馬拱橋橫張跨越河流，岸旁的清真寺石柱成林，包圍市中心的教堂，哥多華把伊斯蘭教、天主教和猶太教內化於那悠悠緩緩的步調裡，即使觀光人潮絡繹不絕，仍掩蓋不了那份悠閒。

Selected Itineraries of Spain
西班牙精選行程

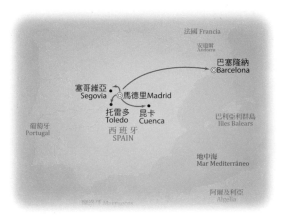

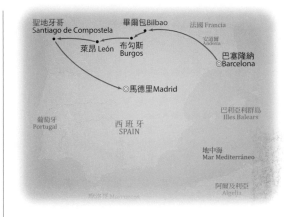

雙城輕旅行7天
●行程特色

　　以首都馬德里和加泰隆尼亞首府巴塞隆納為旅行重點，順遊周圍小城，深度感受西班牙的歷史文化和現代藝術。馬德里交通方便，以此為中心，可彈性安排周圍1至2小時車程的小城一日遊，例如融合伊斯蘭教、天主教和猶太教等文化的托雷多、羅馬水道橋橫瓦市區的塞哥維亞、聖徒朝拜的石頭城阿維拉、有特殊懸壁屋景觀的昆卡。

●行程內容

Day1：馬德里Madird

Day2：馬德里Madird→塞哥維亞Segovia

Day3：馬德里Madird→托雷多Toledo

Day4：馬德里Madird→昆卡Cuenca

Day5：馬德里Madird→巴塞隆納Barcelona

Dya6：巴塞隆納Barcelona

Day7：巴塞隆納Barcelona

前進朝聖之路7天
●行程特色

　　這條路線推薦給第二次前往西班牙或有天主教信仰的旅人，若要徒步走這條舉世聞名的朝聖之路，至少得花上30天，因此建議假期有限的旅客搭火車或巴士，選幾個重點城市停留。而除了北部高原的秀麗景色，最美的風景就是在布勾斯、萊昂和聖地牙哥大教堂等地遇到的徒步朝聖者。畢爾包雖然不在這條路上，但衝著古根漢美術館的名氣，怎能不放入行程！

●行程內容

Day1：巴塞隆納Barcelona

Day2：巴塞隆納Barcelona

Day3：巴塞隆納Barcelona→畢爾包Bilbao

Day4：畢爾包Bilbao→布勾斯Burgos

Day5：布勾斯Burgos→萊昂Leon

Day6：萊昂Leon→聖地牙哥Santiago de Compostela

Day7：聖地牙哥Santiago de Compostela→馬德里Madird

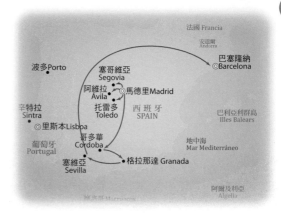

迷戀安達魯西亞10天

●行程特色

　熱情的佛朗明哥女郎、迷宮般的曲折巷弄、懸掛著豔麗紅花的白牆、綠意盎然的中庭掩映一方靜謐、繁複華美的穆德哈爾藝術⋯安達魯西亞地區有著最經典的西班牙印象，記得把旅程大部份時間留在不容錯過的巴塞隆納，好好欣賞獨一無二的高第建築，融入當地的悠閒生活。在安達魯西亞三城格拉那達、哥多華、塞維亞之外，建議安排2～3天在白色小鎮，以隆達或安特蓋拉為據點，搭巴士或包車遊覽鄰近小城。

●行程內容

Day1：巴塞隆納Barcelona
Day2：巴塞隆納Barcelona
Day3：巴塞隆納Barcelona
Day4：巴塞隆納Barcelona→格拉那達Granada
Day5：格拉那達Granada→安特蓋拉Antequera
Day6：安特蓋拉Antequera→隆達Ronda
Day7：隆達Ronda
Day8：隆達Ronda→哥多華Córdoba
Day9：哥多華Córdoba→塞維亞Sevilla
Day10：塞維亞Sevilla→巴塞隆納Barcelona

西班牙經典風情12天

●行程特色

　這是西班牙最經典的行程，一口氣走遍中部高原、安達魯西亞和東部海岸的重點城市，適合第一次前往西班牙的旅人。以國土中心的馬德里為起點，挑選周圍城市一日遊，沈浸中世紀的古樸氣氛中，而後南下安達魯西亞，融合天主教與伊斯蘭文化的穆德哈爾式宮殿與教堂，讓人驚艷，最後以巴塞隆納的現代藝術和高第的建築做結尾，細細感受西班牙各區的特色與差異。

●行程內容

Day1：馬德里Madird
Day2：馬德里Madird→塞哥維亞Segovia
Day3：馬德里Madird→托雷多Toledo
Day4：馬德里Madird→阿維拉Ávila
Day5：馬德里Madird→哥多華Córdoba
Day6：哥多華Córdoba→格拉那達Granada
Day7：格拉那達Granada→塞維亞Sevilla
Day8：塞維亞Sevilla-
Day9：塞維亞Sevilla→（飛機）巴塞隆納Barcelona
Day10：巴塞隆納Barcelona
Day11：巴塞隆納Barcelona
Day12：巴塞隆納Barcelona

When to go
最佳旅行時刻

僅次於瑞士，西班牙是歐洲地勢第二高的國家，平均海拔600公尺，地貌以山地和高原為主，春秋兩季是最適宜旅遊的季節，春季適合遊覽安達魯西亞及地中海沿岸，秋季涼爽溫和、陽光普照，喜愛滑雪的旅客在冬季可到北部和南部高山從事滑雪運動。

朝聖之路與北部海岸

庇里牛斯山南側、北部地方及西北大西洋沿岸，屬溫帶海洋型氣候，受到洋流影響，潮濕多霧，夏季的均溫比西班牙其他地方低，秋冬季多降雨。北部海拔1,200公尺以上山區，則屬高山氣候。

© J.C. Gil Baliano

巴塞隆納與東部海岸

地中海沿岸為溫帶地中海型氣候，是夏季避暑和冬季避寒的好地方，溫暖且雨量不多。不過，瓦倫西亞一帶在7、8月相當炎熱，有時氣溫會超過40℃，一定要做好防曬準備，並避免中午在艷陽下活動。巴利亞利群島屬亞熱帶氣候，全年均溫18至24℃。

銀之路

銀之路位於中部高原的西側，為溫帶大陸型氣候，特點是日夜溫差劇烈、季節變化大。北部的強降雨季節為4~6月及10~11月，南部地區則是秋季多雨。

聖地牙哥 Santiago de Compostela
朝聖之路與北部高地
畢爾包 Bilbao
萊昂 León
布勾斯 Burgos
巴塞隆納與東部海岸
巴塞隆納 Barcelona
莎拉曼卡 Salamanca
馬德里 Madrid
塔拉戈納 Tarragona
馬德里與中部高原
銀之路
瓦倫西亞 Valencia
梅里達 Mérida
哥多華 Córdoba
安達魯西亞
塞維亞 Sevilla
格拉那達 Granada

安達魯西亞

春季到秋季都適合旅行的地中海型氣候，6月向日葵滿山遍野地盛開，可以説是最美的月份，7、8月的塞維亞和哥多華等地區溫度可能會超過40℃，要注意避暑。地中海岸的太陽海岸(Costa del Sol)受到海洋調節，溫度相對穩定，即使冬季依然陽光耀眼。

馬德里與中部高原

中部屬於溫帶大陸型氣候，雨量比較少，冬季寒冷，夏季炎熱少雨，日夜溫差可達20℃。夏天日照強烈，建議戴帽子，但晚上稍涼，需帶薄外套；冬天就一定要帶夠禦寒衣物。

西班牙節假日

除了全國性的例假日，西班牙每個城市有自己的守護聖徒慶祝活動，各自治區有各自的規定假日，還有大大小小的宗教節慶。幸好，大部份景點和博物館只在新年、主顯節、勞動節和耶誕節等全國性的重要節日公休，對旅客影響不大，且熱鬧的節慶主要集中在春夏季。

重要節假日

月份	日期	節日名稱	說明	活動
1	1	***新年**	全國	
	6	***主顯節Epifanía**	全國	天主教重要節慶，又稱「三王節」，為慶祝耶穌降生為人後，首次顯現於全人類面前。1月5日下午，各城鎮會舉辦三王朝聖遊行。
	17	**聖安東尼節Fiestas de San Antonio Abad**	全國 馬約卡島	許多地方有和動物相關的慶祝活動。 馬約卡島會在島上各地生火，以樂隊和民俗舞蹈炒熱氣氛。
3	13~19	**火節Las fallas**	瓦倫西亞	有燃鞭炮、放煙火、遊行、向聖母獻花等活動，高潮是在19日午夜焚燒大型人偶(Fallas)。
4	10~16(復活節的前一週)	****聖週 Semana Santa**	全國	各地都有遊行，主題有猶大背叛耶穌、耶穌釘在十字架、聖母悲傷守護愛子等，以塞維亞、昆卡、馬拉加等地活動特別值得一看。
	14	*****聖週四 Holy Thursday**	全國，除了加泰隆尼亞	
	15	*****耶穌受難日Good Friday**	全國	復活節前的星期五，紀念耶穌在加爾瓦略山被釘上十字架和他的死亡。
	23	**聖喬治節**	巴塞隆納	屠龍救公主的聖喬治是加泰隆尼亞地區的守護聖人，中世紀時的這天會送玫瑰花給心愛的女人，後來演變成加泰隆尼亞地區的情人節。
5	1	***勞動節**	全國	
	1~7（聖週結束後的第二週）	****春會Feria de Sevilla**	塞維亞	原是安達魯西亞省每年春、秋兩季的趕集活動，中世紀時發展成全國性節慶，當地人在春會期間穿上傳統服裝遊行、跳舞、飲酒
	7~14	****馬節 Feria del Caballo**	邊界的赫雷斯	連日舉辦馬術及馬車競技大賽，可一睹西班牙皇家馬術的風采。
	3~15	****中庭節 Festival de los Patios**	哥多華	安達魯西亞省的建築中庭最能展現出其曾受伊斯蘭統治的影響，50多座中庭會在這段期間妝點大量鮮花，以角逐獎項。
6	16	****聖體節 Corpus Christi**	全國	復活節之後的第9個週四，在教堂附近使用鮮花排出圖案，以托雷多最為盛大。
	23	**聖胡安節 San Juan**	全國	6月23日是一年之中晚上最短的一天，又稱為「仲夏節」，為西班牙最熱鬧的節慶之一。廣場上會施放煙火，並堆起篝火，將廢棄家具丟入燃燒，並跳過火堆許願。
7	6~14	**奔牛節 Fiesta de San Fermín**	潘普洛納 Pamplona	世界上最瘋狂的節日之一，參加者需穿著當地傳統的白衣白褲，配戴紅領巾，白天活動的高潮是讓公牛在往鬥牛場的路上追著一群不怕死的勇士，晚上則邀請各地鬥牛士於鬥牛場中正式表演。
8	15	***聖母升天節Assumption**		
	31（8月最後一個週三）	****番茄節 La Tomatina**	布尼奧爾 Buñol	瓦倫西亞附近小鎮的節日，因為活動獨特而出名。早上進行爬竿比賽，接近中午時，所有人便開始瘋狂互擲番茄。
9	20~24	**聖梅爾塞節 Fiesta de la Mercè**	巴塞隆納	慶祝守護聖母梅爾塞的節日，除了人體疊羅漢、大型人偶遊行，還有戲劇和音樂表演。
10	12	**畢拉聖母節 Fiestas del Pilar**	薩拉戈薩 Zaragoza	為期10天，有鬥牛表演、Jota民俗舞蹈競賽。當天由「玻璃十字架」率領隊伍遊行，並向聖母獻花。
	12	***國慶日**		
11	1	***諸聖節All Saints Day**		
12	6	***憲法日**		
	8	***聖母無原罪日 Immaculate Conception**		
	25	***聖誕節**	全國	12月初開始，各城市主廣場就有大大小小的耶誕市集，不同於其他歐洲國家，西班牙的宗教色彩較強烈，攤位多販售耶誕樹裝飾和耶穌降生的馬廄佈置。

*全國性的國定假日　**上表為2022年日期，節慶日期每年異動　***國定假日且日期每年變動

Transportation in Spain
西班牙交通攻略

飛機

西班牙境內的飛航網發達,各區主要城市周圍都有機場,搭飛機往來境內,航程均只需1個多小時,提早購票的話,廉價航空的早鳥票甚至比火車票便宜。雖然飛機的移動效率很高,也別忘了把市區到機場的交通時間和成本算進去,所以,除非是塞維亞前往巴塞隆納這種長程移動,搭飛機不見得比較快。此外,即使是國內線,依然建議提前2小時到機場。

除了西班牙航空Iberia以外,其他廉價航空包括:Vueling、Volotea、Ryanair、Air Europa、Easy Jet。關於西班牙各地機場、航線、機場至市區交通等,可多利用AENA網站。

🌐www.aena.es

鐵路系統

西班牙的鐵路網絡健全,跨區交通也多有高速火車,列車乾淨舒適,雖然偶有誤點狀況,整體來說,利用火車旅行西班牙各地仍然是最方便又有效率的選擇。

西班牙國營鐵路RENFE

西班牙的鐵路系統是由西班牙國家鐵路局(Red Nacional de Ferrocarriles Españoles或Spanish National Railways,簡稱RENFE)負責規畫,交通網還算密集,遊客除了購買西班牙火車票在境內進行火車旅遊外,亦可經由歐洲其他城市,搭乘跨國火車進入西班牙各城鎮。各大城市之間的銜接都能利用鐵路往返,此外,各區也有地區火車行駛小鎮間;唯一美中不足的是,區域火車班次有限,一些較偏遠的小鎮仍須轉搭公車才能抵達。

◎高速火車AVE和AVANT

全名為「西班牙高速火車」(Alta Velocidad Española)的AVE,最快時速可達300公里以上,行駛於專用軌道上,和一般西班牙火車採用的寬軌軌道不同,行駛於馬德里、塞維亞、馬加拉、巴塞隆納、瓦倫西亞、萊昂等地,共11條路線。同樣使用高速火車的中程火車則是AVANT。

不管AVE或AVANT都是對號座。此外,搭乘高速火車前,要在車站先行檢查護照和車票,而驗票口在火車駛離前2分鐘就會關閉。

◎長程特快列車Larga Distancia

西班牙長程火車種類繁多,根據行駛的地區和路線不同,分成不同車種,服務和設備類似,但無論是搭乘下述哪一種,都必須事先訂位。

ALARIS、ALTARIA、ALVIA、Euromed和TALGO:時速大約都可達200公里,分為頭等艙(Preferente)和普通艙(Turista)。頭等艙可享迎賓飲料、免費報紙、以及送餐到位等服務,座位每排為2人/1人;普通艙則可以欣賞影片或聆聽音樂,座位每排為2人/2人。

AV City:為支援AVE、票價較為便宜的火車分線,目前有「馬德里-馬拉加」、「馬德里-塞維亞」、週四至週日行駛的「馬德里-薩拉戈薩」以及週五至週六行駛的「馬拉加-瓦倫西亞」共4條線,分為Turista車廂和Turista Plus車廂。

火車旅館(Trenhotel):屬於頂級夜車,行駛路線分為西班牙境內與國際路線,境內主要往來於馬德里到Ferrol之間,以及巴塞隆納到北部加利西亞地區Vigo之間;國際主要往來於馬德里到葡萄牙里斯本之間。TRENHOTEL提供臥鋪房間鑰匙,Grand Class Berth擁有整套獨立衛浴;First Class Berth則為1或2人一室,配備盥洗台;4人一室的Standard Class也同樣配備盥洗台。至於座位艙等也分頭等和普通兩種。

◎中程火車MD

地區火車是行駛於大城市與地方城鎮間的火車,主

要分布在西班牙中部、安達魯西亞、加泰隆尼亞以及加利西亞等地區,該火車分為快速火車(Regional Express或TRD)和普通火車(Regional)兩種,像是從馬德里前往塞哥維亞,或是巴塞隆納前往菲格列斯,都屬於地方火車的營運範圍,其中像是TRD這類快速地區火車必須事先預訂座位,普通的地區火車則不必。

◎近郊火車Cercanías

近郊火車主要行駛於大城市及其近郊,像是從馬德里前往艾斯科瑞亞皇宮,或是從阿托查火車站前往查馬丁火車站等等,班次相當頻繁,且每條路線均有固定月台,一般為通勤使用,有時也可取代地鐵,穿行於城市間。搭乘郊區火車採自由入座方式,不必訂位。

票券種類

◎火車通行證

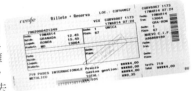

旅程上若移動天數較多,最優惠且方便的方式就是擁有一張火車通行證,不僅一票到底,免去每站購票的麻煩,還可享有當地其他小火車、市區交通、渡輪的優惠,或免費遊覽行程和城市旅遊卡。

「西班牙火車通行證」可在通行證使用日期內不限次數搭乘Renfe和FEVE所有車種,但搭乘長程特快列車、高速火車和臥舖火車必須訂位,並額外付訂位費。若同時旅遊歐洲多國,則建議購買「歐洲31國火車通行證」。

通行證的發售對象為入境的外國旅客,無法在西班牙境內買到,必須先上網或向代理歐鐵票務的旅行社購買。國內由飛達旅遊代理,可至其官網查詢訂購,官網購票不需支付開票手續費,如需旅遊諮詢顧問人工開票,則需另加收開票手續費3歐元。

飛達旅遊

📞02-8161-3456 🌐www.gobytrain.com.tw
官方 LINE 客服:搜尋 @gobytrain

如何使用通行證

目前皆採電子票證,必須在第一次搭火車前或使用優惠前,啟用火車通行證,方法很簡單,只要下載並開啟 Eurail Rail Planner App,輸入姓氏、通行證號碼,即可點選啟用(activate)。

若不知如何使用,在向飛達旅遊購票後,會收到完整的電子票證使用教學,也可透過 LINE (@GoByTrain) 向飛達旅遊顧問諮詢。

凡是搭乘晚上7點後出發、翌日凌晨4點後抵達的夜車,需在火車通行證上填入班車抵達日期而非出發日期。並須確認抵達日仍在火車通行證的有效日期內。

◎點對點火車票

如果只需搭乘1~2段火車,或多為區域間短程移動,購買點對點車票就已足夠。火車票可在火車站或官方網站上購得,如果只是搭乘近郊鐵路或普通地方火車,由於不需訂位,直接在車站的自動售票機購買即可,可避免售票窗口大排長龍的時間。售票機大多為觸控式螢幕設計,可選擇英文操作介面。

購買AVE、長程特快列車、AVANT和中程火車MD60天以內的來回票,可享20%的折扣,購票時需確定回程時間,但可以免費換票。必須注意的是,優惠票在退票方面限制較多。

如何購買車票

◎國鐵網站

西班牙國鐵網站有英文介面,無論查詢或購票都非常方便。若是需要訂位的車種,票價計算會包含訂位費用,提早2~3個月購票都有早鳥優惠,不需註冊即可線上購票訂位,註冊的好處是可以查詢記錄、累積積分、修改或取消車票。

由於部分大城市擁有不只一個火車站,因此搭乘不同種類的火車可能會停靠不同火車站,如果想查詢停靠火車站,可點選火車班次,便會出現起迄車站及沿途停靠各站。

西班牙國鐵RENFE 🌐www.renfe.com

◎票務櫃檯

售票口通常會分為當日出發或預售票兩種窗口,必須先抽取號碼牌等候服務,由於西班牙列車種類與票價十分複雜,建議將想前往的目的地與日期寫在紙上,交由服務人員參考。

西班牙火車通行證票價一覽表 (下述為2019年參考價格，即時票價請上網確認)

效期	票種 艙等	成人個人票 頭等艙	成人個人票 普通艙	青年個人票 頭等艙	青年個人票 普通艙	熟齡個人票 頭等艙	熟齡個人票 普通艙
彈性	1個月任選3天	227	170	182	148	204	153
彈性	1個月任選4天	263	197	210	171	237	177
彈性	1個月任選5天	294	221	235	191	265	199
彈性	1個月任選6天	323	242	258	210	291	218
彈性	1個月任選8天	374	281	299	243	337	253

＊西班牙火車通行證票價不含訂位、餐飲及臥舖之費用。
＊青年票：乘車時已滿12歲至未滿28歲之青年。
＊熟齡票適用乘車時已滿60歲。

乘車注意事項

◎找對車站
在馬德里、巴塞隆納等大城市擁有不只一座火車站，前往不同的目的地，需從特定的車站出發；有時即使同一個目的地，高速列車和中程火車的出發站就不一樣，所以買票時要先確認清楚。

◎查看時刻表
不論是否需要當場購票，進到火車站裡，時刻表是你要找尋的主要目標。每座火車站的大廳內都設有電子時刻表，上面顯示即將進站和離站的列車班次，會顯示車種、離站時間以及目的地，最重要的是可以看到列車的進站月台號碼。

◎檢驗車票及行李
在西班牙搭乘Avant、AVE等級的高速火車和長程特快夜車，不但會驗票、驗護照，行李還需通過X光檢驗，嚴謹的過程僅次於搭飛機，搭車請預留多些時間，以免太匆忙導致錯過班次。

◎找到月台並確認列車及車廂
每座月台也都設有電子看板，上面顯示即將停靠列車的車號、發車時刻及目的地，進入月台後不妨再次確認。

◎乘車
車門不一定會自動開啟，如果車門關著，記得要壓下車門上的按鈕，車門才會打開。

◎查票及到站
除了大車站以外，火車月台大多無設置車票閘門，任何人都可隨意進出，但在列車上一定會遇到查票員，因此絕對不要抱持僥倖心態搭霸王車，被抓到的話要繳納高額罰款。若搭乘須訂位火車，查票時要同時出示訂位車票或收據。

大部分車廂前方會有螢幕顯示即將到站的站名與時刻，稍加留心應該就不會坐過站。

西班牙鐵路關鍵字彙

中文	西班牙文
火車	Tren
車站	Estación
時刻表	Horario
售票處	Tanquilla
車票	Billete
車資	Tarifa
車廂	Coach
到達	Llegada
出發地	Origen
目的地	Destino
單程	Sencillo
頭等艙	Preferente Clase
普通艙	Turista Clase
入口	Entrada
出口	Salida

長途巴士

長途巴士最大的優勢在於票價低廉,且幾乎遍及全國,在沒有鐵路到達或班次不多的區域,巴士有效填補了城鎮和景點間的往來交通。

西班牙的長途巴士班次密集、路線廣且車輛新穎,中短程的移動,也不比火車慢。車票可在巴士總站(Estación de Autobuses)或是巴士公司的網站上購買,巴士總站通常有好幾間巴士業者進駐,並擁有各自的售票窗口,購票時建議把起迄點和日期先寫在紙上,直接給售票人員,必較不會出錯。

雖然巴士通常不會坐滿,但若是旅遊旺季或是熱門路線,建議還是提早購票。此外,週末和節日的班次會大幅減少。

主要巴士業者

需注意的是,像馬德里這種大城市,不同的巴士業者根據不同目的地,還會有不同的巴士總站,購票及搭車前可於官網查詢或至當地遊客中心詢問。

◎Alsa

西班牙最大的巴士公司,路線涵蓋全國各地,也有跨國巴士路線,可搭乘巴士前往葡萄牙、法國,部分班次還有提供免費Wifi及車上影音娛樂設備。

🌐www.alsa.es

◎Avanza

集團成立於2002年,當時整合Auto Res、Tuzsa、Vitrasa等3家巴士公司而成立。主要行駛於中部高原、銀之路和西部海岸等地,包含馬德里、莎拉曼卡、梅里達、瓦倫西亞等。

🌐www.avanzabus.com

◎Damas

安達魯西亞地區的另一間主要巴士公司。

🌐www.damas-sa.es

租車自駕

西班牙大致上路況都算良好,除了靠近大城市的都會區域以外,交通順暢不壅塞,高速公路遍及各地,安達魯西亞的白色小鎮區域,火車和巴士的班次都不多,自駕能讓行程更彈性。但是許多老城區都禁止車輛通行,或是遍佈狹小的單行道,相當考驗開車技術。

在哪裡租車

機場都有租車公司櫃檯進駐,雖然在機場租車會比在市區小型服務據點要來得貴,但租、還車都比較方便。

由於歐洲多為手排車,如果到了當地才臨櫃辦理,經常租不到自排車,建議先在網路上預約,不但可以好整以暇地挑選車型,還能仔細閱讀價格計算方式及保險相關規定,租起來比較安心,也不需擔心語言溝通問題。

歐洲租車和買機票一樣,越早訂車越便宜,即使是同一車款,不同租車公司也會有不同優惠方案,所以貨比三家絕不吃虧。此外,旅遊旺季常有訂不到車的狀況,提前預約才是王道。

大型租車公司多有提供甲租乙還的服務,但需另外加價,如果選擇當地租賃業者,可能無法提供此服務。需注意的是,有些便宜的優惠方案,會限制每日行駛的里程數,超出里程需加收額外費用,如果知道自己的移動距離較遠,記得選擇不限里程的方案。

Hertz 🌐www.hertz.com.tw
Avis 🌐www.avis-taiwan.com
Europcar 🌐www.europcar.com
Budget 🌐www.budget.com

臨櫃辦理

每家公司標準不太一樣,一般規定年滿21歲可租車。若事先已於網路上預約,需要準備以下證件臨櫃取車:

◎租車的預約確認單
◎國際駕照
◎台灣駕照（一年以上駕駛經歷）
◎網路預約時作為擔保的信用卡

保險

租車的保險都是以日計價，租得愈久，保費愈貴。第三責任險(Liability Insurance Supplement，簡稱LIS)是強制性，此外，比較需要考慮的有碰撞損毀免責險(CDW)、竊盜損失險(TP)、人身意外保險(PAI)、個人財產險(PEC)，可視個人國內保險的狀況決定是否加保。

雖然交通意外不常發生，但在人生地不熟的地方開車，A到刮傷時有所聞，因此建議CDW一定要保。希望獲得全面保障的話，強烈建議直接投保全險(Full Protection)，也就是所有險種一次保齊。若是駕駛不只一位，一定要把所有駕駛都寫上，否則會影響到保險理賠。

出發上路

拿到鑰匙後，記得先檢查車體有無損傷，以免還車時產生糾紛。發動引擎，檢查油箱是否加滿。接著調整好座椅與後照鏡，弄清楚每個按鍵的位置，並詢問該加哪一種油，然後就可以出發上路。

◎時速限制

高速公路：120km/h
國道或快速道路：100km/h
一般道路：90km/h
市區道路：50km/h

還車

還車時不一定有服務人員立即檢查確認，如果沒有現場人員，在租車公司的指定停車格停妥，並把鑰匙還給櫃檯人員或是丟進還車鑰匙箱即可。務必在還車前先把油加滿，因為沒有滿油的話，會被收取不足的油錢，而租車公司的油價絕對比石油公司高很多。

注意事項

交通規則和台灣大同小異，西班牙也是左駕，且道路標示清楚，只是市區中單行道很多。建議同時租用GPS，或是在當地租用行動上網，開啟導航模式，以下幾點須多加注意。

1. 車燈需要全天候開啟。
2. 務必禮讓行人和腳踏車。
3. 圓環一律是逆時針方向單行，圓環內的車輛有優先行駛權，出圓環記得打方向燈。
4. 路上少有測速照相，但偶爾有警察取締。
5. 加油時禁止使用手機。
6. 西班牙的治安不是很好，下車時千萬不要把貴重物品留在車上。

◎加油

加油站大多採自助式，可選擇直接使用信用卡付費，或是至加油站附設的便利商店內付費。

若是選擇商店付費，需要先進入商店預先購買指定的加油金額，或是先告知店員使用的油槍號碼，再回到車子旁自行拿油槍加油，可以用現金或信用卡付費。

加油前請先確認汽柴油種類，西班牙的油價比葡萄牙便宜，所以若自駕跨國旅行，建議在西班牙加滿油再離開。即使同一個國家，不同公司的油價也不一樣。

◎道路救援

道路上如果發生拋錨、爆胎、電瓶或汽油耗盡等狀況時，車鑰匙上通常會有道路救援的免付費電話號碼，而道路救援的費用則會在還車後顯示在信用卡簽單上(拋錨停在路肩時，別忘了在車後100公尺放置三角警示牌)。若是具有責任歸屬的交通事故，除了通知租車公司外，也必須報警處理，並在警察前來勘驗前，保留事故現場。

◎停車

停車場會有P的標誌，在入口按鈕取票，離開時至繳費處或是利用自動繳費機繳費。24小時營業的停車場，夜間會另有不同的過夜費率計算。

市區的路邊停車格以白、綠、藍三種顏色劃分，白色為免費停車格，藍色為付費停車格，綠色代表居民住戶專用，亂停車會收到罰單。路邊付費停車格都採用先繳費制，停車格附近一定能找到售票機，通常最多可預付2小時停車費，投幣後會列印出有效時間的停車單，只要把停車單夾在擋風玻璃內側即可。每小時停車費依路段不同，若沒有照規定執行，可能需要繳納一倍以上罰金！可多利用Parkclick(parclick.com)搭配Google地圖尋找停車位。

◎過路費

大部份道路免費通行，但高速公路需要收費，若不想付過路費，還是可以選擇其他替代道路。高速公路收費方式分為人工(現金或信用卡)和電子收費(Via T)，電子收費就是台灣使用的ETC，租車時可詢問櫃檯，車上是否有配備感應裝置。

🌐www.autopistas.com

環保城市馬德里

為了控制城市空氣品質，馬德里從2018年開始限制市中心車輛，只允許環保車（電動車、油電混合車）及持特別通行證者才能行駛，限制範圍包含太陽門周圍、普拉多大道周圍，幾乎涵蓋所有觀光景點。即使有此政策，馬德里市中心的塞車狀況仍然相當嚴重，如果有自駕遊西班牙的計畫，離開這個城市再說吧！

西班牙百科
Encyclopedia of Spain

History of Spain
西班牙歷史

上古時代

西班牙的歷史可以追溯至西元前3萬5,000年，各地洞穴仍保留當時部落伊比利亞人(Íberos)的早期歷史遺跡。西元前3,000～2,000年，出現了阿爾加人(Argar)的青銅文明，外來民族同時開始陸續移入。

腓尼基人於西元前1,100～600年在卡地斯(Cadiz)等地建立殖民城市，西元前1,000～500年，塞爾特人定居西班牙北部的埃布羅(Ebro)，引進冶鐵術。希臘人在西元前600年殖民地中海沿岸，為半島帶來了葡萄和橄欖。

羅馬時期

●西元前2世紀～西元4世紀

西元前237年迦太基人入侵伊比利半島，羅馬人跟著在西元前218年大舉入侵，驅逐迦太基人之後，佔領半島達600多年。羅馬人帶來語言、法律、習俗等，並與原住民通婚，將西班牙徹底「拉丁化」，建設許多像塞維亞等新城鎮和公共設施，天主教則在3世紀時傳入。

現代西班牙的四大社會基礎：拉丁語、羅馬律法、市鎮體制、天主教信仰，皆源自此一時期。

●5～8世紀

羅馬帝國勢力逐漸衰退，日耳曼民族在4世紀趁虛而入，5世紀時為西哥德人所征服，開啟300多年的封建和平時代，直到711年摩爾人(Moors)入侵。

摩爾人統治

●711～1247

摩爾人是一支信奉伊斯蘭教的阿拉伯民族，天文、數學、醫學、建築水準均極高，統治半島近800年，

今日西班牙的語言、音樂、飲食等深受其影響。

不過，天主教徒在摩爾人統治期間不斷反抗，722年的哥瓦東加(Covadonga)之役，為天主教徒光復西班牙拉開序幕。

信仰天主教的安達魯斯(Al-Andalus)酋長國強盛一時，但在1008年內戰後分裂成數個小王國。卡斯提亞(Castilla)王國在1085年收復托雷多(Toledo)；阿拉崗和加泰隆尼亞在1137年合併為阿拉崗(Aragón)王國。

1212年，天主教王國聯手打敗伊斯蘭教統治者。自此，天主教勢力節節勝利。

●1248～1492年

1248年，納斯里德王朝(Nasrid)轄下僅剩半個安達魯西亞，成為半島最後的伊斯蘭教土國。1469年初，卡斯提亞王國王位繼承人伊莎貝爾(Isabel)，與繼承阿拉崗王位的費南度(Fernando)聯姻，半島上兩大天主教王國於是結合，費南度夫婦在1492年終於完成天主教統一西班牙的大業。

大航海時代

●1492～1588年

1492年是西班牙歷史的轉捩點，10月，哥倫布在西班牙王室資助下，發現美洲新大陸，開啟「大航海時代」。1516年，卡洛斯(Carlos)繼承王位。憑藉軍力及掠奪自美洲的金銀，西班牙一躍成為橫跨四大洲的帝國。

●1588～1825年

菲利浦二世在1588年出動無敵艦隊討伐英國，不幸慘敗，海上霸權受挫，加上三十年戰爭(1618～

1648)，對法國作戰失利，陸上優勢也告喪失。隨後在王位繼承戰爭(1701～1714)中，再丟了直布羅陀及其他歐洲領土。1805年，法國西班牙聯合艦隊遭英國海軍擊潰，西班牙海權時代宣告結束！

3年後，拿破崙軍隊入侵，拿破崙扶植其兄約瑟夫(Joseph Bonaparte)當上西班牙國王。接著爆發獨立戰爭(1808～1813)，西班牙聯合英國與葡萄牙擊退法軍。然而，西班牙此後已無力約束海外殖民地，美洲殖民地在1813～1825年陸續宣告獨立。

動盪不安的近代

●1826~1898年

一連串失敗導致政局不穩，1860年代末，無政府主義迅速贏得工人和農民的支持，伊莎貝爾二世流亡海外；1873年，第一共和成立；3年後通過新憲法，承認君主政體和議會並存。1898年美西戰爭爆發，西班牙戰敗，古巴、波多黎各、關島和菲律賓等海外殖民地幾乎盡失。

●1899~1939年

19世紀末，加泰隆尼亞出現巴斯克分離運動。進入20世紀，經濟危機與政局動盪接踵而來。1917年，部分無政府主義和社會主義勞工團體發起全國罷工。阿方索十三世在1931年遭流放，第二共和成立。

為挽救瀕臨崩潰的經濟，左派政府推動土地改革、裁軍，並停止補助教會，引發地主、軍人和教會極度不滿。右派在1936年發動政變，爆發內戰，佛朗哥將軍領導的國民軍，在德國與義大利支持下，很快在1936年底就拿下半個西班牙。1939年，血腥內戰結束，估計約有35萬西班牙人遇害。

由獨裁走向民主

●1940~1950年

內戰後，佛朗哥開啟了長達36年的獨裁統治，二次大戰期間，他一改外交路線，宣佈中立，但其與德、義的曖昧關係仍激怒了同盟國。戰後，西班牙遭國際孤立，被排除在歐洲計畫及聯合國之外，法西邊界也被關閉。

●1950~1975年

美蘇冷戰開始，國際局勢出現變化。1953年，西班牙與美國締結軍事同盟，1955年，獲准加入聯合國。

1970年代起，西班牙經濟起飛，旅遊業尤其蓬勃發展，1969年，流亡的阿方索十三世之孫璜‧卡洛斯(Juan Carlos)被指定為國家元首繼承人。1975年底，佛朗哥病逝，璜‧卡洛斯登基。

●1976年至今

璜‧卡洛斯國王著手推動政治改革，於1978年實施第一部民主憲法，讓西班牙成為議會制君主立憲政體，王室為虛位元首，政務由四年一任的內閣總理實際負責。

1982年，成為北大西洋公約組織的一員；1986年，加入歐洲共同市場（即歐盟的前身）；1992年，舉辦巴塞隆納奧運及塞維亞世界博覽會，2002年成為首批加入歐元區的國家。

然而受到金融海嘯影響，西國的經濟狀況自2007年衰退，人民黨在2011年大選中獲勝，總理拉赫伊(Mariano Rajoy)積極推動改革，2013年經濟止跌回穩，2015年成長更高達2%，讓拉赫伊2016年連任成功，但因所屬政黨涉及貪腐，2018年國會通過不信任動議，使他成為西班牙第一位被罷免的總理。

2019年兩度國會改選，最終由工人社會黨的佩德羅 桑切斯(Pedro Sanchez)於2020年接掌總理。

The Festivals in Spain
西班牙三大節慶

西班牙的節慶盛會在歐洲是最具特色，也最瘋狂、最刺激！除了全國性的聖週，地方根據習俗及宗教活動，發展出在地的慶典，不管哪個季節前往，都有機會與狂歡的小鎮民眾不期而遇，尤其是火節、聖週和春會三大節慶，更是當地人和各國觀光客都不可錯過的盛會。

火節 Las Fallas

　　瓦倫西亞的火節週是3月15～19日，但活動早在3月1日陸續展開，依序為燃鞭炮、放煙火、人偶遊行、向聖母獻花，至19日深夜焚燒人偶達到最高潮！

　　18世紀的火節，原本是紀念Saint Joseph的節日，演變成今日的規模，其間融合了很多當地習俗。據說當時的木匠在冬天習慣搭台燃燭或油燈來照明，待春天一到，就拆台焚燒，藉以送舊迎新、驅魔避邪，後來演變成燒人偶塑像。

　　人偶(Ninot)是火節的靈魂，18世紀的民眾在舊衣填塞稻草，做成人偶掛在屋外，今天則動員200多名藝術家、600多位畫家及工匠、700多名學徒、900多名工人，耗費一年時間，運用多種素材，創作出從40公分至20多公尺的500多座人偶。

　　這些人偶有的寫實逼真，有的誇張怪誕，有的反映政治時事，有的則向傳統致敬，個個形象鮮明誇張，每年只有首獎佳作可免除火刑，躋身博物館收藏之列。

　　火節期間至少有4場遊行，兩場沿著大街繞行，另兩場則向聖母獻花，參與民眾穿著傳統服飾，在3月1日和18日人手一束鮮花獻給聖母，工作人員再一一將鮮花固定在聖母立像的木架上，妝點成聖母身上的服飾。

　　除了19日午夜的火燒人偶大戲，期間另一高潮是燃放鞭炮和施放煙火，3月1至19日每天下午2點在市政廳廣場會引爆數百串鞭炮，煙火則是15日至18日的夜間。

　　壓軸好戲在3月19日晚間10點，專業人員將火種(油罐)塞進人偶，纏繞著綁著鞭炮的纏線，藉著點燃鞭炮，來引爆人偶內的火種，數百座人偶立刻陷入火海，狂歡活動直至凌晨2點才畫下句點。

塞維亞春會Feria de Sevilla

聖週結束後的第二週（約4月下旬或5月初），是有著濃濃在地味的春會。

春會本是每年春、秋兩季在安達魯西亞省的趕集活動，中世紀時發展為全國性的活動，再演變成身著華麗服飾，帶著駿馬、馬車一起參加的春季大聚會。目前，西班牙南部各城鎮多有自己的春會，其中以塞維亞的規模最大。

塞維亞的春會會場在Avenida de Ramon de Carranza和Avenida Gacia Morato兩街之間，活動第一天午夜，會進行大牌樓點燈儀式並施放煙火，最後一天午夜則同樣以煙火秀作結束。

當地人在節慶期間穿上傳統服裝，飲酒、聊天，隨著民俗舞曲Sevillana又唱又跳。Sevillana舞曲以6個6拍為一段，三段組成一首，一組完整架構的Sevillana有四首舞曲，曲子的節奏相同，且舞者人數不限，任何人興起就可以加入同歡。

春會的另一個重點在參與者身上，女生穿著上半貼身、下半展開多層波浪魚尾裙擺的傳統服飾，耳邊或髮髻插上紅花，佩戴誇張的耳環和項鍊，風情萬種的模樣是遊客關注的焦點，男人則多為全套馬裝。

聖週Semana Santa in Sevilla

聖週指的是復活節的前一週（約4月上旬），從「棕櫚主日」(Palm Sunday)起的一整個星期，塞維亞各地有大大小小的遊行，為當地的春季重要節慶。

根據《新約聖經》，耶穌在棕櫚主日進入耶路撒冷，星期四晚上與門徒共進最後晚餐，週五清晨猶大通報羅馬政府，耶穌被羅馬兵逮捕，隨後被釘在十字架上，三天後復活。起源於1520年的聖週遊行，多以這段歷史及聖母守護愛子為主題。

在聖週前2星期，大大小小的教堂裡就已停放各種以聖母瑪莉亞或耶穌為主角的聖轎，其內主要塑像多出自當地藝術家之手。塞維亞和其他地方最大不同在於聖母臉上掛著銀色淚珠，表情愁苦，披掛著手工縫製的絨布華袍，有的頭上還戴著光芒金冠。

至於聖轎的主題有耶穌背十字架，羅馬兵在側鞭打，或耶穌騎驢進城佈道等聖經故事，有的甚至在聖轎上重現最後晚餐的場景。不過，一致的是每座聖轎的佈置都極盡奢華之能事。

遶市遊行多從午後開始，聖轎(Peso)從各教堂抬出，以聖轎為中心的遊行隊伍隨即出發，由兄弟團(Hermanos)與鼓號樂隊前導，群眾安靜肅穆地跟著前進，沿著不同路線前進至市中心大教堂，繞行一圈後再回到原出發教堂，行進時間約10～12小時，週四和週五更是連續24小時不停歇，直至週日凌晨結束。

遊行隊伍裡，除了聖轎，最引人注目的就是前導的兄弟團，戴著只露出雙眼的尖帽頭罩，身著長袍，有的還赤足行走。當地有種說法，這些兄弟團跟著聖轎前進，是為懺悔自身罪愆，遮去臉部的頭罩為的是不讓旁人認出來；另一種說法則認為這是15世紀西班牙宗教法庭審判時，非教徒的悔改者所穿戴的衣服。

Best Taste in Spain
西班牙好味

陽光普照的安達魯西亞，蘊育出豐美的農產和食材，該區的料理因此在西班牙美食史裡的角色舉足輕重。要成就美食，新鮮的在地食材扮演著關鍵角色，這就是為什麼西班牙各個省份不同的氣候、地理環境與歷史等風土條件，能夠造就出如此多元的美食。

　　晚上7點走進餐廳，放眼望去卻空無一人，初到西班牙的遊客此時多少會懷疑自己的眼光和質疑這家餐廳的食物水準。別擔心，這也許不是你判斷錯誤，只是用餐時候未到。

　　西班牙人一日五餐，而且用餐時間比歐洲其他國家晚。早餐通常在外匆匆解決；上午11至12點之間休息片刻，來盤甜或鹹的小點心；中午2至4點享用午餐，晚餐要等到晚上9點開始，即便到晚上10點，餐廳也常是人聲鼎沸。

　　而一般人在下班後、晚餐前，常會約了同事或好友往熟識的酒館裡鑽，男男女女擠在吧台，一口啤酒、一口Tapas，在鬧哄哄的氣氛裡享受人生，填一下肚子，之後再去餐廳或回家吃個簡單的晚餐，有些人則是一家喝過一家，光是各式各樣的Tapas就填飽肚子了。

　　這種特殊的生活作息，不要以為是西班牙人天性懶散，這全是政治搞出來的誤會，造成有長達70年的時間，西班牙人都活在錯誤的時區裡。

　　從經緯度來看，西班牙應該歸在格林威治時區，但是1940年佛朗哥將軍為了向德國納粹示好，居然將全國時區往前提早1小時，以便和德國同步。然而，老百姓無心配合調整，居然仍按照原本的生理時鐘過日子，結果就是，西班牙人吃飯時間現在看起來就是往後延了1小時。

　　大多數餐廳是中午1:00開門，西班牙人視午餐是最重要的一餐，2至3小時的午休時間足夠他們悠悠閒閒地吃飯，有些餐廳會推出物超所值的每日特餐(Menú del Día)，一般包含湯品或沙拉、主菜、甜點，可以吃好、吃飽，又省荷包。

早餐

吉拿棒Churros

吉拿棒就是西班牙的炸油條，金黃香酥，有粗細兩種尺寸，細的口感較酥脆，粗的則能咀嚼到麵粉的香甜。熱騰騰的吉拿棒沾上熱巧克力，又是油炸又是濃郁，鮮少有人能抵抗這種誘惑，而令人嫉妒的是，這就是西班牙人的日常早餐！

番茄麵包 Pan con tomote

長棍麵包切片，烤至焦脆，塗上混合著番茄、大蒜和橄欖油的抹醬，是簡單又健康的地中海風味。

西班牙蛋餅La Tortilla

Tortilla是常見的家常菜，可納入西班牙的國菜名單，這種馬鈴薯加蛋攪拌再下去煎的蛋餅，很有飽足感。Tortilla可以加入不同食材，衍生出各種變化，像是加入馬鈴薯和洋蔥的稱為Tortilla Española；加入火腿、大蒜、番茄的是Tortilla Murciana；格拉那達著名的Tortilla del Sacromonte，則加了蠶豆、羊腦和羊睪丸。此外，不只出現在早餐餐桌，La Tortilla也是受歡迎的小酒館下酒菜。

傳統菜餚

西班牙海鮮飯Paella

東北方的加泰隆尼亞省以橄欖、葡萄園、海鮮等聞名，其中的瓦倫西亞則有「西班牙米鄉」之稱，瓦倫西亞的米配合加泰隆尼亞的海鮮，著名的海鮮飯便應運而生。這種屬於大雜燴的農家日常菜，以生猛的海鮮（有時加入雞肉、兔肉等肉類）搭配米飯，拌入不同的蔬菜與番紅花燉煮，成為西班牙代表食物之一，而其燒焦的米飯鍋巴更令人垂涎三尺！

這種海鮮飯今日已是西班牙的國菜，在西國任何地方都能吃到，有的還會以細短的Fideos義大利麵取代米飯做成海鮮麵。

烤乳豬 Cochinillo Asado

烤乳豬是塞哥維亞的特產，選用3、4公斤重的小豬，浸泡在大蒜和丁香等香料裡，再用香草煙燻烘烤，必須烤到皮脆肉嫩到能夠直接以盤子切開，才可以上桌。1898年開業的烤乳豬老店康迪多餐廳天天生意興隆，塞哥維亞街頭的其他餐廳因此也紛紛以烤乳豬為招牌，吸引遊客。

燉牛尾Rabo de Toro

安達魯西亞的鬥牛風氣興盛，牛隻耗損量大，燉牛尾因此成了安達魯西亞的名菜之一，其中又以哥多華和隆達最為有名。作法是將牛尾以蜂蜜醃漬，再連同水果一起熬，煮到完全入味，吃的時候，牛尾肉質軟嫩、膠質盡出，恨不得手邊有碗白飯，把盤底醬汁也一併收了。

番茄冷湯Gazpacho

安達魯西亞聲稱擁有最厲害的番茄冷湯，質地濃稠得像醬汁，入口則滿溢著清爽的番茄香。這種以番茄為湯底的新鮮蔬菜冷湯，是因應當地炎熱的氣候而創作出來的一道菜餚，據說有防止中暑的功效，常作為下酒菜或第一道開胃菜。

火腿Jamón

西班牙的火腿種類繁多，主要分伊比利火腿(Jamón Ibérico)、塞拉諾火腿(Jamón Serrano) 兩大類，同類火腿之中，又會因產地、部位、放養方式等條件，影響火腿的價格、等級。

塞拉諾火腿用的是白豬肉，伊比利火腿則選用伊比利種的黑蹄豬。黑蹄豬放養於安達魯西亞的山區，吃野生橡樹果實長大，為了確保肉質細膩，幾乎皆採用2歲多的小豬仔，添加特殊香料後，高溫風乾再蠟封，成品價格普遍比塞拉諾火腿高出許多。

市場可以買到真空包裝的生火腿切片，在小酒館內，則可以先欣賞侍者表演切火腿片的絕活，再細細品嚐火腿風味，抿一口西班牙紅酒、搭配一顆醃橄欖，可以説是至高無上的享受。

橄欖油Aceite de oliva

行經安達魯西亞的小鎮之間，就像一朵朵綠色圓球的橄欖樹，遍布於平原緩坡，數量之多，舉目望去，綿延不絕，不愧西班牙是全球最大的橄欖油生產和出口國。

11月為橄欖產季，橄欖可直接食用或榨油，年平均產量約80公噸。安達魯西亞是西班牙國內橄欖園最多的地區，據統計，歐洲的橄欖油有1/3來自安達魯西亞，為西班牙賺進大筆收益。橄欖油多用於烹調料理上，也可以用麵包蘸著吃，或拿來醃漬小菜等食材。

西班牙小酒館(Taberna)的開店時間相當早，許多酒館從早晨營業到深夜，食物也從早餐一路賣到宵夜。酒館每日會公告當日菜單，也會推出將主菜、沙拉、薯條等放在同一個盤子上的簡餐(Plato Combinado)。

小酒館提供的餐點裡，最精彩的就是Tapas。Tapa指的是飯前的開胃小菜，或兩頓正餐之間的點心，起源於18～19世紀的酒館。當時酒館老闆為了要防止蒼蠅掉入酒杯，會在酒杯口蓋上一片麵包，「蓋上」的西班牙文就是「Tapa」，後來大概覺得只有麵包太單調，開始在麵包上放著口味較重的醃漬橄欖、醃漬鯷魚或生火腿片等，結果發現因為這些可口的下酒菜，酒類的銷售量居然隨之變好了。傳統一點的小酒館會用牙籤串著Tapas，結帳時就以牙籤的數量來結帳。

玻璃櫥窗內擺滿各式各樣的Tapas，不用擔心語言隔閡，動動手指就能點菜，對什麼都想要嚐一點的貪心饕客來說，這裡就是天堂，點上幾盤，搭配桑格莉亞水果酒、雪莉酒或啤酒，就是最道地的西班牙生活。安達魯西亞當地人去的酒館，下酒菜甚至是免費招待。稍有規模的酒館，每一份Tapa就像一幅繽紛的小畫作，精緻地擺在白色瓷盤裡上桌。

到底有多少種Tapas，可能誰也説不清，大致上可分為熱盤和冷盤，熱盤常見油炸或清炒，也可以是任何傳統菜餚，就是份量少一點；冷盤則以沙拉、橄欖油漬品、橄欖、生火腿片等為主。除了生火腿片、番茄麵包、西班牙蛋餅以外，常見的經典款Tapas還有以下幾種：

醃漬橄欖 Aceitunas

初收的綠橄欖或深秋轉為紫黑色的橄欖，清洗後，以食鹽醃漬，就是一盤小酒館裡常見的小菜，根據醃漬方法，有不同的口味。用牙籤串起小洋蔥、醃漬橄欖和油漬番茄，視覺上也是種享受。

番茄燉肉球 Albondigas

源自阿拉伯地區的傳統菜餚，用番茄醬汁燉煮牛肉丸子，加入乳酪、小茴香等增添風味，通常事先備好，用餐時再分裝盛盤。

綜合拼盤 Verbena de Canapes

各種乳酪、煙燻火腿、臘腸組成的拼盤，視覺上相當澎湃，如果只想點一樣下酒菜或人數比較多，非綜合拼盤莫屬。

涼拌沙拉 Ensalada ole

在番茄、各式乳酪、醃漬橄欖等食材上，淋上橄欖油涼拌，相當開胃。

海鮮沙拉 Ensalada Rusa

番茄、洋蔥、甜椒、章魚等切絲，與橄欖油、醋一起涼拌，有時會加入淡菜。

炸魚 Pescados Fritos

簡單炸過後即可上桌，吃之前淋上清爽的檸檬汁提味，小酒館或市場都能見到。除了炸小魚之外，也常見炸花枝 (Calamares Fritos)。

蒜蓉蝦 Cazuelita de gambas al ajillo

標準的地中海下酒菜，以蘆筍、大蒜、橄欖油和辣椒，清炒蝦子，香辣夠味。食材新鮮是美味關鍵，有時會用花枝取代蝦子，與啤酒最對味。

桑格莉亞水果酒 Sangria

桑格莉亞被視為西班牙的國飲，不只是小酒館，餐廳、市集、大型活動必能看見人手一杯。以紅酒為基底，加入白蘭地、橙汁、糖漿、氣泡水、以及水果切片，調製成雞尾酒，以白酒為基底的則稱為 SangriaBlanca。在氣泡的誘發下，紅酒和果香更為融合溫順，適合炎炎夏季。

酒 後 不 開 車 · 安 全 有 保 障

Best Buy in Spain
西班牙好買

提到購物，西班牙絕對會令遊客血脈賁張！無論是在全球精品占有一席之地的Loewe、或平價時尚的Zara和Mango、還是因創意設計擁有死忠粉絲的Camper，就連紀念品店裡的陶瓷器，都讓人愛不釋手，任誰都能在西班牙這個大型百寶箱裡，發現可以下手的標的。

Adolfo Domínguez

最具代表性的當代設計師品牌，與品牌同名的設計師Adolfo最早在1973年開設裁縫店，後來開始提倡「皺摺美」(La arruga es bella)，並推出中高價位時裝，1980年代在馬德里和巴塞隆納開設專賣店，並走上巴黎的時尚舞台，如今設計遍布歐洲、美洲、日本和東南亞。

Loewe

打著西班牙皇室御用的皮件精品，品牌名稱卻來自1872年的德國皮革師傅Enrique Loewe Roessberg，他精湛的手工技藝及嚴謹的工作態度催生了Loewe。在1905年時，因被顧客引薦給西班牙皇室，從此成為奢侈品牌的代名詞。

TOUS

加泰隆尼亞的珠寶飾品品牌，創立於1920年，1985年推出熊熊造型珠寶，風靡全球，之後推出的各項飾品，幾乎都看得到可愛熊熊點綴其間，高雅又帶著一絲俏皮，受到不同年齡層的歡迎，與Loewe、Zara並列為西班牙三大時尚品牌。

Lladró

以姿態寫實且面容逼真的陶瓷人偶聞名，瓦倫西亞近郊小鎮Almácera的三兄弟以自家姓氏為名在1953年開設了Lladró，1956年起使用硬瓷混合物做胚料，得以發揮雕刻技術，並添加祕密配方的釉彩，賦與每尊瓷偶獨特的個性。

Camper

擅長將豐富多彩的有趣圖案運用在鞋子設計上，1975年問世的Camper，以鞋底為彈力圓球設計的Pelotas系列為最暢銷款式，近期則將創意和自由的品牌哲學融入生活品味，在巴塞隆納和柏林開設精品旅館。

Lupo

享有盛譽的西班牙皮件品牌，1920年代開始從事皮件與手工皮箱的工藝家族，以創造獨特且高品質的商品為目標，於1988年在巴塞隆納創立Lupo，強調俐落線條和精美做工，在義大利皮包博覽會拿下大獎的Abanico系列是其代表作。

設計商品

西班牙的設計師和藝術家輩出，美術館、觀光景點多會推出主題商品，其中最受歡迎的，就屬從充滿奇想的高第建築發想的迷你建築或磁鐵、拼貼磁磚等紀念品。

鑲嵌工藝

托雷多的鑲嵌工藝(Damascene)是用金線、銀線、銅線細膩地嵌進黑色金屬裡，有如中國傳統的螺鈿工藝，只是嵌進的材質不同。不同材質的細線在金屬表面組合成花樣，由於作工精細，要是不知原理，會誤認顏色是漆上去的。通常面積愈大、花紋愈繁複的作品，價格就愈貴。

杏仁餅

托雷多的糕餅店開設密度極高，常沒幾步路就會看到一家，而且家家必備「Mazapan」小點心，這是當地特產的杏仁餅，以杏仁和砂糖製作，從伊斯蘭政權統治時代傳承至今。

陶瓷器

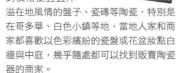

西班牙有不少小鎮可以買到價格便宜且洋溢在地風情的盤子、瓷磚等陶瓷，特別是在哥多華、白色小鎮等地，當地人家和商家都喜歡以色彩繽紛的瓷盤或花盆妝點白牆與中庭，幾乎隨處都可以找到販賣陶瓷器的商家。

足球商品

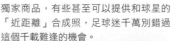

足球是西班牙的國民運動，當地人瘋狂程度令人咋舌，球衣、加油圍巾、球隊帽子充斥著紀念品店，各大職業球隊則會設立專門店，提供官方授權的獨家商品，有些甚至可以提供和球星的「近距離」合成照，足球迷千萬別錯過這個千載難逢的機會。

佛朗明哥用品

安達魯西亞地區有不少歷史悠久的佛朗明哥舞用品專賣店，販賣專業且多樣的舞衣、披肩、舞鞋。當然，如果只是想帶點西班牙的風情，一般店裡也有扇子、響板等物品或相關主題的小紀念品。

蛋黃甜點

許多城鎮會賣一種「Yemas」的小蛋黃甜點，據傳是從中古世紀的修道院傳出來的手藝，但確實起源不可考。主要原料是蛋黃，然後加上糖漿、檸檬汁、肉桂等，吃起來非常甜，有著濃郁的蛋黃味。

雪莉酒

西班牙人稱雪莉酒Sherry為Jerez，其名來自安達魯西亞產地附近的赫雷斯(Jerez)，當地的石灰岩地質適合栽種帕洛米諾(Palomino)白葡萄，採收後放置橡木桶釀造出來的就是雪莉酒。雪莉酒的風味取決於釀造時間、新舊酒混調，和酵母菌種，一般分為帶澀味的淺色Fino，和甜度高的深色Oloroso等兩種。

喝酒不開車，開車不喝酒

World Heritages in Spain
西班牙世界遺產

截至2022年，西班牙共有49項世界遺產，僅次於義大利、中國和德國，包括2個綜合遺產、4個自然遺產，及43座文化遺產，文化遺產包括史前岩洞壁畫、古羅馬遺址，摩爾及西班牙帝國時代的建築、建築大師高第的現代主義建築也在列。

①艾斯科瑞亞修道院
Monastery and Site of the Escorial, Madrid

登錄時間：1984年　遺產類型：**文化遺產**

　菲利浦二世為完成這座皇宮兼修道院，動員西班牙、義大利的當代著名藝術家，黃灰色的外觀極其簡約，配上剛硬的線條，襯托出室內裝潢的華美非凡。

　整體建築異常龐大，光房間就多達4,500間，菲利浦二世以降的西班牙國王幾乎皆下葬於內部的萬神殿，宮殿裡仍可見波旁和霍布斯堡兩大歐洲霸權家族留下的精緻家具和擺飾。館藏數量驚人的美術品，件件都是無價之寶！

②布勾斯大教堂
Burgos Cathedral

登錄時間：1984年　遺產類型：**文化遺產**

　布勾斯位於「朝聖之路」，在11世紀，曾是萊昂王國都城，之後卻被長期遺忘，因而完整保留下中世紀的風貌。

　興建於1221年的哥德式大教堂，堪稱建築極品，與塞維亞、托雷多的大教堂，並列為西班牙三大教堂！門上的玫瑰花窗、禮拜堂裡的基督像，以及趣味的木偶鐘，皆值得細細品味。另外，值得一提的是西班牙民族英雄席德就葬在教堂內的大理石地板下。

③哥多華歷史中心
Historic Centre of Cordoba

登錄時間：1984年　遺產類型：**文化遺產**

　在10世紀的歐洲，哥多華是最進步、富裕的城市，留存至今的哥多華清真寺，不僅是今日西方世界最大的清真寺，更是伊斯蘭教建築藝術的經典之作。這座超大清真寺始建於8世紀末，天主教徒則在之後於原址增建教堂，形成清真寺與教堂共處一地的奇特景象。

　舊城區裡，有著伊斯蘭建築遺跡、荒廢的中庭、從陽台垂掛而下的植栽，在在讓哥多華成為一座浪漫迷人的城市，猶太區還保留了西班牙少見的猶太教堂。

④格拉那達王宮與城堡
Alhambra, Generalife and Albayzín, Granada

登錄時間：1984年　遺產類型：**文化遺產**

　阿爾罕布拉宮堪稱摩爾建築藝術的極致之作，美得令人神魂顛倒，到訪遊客有如置身於「天方夜譚」的夢幻場景！阿爾罕布拉宮在阿拉伯語指的是「紅色城堡」，原為摩爾式碉堡，王宮部分興建於14世紀，為末代伊斯蘭教皇宮。

　之後，陸續增建教堂、修道院、要塞及查理五世宮殿，於是成為集碉堡、王宮和城鎮於一處的建築群。18～19世紀期間一度荒廢，政府在1870年代將之列為紀念性建築，隨即展開修復工程，才有如今美麗的面貌。

⑤巴塞隆納的高第建築

Works of Antoni Gaudí

登錄時間：1984年 遺產類型：**文化遺產**

扭曲流動、立體繁複與富有高度想像力的高第建築，形塑出巴塞隆納獨樹一格的風貌。高第身後留下17件建築作品，其中7件榮登世界文化遺產之列，分別是奎爾宮、奎爾公園、米拉之家、巴特婁之家、文生之家、奎爾紡織村及教堂、聖家堂。（詳見P.132）

⑥阿維拉舊城

Old Town of Ávila with its Extra-Muros Churches

登錄時間：1985年 遺產類型：**文化遺產**

保存完整的中古世紀城牆是其特色，起造年代約在11～12世紀，是古羅馬人與伊斯蘭教徒留下來的防禦工事，共有8座城門及多達88座城塔，其中以文森門和阿卡乍門最令人印象深刻。

有座建造之初就嵌在城牆上的大教堂，儼然形成另一座堅固的防禦堡壘。舊城外西北處有座瞭望台，可將壯觀的城堡景色盡收眼底。

⑦塞哥維亞舊城 及水道橋

Old Town of Segovia and its Aqueduct

登錄時間：1985年 遺產類型：**文化遺產**

從中古世紀開始，塞哥維亞即受到君王的青睞，城內隨處可見昔日皇室建築，以及羅馬時期的古城牆。值得一提的，首推2,000多年前建造的水道橋，堪稱西班牙境內規模最龐大的古羅馬遺跡，全長894公尺，由163根拱形柱組合而成，工程沒有使用水泥和鋼釘。至於古典精緻的阿卡乍堡，則據説是美國加州迪士尼樂園白雪公主城堡的原型！

比斯開灣

法國

大西洋

葡萄牙

地中海

圖例 ◆文化遺產 ●自然遺產 ●自然與文化混合型遺產

41

⑧阿爾塔米拉洞穴壁畫
Cave of Altamira and Paleolithic Cave Art of Northern Spain

登錄時間：1985年　遺產類型：文化遺產

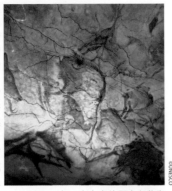

　　位於坎塔布利亞
(Cantabria)自治區的
聖地亞納‧德‧瑪爾
(Santillana del Mar)附
近，有著彩繪壁畫的
17座洞窟一字排開，
構成了這座「史前西
斯汀大教堂」（西斯
汀大教堂以米開朗基
羅的壁畫著稱）。

　　這些壁畫是舊石
器時代洞穴藝術的極
致之作，保存情況良
好，年代約為西元前35,000至11,000年，有高度的歷史與藝術
價值。史前人類拿著赭石，運用有限的紅、黃、黑等顏色，採
寫實、粗獷、重彩的手法，勾勒出簡單的風景和栩栩如生的動
物畫像。

⑨奧維多及奧斯圖里亞斯王國的紀念建築
Monuments of Oviedo and the Kingdom of the Asturias

登錄時間：1985年　遺產類型：文化遺產

　　8世紀中葉，西哥德人建立奧斯圖里亞斯王國，於西班牙北
部打造奧維多城，794年時毀於摩爾人之手，阿方索二世決定
重建並遷都於此。9世紀時，由於宗教聖物移至此處，奧維多
一躍成為與聖地牙哥齊名的聖地，宗教建築紛紛出現，催生
出創新的「前仿羅馬式」(pre-Romanesque)風格，深深影響日
後伊比利半島上的宗教建築。

　　如今依然屹立的聖瑪利(Santa María del Naranco)和聖米蓋
爾(San Miguel de Lillo)教堂，興建於842～850年，為仿羅馬
式教堂的經典之作。除眾多古老教堂外，當代的豐卡拉達
(Foncalada)水利建築同樣著名。

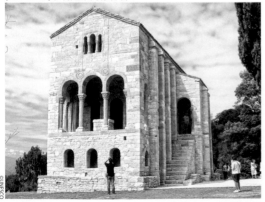

⑩聖地牙哥舊城
Santiago de Compostela

登錄時間：1985年　遺產類型：文化遺產

　　9世紀時，聖雅各的遺骨在此出土，聖地牙哥因此得以與羅
馬、耶路撒冷，並列為天主教三大朝聖地，曾經有無數朝聖者
翻越庇里牛斯山，來到這「朝聖之路」的終點。

　　建於12世紀末的大教堂，活脫就是座雕像博物館，其中
以「榮耀之門」最為精采！有著拱頂的長廊是舊城區另一特
色，即使是多雨的日子，出門也不必帶傘。

⑪阿拉崗的穆德哈爾式建築
Mudejar Architecture of Aragon

登錄時間：1986年　遺產類型：文化遺產

　　阿拉崗自治區位於西班牙東北部，穆德哈爾(Mudejar)一
詞有兩個解釋，一是在基督教政權重掌西班牙後，改信天
主教的摩爾人及安達魯西亞的穆斯林；二是12至17世紀期
間，風行於阿拉崗與卡斯提亞的裝飾藝術和建築風格，其深
受摩爾風格影響，也反映出當代歐洲的藝術潮流，特別是哥
德式建築。

　　穆德哈爾式建築在運用磚材和釉面磁磚上，極為精巧且富
創意，尤其是鐘樓建築。建於12世紀末的特魯埃爾(Teruel)
聖瑪麗亞大教堂，及13世紀初的聖馬丁大教堂，皆為經典
之作。

⑫托雷多古城
Historic City of Toledo

登錄時間：1986年　遺產類型：**文化遺產**

　洋溢中世紀風情的托雷多，當地的基督教、伊斯蘭教和猶太教長期交流融合，又有「三個文化之城」之名。

　其多元文化也反映在當地最知名的大教堂上，教堂原為哥德式，內部採穆德哈爾式，禮拜堂呈現的卻是文藝復興風格，聖壇則是巴洛克設計。至於聖母升天教堂，則是棟穆德哈爾式的猶太教禮拜堂。

⑬卡薩雷斯舊城
Old Town of Cáceres

登錄時間：1986年　遺產類型：**文化遺產**

　建城歷史可追溯至西元前，這座古城幾乎不曾受戰火波及，得以完好保存中世紀時的風貌，也因此，其主廣場在1949年成為西班牙政府列管的第一座國家級古蹟。

　除了為數眾多的教堂，舊城內的塔樓、豪宅林立，見證曾經一時的繁榮富庶。葉鐸塔、布亞可塔、白鸛塔等，一塔高過一塔！而豪宅擁有者不乏大有來頭的家族，如佛朗哥將軍於1936年在「強盜之家」就任總統，「勾斗乙之家」則曾是祕魯及智利征服者的宅第。

⑭加拉霍奈國家公園
Garajonay National Park

登錄時間：1986年　遺產類型：**自然遺產**

　加那利群島之一的戈梅拉(Gomera)島中央的國家公園，占地3,984公頃，面積有七成為珍稀的月桂樹森林，數量居全球之冠。西風帶來大量水氣，島上植被茂密，植物種類多達450種，其中34種為特有種。至於特有種動物，則有Rabiche和Turqué兩種罕見的鴿子。

　加那利群島為火山噴發形成，因此加拉霍奈國家公園裡不時可見裸露地表的黑色凝固火山岩流，嶙峋崢嶸，增添不少奇趣。

⑮塞維亞大教堂與王宮
Cathedral, Alcázar and Archivo de Indias in Seville

登錄時間：1987年　遺產類型：**文化遺產**

　塞維亞曾為摩爾王朝的首都，留有不少穆德哈爾式建築，大教堂與王宮為兩大遊客必訪重點。建於清真寺原址的大教堂，規模僅次於羅馬的聖彼得及倫敦的聖保羅兩大教堂，一代航海家哥倫布的靈柩即安葬於此，不可錯過的是禮拜堂超大的鑲金屏風，費時80多年完工！

　塞維亞王宮與格拉那達的阿爾罕布拉宮，並列西班牙最具代表的伊斯蘭王宮，西班牙皇室迄今仍使用王宮裡部分樓層。

⑯莎拉曼卡舊城
Old City of Salamanca

登錄時間：1988年　遺產類型：**文化遺產**

　舊城有座創建於13世紀、全西班牙最古老的大學，中世紀時與英國牛津、法國巴黎大學齊名，建築風格不同的各間學院遍布整個城區。另有間外觀鋪滿貝殼的貝殼之家，是16世紀聖地牙哥騎士團的私人宅邸。

　除了被譽為西班牙最優雅的廣場的主廣場，新、舊兩座教堂是當地地標，新教堂始建於1513年，前後200年才完工，舊教堂建於1120年，融合哥德與伊斯蘭風格，禮拜堂裡有座歐洲最古老的管風琴。

⑰波布列特修道院
Poblet Monastery

登錄時間：1991年 遺產類型：文化遺產

　　這座建於12～15世紀的修道院，是全西班牙規模最大的修道院，建築形式介於羅馬式與哥德式之間，外觀樸實無華。自1196年起，加泰隆尼亞皇室即選擇長眠於此，因此被指定為皇室的萬神殿。

　　主祭壇前壯觀的皇帝陵寢，雖重建於1950年，但無損其藝術價值。完成於16世紀的主祭壇屏風，同樣可觀，聖母瑪麗亞雕像栩栩如生，為加泰隆尼亞文藝復興的先驅作品之一，當時曾引起很大爭議。

⑱聖地牙哥朝聖之路
Route of Santiago de Compostela

登錄時間：1993年 遺產類型：文化遺產

　　在西班牙西北部，9世紀時有位牧羊人宣稱見到一道光芒指向山上，主教於是下令搜山，結果發現一具石櫃，主教遂宣布使徒聖雅各在此顯現，那座山即日後的聖地牙哥城。自此，無數信徒從法國松坡(Somport)啟程，越過庇里牛斯山前往朝聖，全程長達840公里。這條路上現仍保有1,800多棟老建築，不論是宗教性或非宗教性用途，皆有很高的歷史價值。

　　在促進伊比利半島與歐洲其他地區的文化交流上，中世紀的這條「朝聖之路」扮演著極為重要的角色，歐洲理事會(Council of Europe)因而在1987年宣佈它是歐洲第一條文化之路。

⑲梅里達考古遺址
Archaeological Ensemble of Mérida

登錄時間：1993年 遺產類型：文化遺產

　　羅馬皇帝奧古斯都的女婿艾格列帕於西元前25年所建的殖民地，就在今日的梅里達。城內保留著眾多羅馬遺跡，尤其是羅馬劇院，稱得上是當地羅馬遺產中的珍寶，又以神殿式的舞台最為精采。

　　全長792公尺的羅馬古橋，為西班牙現存最長的羅馬橋，而原為羅馬貴族豪宅的米特瑞歐之家，出土的各式古羅馬文物現於羅馬藝術博物館展示。此外，水道橋、圓形競技場、黛安娜神殿、聖尤拉利亞教堂、皇宮等遺址，同樣不容錯過。

⑳瓜達盧佩的聖瑪麗亞皇家修道院
Royal Monastery of Santa María de Guadalupe

登錄時間：1993年 遺產類型：文化遺產

　　始建於13世紀，牧羊人在瓜達盧佩河畔偶然挖出一尊聖母像，民眾於是在卡薩雷斯省埃斯特雷馬拉杜(Extremadura)自治地區西北建了一座小教堂來供奉。1340年，基督教軍隊在薩拉多河(Rio Salado)戰役大獲全勝，阿方索六世認為係受聖母庇護

之故，遂封這座小教堂為皇家修道院，之後的4個世紀不斷擴建，融入不同時期的建築風格。

　　這座氣勢恢宏的宗教建築瑰寶，與1492年的兩件歷史大事有關：一是基督教政權重掌西班牙政府，二是哥倫布發現新大陸，修道院裡的聖母像於是成為基督教宣揚至新大陸的象徵。

㉑多納納國家公園
Doñana National Park

登錄時間：1994年 遺產類型：自然遺產

　　這座安達魯西亞省境內的國家公園，是拉姆薩濕地公約(Ramsar Convention)列管的全球水鳥重要棲息保育地，闊濕地涵蓋瓜達基維爾(Guadalquivir)河入大西洋河口右岸，面積達5萬4,000多公頃，其上遍布潟湖、沼澤、小丘、灌木叢林。

　　據統計，每年有多達50萬隻水鳥來此過冬，另有5種瀕絕鳥類

棲息於此。1998年，有毒廢料外洩，污染瓜達基維爾河支流，一度造成生態災難。

©UNESCO

㉒昆卡古城
Historic Walled Town of Cuenca

登錄時間：1996年　遺產類型：文化遺產

昆卡古城區位於Júcar和Huecar兩座河谷間的陡峭山脊，景點多集中在Júcar山邊，其中以大教堂、懸壁屋及鵝卵石街道最具特色。城區仍完整保留中世紀的樣貌，噴泉、拱門、窄街和教堂散落古城的各個角落。

坐落於主廣場的大教堂，建於12世紀末，結合哥德、文藝復興和巴洛克等建築風格。其後方的懸壁屋群是一絕，屋後即為峭壁，站在向外突出的木造陽台上，只有「驚心動魄」足以形容。

㉓瓦倫西亞絲綢交易中心
La Lonja de la Seda de Valencia

登錄時間：1996年　遺產類型：文化遺產

早在1483年落成啟用的這座絲綢交易中心，無疑是哥德式建築的完美呈現，每個細節都是創意與功能的結合，例如28

座自外牆延伸而出的出水口，造型極盡誇張，導水功能無懈可擊。超高的正廳裡，矗立著8根呈螺旋狀的巨大石柱，象徵著扭纏的船繩和絲絹。

交易中心曾被挪用為麥倉和醫院，如今在假日做為錢幣及郵票的交易市集。

㉔庇里牛斯山脈－普渡峰
Pyrénées - Mont Perdu

登錄時間：1997年　遺產類型：綜合遺產

© JC Gil Ballano

位於西班牙和法國兩國邊界，庇里牛斯山脈呈東西走向、長453公里、平均海拔2,000公尺以上，最高峰為海拔3,352公尺的普渡峰。普渡峰的氣候與植被明顯呈垂直變化，2,300公尺之上是高山草原，3,000公尺以上則有冰川。

西班牙這一側有Añisclo和Escuain兩座歐洲最大最深的峽谷，景色壯麗。托爾托薩(Tortosa)為登山滑雪聖地，遊客絡繹不絕。值得注意的是，此處山區除了保有恬靜的田園景觀，同時保留歐洲僅見的昔日高地生活方式，有如一座傳統農業生活展示館。

㉕巴塞隆納的加泰隆尼亞音樂廳與聖保羅醫院
Palau de la Música Catalana and Hospital de Sant Pau, Barcelona

登錄時間：1997年　遺產類型：文化遺產

這座音樂廳與聖保羅醫院同為加泰隆尼亞現代主義建築大師多明尼克(Lluis Domènech i Montaner)的代表作。多明尼克、高第、普意居(Josep Puig i Cadafalch)並稱為「加泰隆尼亞現代主義建築三傑」，作品強調「師法自然」，多以動物、植物作為裝飾元素，除了使用紅磚、馬賽克和彩色玻璃等建材，也開發出不少新技術，例如這座音樂廳本身即為巨大的鋼架結構，有助引進外部陽光，同時內部空間開闊。

聖保羅醫院則像座花草繁茂的摩爾風格花園，園中錯落著26棟馬賽克城堡般的醫院建築。這座花園醫院的前身是歷史悠久的聖十字醫院，在20世紀初改建之前，是座貧民區中的老舊醫院，而高第就是在此結束其精采的一生。

©UNESCO

㉖聖米蘭‧尤索和聖米蘭‧蘇索修道院

San Millán Yuso and Suso Monasteries

登錄時間：1997年 遺產類型：**文化遺產**

6世紀中葉，聖米蘭(St Millán)在此一地區建立起修道院社區，逐漸成為基督教徒的朝聖地。聖米蘭‧蘇索修道院是為了紀念聖米蘭而建的羅馬式建築，第一部以卡斯提亞語（Castilian，即現代西班牙語）撰寫的文學作品即誕生於此，而被視為現代西班牙語的發源地。

16世紀初期，舊修道院下方新蓋了一座聖米蘭‧尤索修道院，至今仍然持續舉辦著宗教活動。

©UNESCO

㉗拉斯梅德拉斯

Las Médulas

登錄時間：1997年 遺產類型：**文化遺產**

西元1世紀，來自羅馬帝國的統治者在西班牙西北部的拉斯梅德拉斯地區開始興建水力工程，以便開採、淘篩山裡的金銀礦產。兩個世紀後，羅馬人撤退了，留下一片廢墟，當地自此不再有工業活動，卻因而完整保留下此一獨特的地景。如今，在當地陡峭的山坡和開闊地面，處處可見當時留下來的礦井和水渠，部分水渠轉為灌溉之用。

㉘科阿峽谷與席爾加‧維德的史前岩石藝術遺跡

Prehistoric Rock Art Sites in the Côa Valley and Siega Verde

登錄時間：1998年列名、2010年擴大 遺產類型：**文化遺產**

葡萄牙東北部群山間的科阿峽谷和西班牙卡斯提亞‧萊昂自治區的席爾加‧維德，這兩處擁有全球現今最重要的史前人類藝術活動作品，這些距今上萬年的上石器時代(Upper Paleolithic Era)岩石雕刻藝術，主題多為山羊、馬匹、古代野牛等，皆是常見於西歐早期藝術作品的題材，其他還包括魚拓，鐵器時代之後則出現人形雕刻，大多是小頭、佩劍、雙腿細長的騎馬戰士。

㉙伊比利半島地中海盆地的岩畫藝術

Rock Art of the Mediterranean Basin on the Iberian Peninsula

登錄時間：1998年 遺產類型：**文化遺產**

伊比利半島東部的地中海盆地有不少史前文化遺跡，自1879年發現阿爾塔米拉(Altamira)岩洞的舊石器時代壁畫後，在阿拉崗、安達魯西亞、卡斯提亞‧拉曼查(Castilla-La Mancha)、加泰隆尼亞、穆爾希亞(Murcia)、瓦倫西亞等地陸續發現大規模的石器時代壁畫群。

這些壁畫生動記錄下人類從採集、狩獵到種植作物、馴養動物等重要的文明轉折歷程，考古學家按年代及藝術風格，分為三大類：一是舊石器時代壁畫，約西元前4萬年至西元前1萬年，主題多為鹿、野牛等動物，也有抽象符號及人的手印；二為地中海沿岸壁畫，約西元前6,000年至西元前4,000年，開始出現人形圖畫，描繪狩獵、種植、舞蹈、戰爭等景象；三為簡圖式壁畫，西元前4,000年至西元前1,000年，畫面簡單卻充滿活力，大量出現抽象符號，被認為是藝術抽象化的重要起步。

㉚阿卡拉‧德‧埃納雷斯大學與舊城區

University and Historic Precinct of Alcalá de Henares

登錄時間：1998年 遺產類型：**文化遺產**

距離馬德里30公里，紅衣大主教斯內羅斯(Cisneros)1499年在此創立聖伊德豐索高等學院(Colegio Mayor de San Ildefonso)，可以說是世界第一座規畫設立的大學城，享譽歐洲數個世紀，歐洲的大學多尊其為範本。1836年，伊莎貝爾二世將大學遷往馬德里，1977年才又復校。

此地也是「上帝之城」(Civitas Dei)的原型，後由西班牙傳教士將此理想的市鎮模式傳入美洲。這裡還是西班牙大文豪塞萬

提斯(Cervantes)的故鄉，著有《唐吉訶德》等鉅作，為現代西班牙語與西班牙文學留下了不可抹滅的影響。

©UNESCO

爾南德斯‧德‧魯格(Alonso Fernández de Lugo)在1496年征服島上最後的原住民勢力後，在此建城，但沒有好好地規畫，城區動線和建築雜亂無章，此即「高城」(Upper Town)。

魯格於是決定另闢「低城」(Lower Town)，按照歐洲當時風行的幾何形來規劃城市，於是街道寬敞，公共空間開闊，都市規畫布局至今沒有太大改變，其中不乏可追溯至16至18世紀的教堂、公共建築及私人宅第。

這座古城還是西班牙首座不設防的殖民城市，成為日後許多美洲殖民城市的設計典範，直至1723年都是該島首府。

©Instituto del Patrimonio Cultural de España, Ministerio de Educación, Cultural y Deporte

㉛伊比薩島
Ibiza, Biodiversity and Culture

登錄時間：1999年　遺產類型：**自然與文化混合遺產**

伊比薩島是海洋與海岸的生態系統互動的最好例子，這裡生長著大片濃密的波西尼亞海草(Posidonia Oceanica)。波西尼亞海草為地中海特有種，是許多海洋生物賴以維生的食物，

島上保留不少年代久遠的歷史遺跡，薩卡勒塔(Sa Caleta)古民居、普奇‧德‧莫林古墓群(Puig des Molins)的出土，證明此一島嶼在早期的地中海海上貿易上，特別是腓尼基及迦太基時期，曾扮演過重要角色。另還有文藝復興時期要塞建築的經典之作，上城(Alta Vila)甚至影響了日後西班牙殖民帝國在新大陸的要塞設計。

© Ivo Schwalbe

© Nicolas Economou Photography

㉜拉古納的聖克里斯托瓦爾城
San Cristóbal de La Laguna

登錄時間：1999年　遺產類型：文化遺產

坐落於加那利群島的特內里費(Tenerife)島上，阿隆索‧費

㉝博伊峽谷的仿羅馬式教堂
Catalan Romanesque Churches of the Vall de Boí

登錄時間：2000年　遺產類型：文化遺產

崇山峻嶺環抱的博伊峽谷，位於東北部加泰隆尼亞自治區內的庇里牛斯山區。峽谷內散落著8個小村莊，每個村莊都有一座保存狀況良好的羅馬式教堂，其中，聖克雷門德(Sant Climent de Taüll)和聖瑪利亞(Santa Maria de Taüll)教堂尤為經典，有著大批精美的中世紀壁畫。

所謂「仿羅馬式建築」，指的是融合羅馬、拜占庭及早期基督教的建築風格與工藝的建築形式，盛行於11世紀中葉至12世紀末，特色為厚實的牆壁、高大的塔樓及圓拱形穹頂。

©UNESCO

47

㉞塔拉克考古遺址
Archaeological Ensemble of Tárraco

登錄時間：2000年　遺產類型：**文化遺產**

塔拉克今名為塔拉戈納(Tarragona)，分為新與舊兩個城區，舊城建在一處可俯瞰地中海的山丘上，三面為巨大的城牆所圍繞。

塔拉克在羅馬時代是伊比利半島的行政、商業暨宗教重鎮，現留有許多羅馬時期的建築，包括長550公尺的城牆、兩座巨大的石門、塔樓、皇宮、圓形劇場、凱旋門及水道橋，展現了其作為羅馬行省首府的豪華氣派，塔拉克同時是羅馬帝國境內其他行省首府的城鎮設計與規畫的典範。

㉟埃爾切的帕梅拉爾
Palmeral of Elche

登錄時間：2000年　遺產類型：**文化遺產**

西班牙東南部的埃爾切是一座沿海城市，創建於10世紀末阿拉伯人統治伊比利半島的時期，帕梅拉爾是城裡極具北非特色的農業區。

「帕梅拉爾」意指種滿椰棗的地方，當地種植椰棗的歷史由來已久，早在西元前500多年就開始。腓尼基和羅馬人皆曾殖民至此，現是歐洲僅存的阿拉伯式農業區，由於摩爾人在中世紀建造的灌溉系統極為完善，且迄今持續運作中，因此得以在貧瘠土地上創造出農業奇蹟。

㊱阿塔普爾卡考古遺址
Archaeological Site of Atapuerca

登錄時間：2000年　遺產類型：**文化遺產**

位於布勾斯以東15公里處，當地洞窟群保存著大批歐洲早期人類化石，年代從100多萬年前跨至基督教紀元初始，為研究遠古時代人類體態特徵及生活方式提供珍貴的原始資料。

2008年初，考古學家在此挖掘出一塊120萬年前的人類下顎骨碎片，是迄今在該遺址出土最古老的化石，有可能是尼安德塔人和智人最後的共同祖先。

㊲盧戈的羅馬古城牆
Roman Walls of Lugo

登錄時間：2000年　遺產類型：**文化遺產**

盧戈位於西班牙北部、米尼奧(Minho)河上游支流畔，西元前19年被羅馬帝國征服，盧卡斯‧奧古斯汀(Lucus Augusti)的羅馬軍營曾駐紮於此，但由於當地盛產黃金，且位於布拉加(Bracara)往阿斯圖里加(Asturica)的大馬路上，而逐漸形成一座小城鎮。為了加強防禦能力，當時以巨大片岩砌成長2,000公尺、高約10公尺的城牆，為羅馬帝國後期典型的防禦工事。

㊳阿蘭惠斯文化景觀
Aranjuez Cultural Landscape

登錄時間：2001年　遺產類型：**文化遺產**

阿蘭惠斯的文化景觀融合了自然與人類的互動、彎曲河道及幾何景觀設計、田園風光與都市景觀、森林地貌和富麗建築之間的複雜關係。300多年來，由於西班牙王室投注了相當多的心力，阿蘭惠斯文化景觀呈現出人文主義與中央集權的色彩，還可見到18世紀法國巴洛克風格的花園，及啟蒙運動時期伴隨著種植植物和飼養牲畜而發展的城市生活。

㊴烏韋達與巴埃薩文藝復興建築群
Renaissance Monumental Ensembles of Úbeda and Baeza

登錄時間：2003年　遺產類型：**文化遺產**

這兩座西班牙南部的小城，崛起年代可追溯至9世紀摩爾人統治及13世紀基督教重掌西班牙政權時期，至16世紀的文藝復興時期，烏韋達與巴埃薩的城市建設出現重大發展，在義

大利傳入的人文主義思潮影響下，西班牙政府開始有計畫、有步驟地建設這兩座小城市，此一做法日後沿用至拉丁美洲的殖民城市建設上。

©Instituto del Patrimonio Cultural de España, Ministerio de Educación, Cultura y Deporte

©Jose Manuel

㊵ 維斯蓋亞橋
Vizcaya Bridge

登錄時間：2006年　遺產類型：**文化遺產**

　　橫跨於畢爾包西側的伊拜薩巴(Ibaizabal)河口，1893年完工的維斯蓋亞橋，設計師是巴斯克建築師阿貝爾托・帕拉西奧(Alberto de Palacio)。這座45公尺高的大橋長約160公尺，沿用19世紀使用鋼鐵建材的傳統，並運用稍後出現的輕量化鋼索技術，是世界第一座裝有吊艙、可供行人與汽車過河的高空拉索橋，也是工業革命時期傑出的鋼鐵建築之一。這座兼具功能與美感的金屬大橋，曾毀於西班牙內戰期間，之後採用部分新技術重建，1941年恢復通行。

㊶ 泰德國家公園
Teide National Park

登錄時間：2007年　遺產類型：**自然遺產**

　　這座占地廣達18,990公頃的國家公園，位於加那利群島裡最大的特內利費(Tenerife)島中央，其存在為海洋島嶼演化的地質過程提供了證據。園區內的泰德峰是座活火山，海拔

©Rocío Arrarte

3,718公尺，為西班牙第一高峰，但若從大西洋底算起，泰德峰更高達7,500公尺，是世界第三高的火山結構體，巨大的垂直落差和火山活動，讓這裡的生態系統自成一格。

㊷ 海克力士塔
Tower of Hercules

登錄時間：2009年　遺產類型：**文化遺產**

©Archivo Turismo da Coruña

　　在西班牙西北部，距離拉科魯尼亞2.4公里的半島上，聳立著一座高達55公尺的建築，俯視北大西洋超過1,900年，是仍在使用中的古希臘羅馬時期燈塔，也是當今全球最古老的燈塔。

　　這座燈塔的名稱來自希臘羅馬神話的大力士，西元2世紀時建於57公尺高的巨岩上，海克力士塔打從落成以來就是地標。這座西班牙第二高的燈塔1791年時曾經過翻修，燈塔下方有座年代可上溯至鐵器時代的雕刻公園，以及一片伊斯蘭教墓園。

㊸ 特拉蒙塔納山區的文化景觀
Cultural Landscape of the Serra de Tramuntana

登錄時間：2011　遺產類型：**文化遺產**

　　特拉蒙塔納山脈矗立於地中海的馬約卡島西北部，與海岸線平行延伸，山勢陡峭險峻。數千年來，當地居民利用極為有限的自然資源，在一片崇山峻嶺中發展農耕文化，改變土地的容貌，營造出今日充滿獨特田園風光的山區文化景觀。

　　摩爾人在西元10世紀初占領馬約卡島，他們運用阿拉伯世界的水利技術，在島上修築相互連通的灌溉渠道和集水設施，發展出複雜交錯的水利系統，時到今日，當地居民仍沿用這套將近千年歷史的系統。

　　13世紀，馬約卡島隨著西班牙成為基督教王國的領土，居民開始引進基督教世界的農耕技術以及土地管理制度，逐漸形成現今的樣貌，而這也讓這塊占地30,745公頃的特拉蒙塔納山區，成為伊斯蘭文化與基督教文化互相影響的絕佳範例。

㊹ 阿爾馬登和伊德里亞的水銀遺產
Heritage of Mercury. Almadén and Idrija

登錄時間：2012　遺產類型：**文化遺產**

　　這座文化遺產是由西班牙的阿爾馬登(Almadén)與斯洛維尼亞(Slovenija)的伊德里亞(Idrija)兩地的水銀礦遺址及其附屬建築共同組成，這兩處是全球最大的兩個水銀礦脈，開採歷史悠久，見證歐洲與美洲之間好幾個世紀以來的水銀貿易。

　　阿爾馬登保留了不少與採礦歷史相關的建築，包括Retamar城堡、宗教建築，和當地傳統的住屋等。

㊺安特克拉支石墓

Antequera Dolmens Site

登錄時間：2016年　遺產類型：**文化遺產**

這處遺址位於安達魯西亞的心臟地帶，主要有三處支石墓，分別為蒙加(Menga)和維拉(Viera)、艾爾羅梅拉爾的地下圓形墳墓(Tholos of El Romeral)，以及兩處自然形成的山形墓塚Peña de los Enamorados和El Torcal。

這些支石墓皆建於新石器時代至銅器時代，而所謂的支石墓(Dolmens)，是史前巨石文明的殯葬表現方式，地上豎起數塊大巨石，一邊往外傾，上方架承大型石板做頂，架構的空間做為墓室使用，上述三處墓室是歐洲重要的史前建築及巨石文明範例。

㊻哈里發的阿爾札哈拉古城

Caliphate city of Medina Azahara

登錄時間：2018　遺產類型：**文化遺產**

考古遺址位於安達魯西亞的哥多華西郊，為倭馬亞王朝(Umayyad)於西元10世紀中葉建立，是科爾多瓦哈里發的所在地，經過80幾年的繁榮歲月後，西元1009～1010年間的內戰摧毀了哈里發國家，古城於是被遺忘了上千年，直到20世紀才被發掘。

該遺址保留了完整的城市機能，包括道路、橋樑、水道系統、住宅建設、基礎設施等，呈現伊斯蘭文化鼎盛時期的安達魯西亞地區樣貌。

㊼大加那利島的里斯科卡伊多考古遺址和聖山

Risco Caido and the Sacred Mountains of Gran Canaria Cultural Landscape

登錄時間：2019年　遺產類型：**文化遺產**

里斯科卡伊多位於大加那利島中心的廣大山區，有著懸崖、峽谷與火山岩洞，擁有豐富的生物多樣性。大加那利島文化景觀包括數量龐大的穴居聚落，這裡可以看到住所、穀倉和蓄水池，其存在的年代足以證明在西班牙人到來之前，這裡即有文化存在，推測是北非柏柏人來到島上後，因與外界隔絕，逐漸發展出獨立的文化，直到15世紀首批西班牙移民抵達大加那利島。

穴居聚落裡還包括宗教洞穴及Risco Caido、Roque Bentayga兩座聖殿，一般認為，聖殿是舉辦定期宗教儀式的場所，宗教內容則可能與星宿和「大地之母」崇拜有關。

㊽普拉多大道和雷提洛公園，藝術與科學之地

Paseo del Prado and Buen Retiro, a landscape of Arts and Sciences

登錄時間：2021　遺產類型：**文化遺產**

位於馬德里市中心，這一區自16世紀普拉多三線大道通車開始發展，宏偉建築圍繞著太陽神阿波羅、海神波賽頓、象徵馬德里城市的大地女神等幾座主題噴泉。此處體現了18世紀開明專制主義對都市空間和發展提出的新概念，讓各種用途的建物存在於同一個地區裡，有做為藝術和科學使用的，也有工業、健康照護和研究功能等建築，這是全盛時期的西班牙帝國對烏托邦社會的想像，後來也深深影響了拉丁美洲。

這一區包括佔地120公頃的雷提洛公園，大部分園區的前身是17世紀的夏宮，另有皇家植物園和耶羅尼姆斯大型住宅區，後者的屋舍型式多元，建築年代可追溯至19至20世紀，其間包括做為文化展演和科學用途的場地。

㊾喀爾巴阡山脈與其他歐洲地區的古山毛櫸森林

Ancient and Primeval Beech Forests of the Carpathians and Other Regions of Europe

登錄時間：2021　遺產類型：**自然遺產**

聯合國教科文組織早在2007年就將這一大片林地列為自然遺產，但由於森林綿延廣被，為求完善管理保護，遺產範圍不斷擴大，包括2021年的西班牙在內，共有18個國家94區列入此一自然遺產裡。

古山毛櫸樹對氣候、地形、土壤等環境有著強大適應力，其基因對應不同的地理條件持續演變，甚至融合其他樹種，因此得以在1萬1千年前的冰河時期結束後，迅速地從散落在歐洲南部的阿爾卑斯山脈、喀爾巴阡山脈、地中海沿岸，以及庇里牛斯山等幾座各自獨立的林地往外推進，林地至今仍在不斷擴張中。

分區導覽
Area Guide

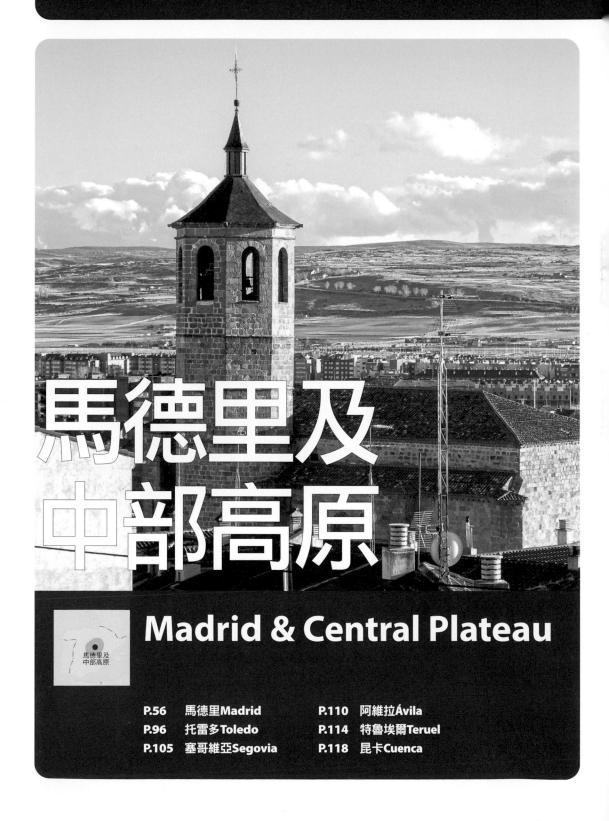

馬德里及
中部高原

Madrid & Central Plateau

坐落於西班牙的中央，馬德里原是座歷史上默默無聞的小鄉鎮，10世紀先是被摩爾人相中，搖身一變為軍事要塞，16世紀時由於菲利浦二世遷都於此，一躍成為西班牙的焦點，伴隨著黃金時期的發展，逐漸勾勒出今日磅礡的氣勢。

寬敞筆直的街道、宏偉華麗的建築、奢華遼闊的綠地…即使今日皇室僅為全民共主的象徵，且輝煌一時的帝國已不復見，馬德里仍瀰漫著一股尊貴的氣氛。

「梅賽塔」是將馬德里團團包圍的中部高原名稱，這片紅土堆積的桌形臺地，是西班牙大文豪塞萬提斯的名著《唐吉訶德》的故事背景，看過了該區起伏不定的荒涼大地後，或許不難理解這一主一僕尋找刺激的瘋狂行徑。

中部高原是西班牙歷史的重要舞台，擁有許多重要古蹟，像是昔日的政治文化中心托雷多、塞哥維亞的羅馬水道橋、大德蘭修女的故鄉阿維拉等，都值得一探究竟。

馬德里及中部高原之最Top Highlights of Madrid & Central Plateau

普拉多美術館Museo del Prado
　　旅遊西班牙時，如果只能選擇一座博物館去參觀，絕對就是普拉多美術館。藏有12～19世紀的西班牙藝術精品，委拉斯奎茲、哥雅、埃爾・葛雷科等大師巨作一次到位。(P.74)

羅馬水道橋Acueducto Romano
　　近30公尺高的羅馬水道橋切穿塞哥維亞舊城入口，一道道石砌橋拱併排展開，成為跨越2,000年的城市象徵，整座橋身沒有使用任何黏劑或釘子，展現高超精密的工藝技巧。(P.107)

托雷多Toledo
　　穿梭於迷宮般的巷弄中，尋找猶太人在街角留下的暗號、火焰哥德式的修道院和教堂、穆德哈爾式的石柱拱門，以及埃爾・葛雷科的畫作，托雷多是一座城市博物館，保存著中世紀的氛圍與不同宗教文化的痕跡。(P.96)

懸壁屋Casas Colgadas
　　石屋依著陡峭的石灰岩斷崖而建，形成一種彷彿懸掛於峭壁上的特殊景觀，擁有「中世紀摩天樓」的稱號。(P.119)

How to Explore Madrid & Central Plateau
如何玩馬德里及中部高原

馬德里與中部高原是西班牙歷史的重要舞台，紅土臺地正是名著《唐吉訶德》的故事背景。以馬德里為中心，周圍有許多適合延伸一日遊的中世紀古城，各有豐富史蹟和鮮明個性，到底該如何挑選，本單元將為你重點提示。

阿維拉 Avila

座落於1,130公尺的山頂台地，四周的中世紀厚實城牆，讓這座城鎮有「石頭城」之名，1985年名列世界文化遺產。它也是「赤足加爾默羅會」創辦人大德蘭修女的故鄉，又稱為「聖徒城」。

代表景點： 城牆、大德蘭女修院、聖維森特大教堂

托雷多 Toledo

曾是卡斯提亞王國的政治中心，處處可見混合著伊斯蘭教、天主教和猶太教等文化展現，境內有西班牙三大教堂之一的托雷多大教堂，更因為埃爾·葛雷科而聲名大噪。

代表景點： 大教堂、埃爾·葛雷科博物館、聖胡安皇家修道院

馬德里 Madrid

幾乎位於伊比利半島正中央，太陽門就是西班牙的中心點，兼容古典與現代，總是充滿活力。尋訪大大小小的廣場和參觀世界級的美術館是重頭戲。

代表景點： 普拉多美術館、國立蘇菲亞王妃藝術中心、太陽門、凡塔斯鬥牛場

塞哥維亞Segovia

河流環繞的山城位於岩壁上，伊莎貝爾女王的城堡矗立於山崖之緣，彷彿童話裡的《白雪公主》城堡，橫跨天際的羅馬水道橋拉出時空結界，向前一步，就能返回中世紀。

代表景點：羅馬水道橋、塞哥維亞大教堂、阿卡乍堡

特魯埃爾Teruel

儘管交通不算方便，特魯埃爾仍以華美的穆德哈爾式建築獲得旅客青睞，有「穆德哈爾之都」之名。當地流傳的淒美愛情故事，更為城市增添浪漫色彩，而被取名為「愛之城」。

代表景點：大教堂、聖佩德羅教堂與戀人祠堂、薩爾瓦多塔

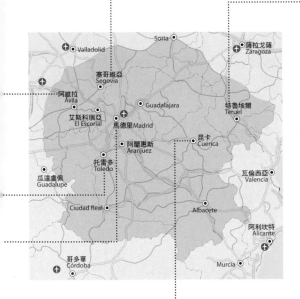

昆卡Cuenca

這個世界遺產古城位於胡卡河(Río Júcar)和威卡河(Río Huecar)的河谷間，舊城維持著中世紀風貌，鵝卵石鋪成的街道，通往散布各處的拱門、噴泉和廣場，最特別的是緊依石灰峭壁而建的懸壁屋。

代表景點：懸壁屋、大教堂

●馬德里

馬德里
Madrid

這座不起眼的小城鎮，直到西元10世紀，才有相關的文字記載，並一躍成為西班牙歷史的重點舞台。馬德里曾經是摩爾人的回教中心馬黑理(Magerit)，西元1083年基督教國王阿方索六世(Alfonso VI)征服此地，1561年菲利浦二世(Felipe II)將首都設於此地，讓其地位逐漸超越週遭的托雷多、塞哥維亞。

相對於巴黎、羅馬，馬德里或許少了些古蹟，不過，也正因為如此，這個屬於19、20世紀的新生代城市，宛若充滿活力的青少年！尤其到了週末午夜，馬德里街頭擠滿人潮，三五成群出門覓食或坐在街頭咖啡店喝酒聊天，那種熱鬧的氣氛令人大開眼界！

旅客可以安排2～3天參觀馬德里的歷史景點，時間較寬裕的，多停留幾天，好好欣賞普拉多美術館、提森‧波尼米薩美術館，及國立蘇菲亞王妃藝術中心，保證值回票價。

INFO

基本資訊

人口：約322萬人 **面積**：604.3平方公里
區碼：(0)91

如何前往

飛機

台灣目前無直飛航班，可以搭乘瑞航、德航、荷航、英航、土航、卡達、阿聯酋等航空，中經歐洲或中東城市，再轉往馬德里。

巴拉哈斯國際機場（Aeropuerto de Barajas，機場代號MAD）位於馬德里市區東北方約12公里處，該機場共有4座航廈，從亞洲起飛的航班多停靠T1和T2，T1至T3航廈之間有互連通道，最新落成的T4與前三座航廈相距略遠，機場設有免費巴士接駁。

機場設有24小時的旅館訂房櫃台、匯兌中心、西班牙國鐵Renfe辦事處、租車公司櫃檯，及馬德里旅遊服務中心等。

巴拉哈斯國際機場
🌐www.aeropuertomadrid-barajas.com
西班牙機場與航行區域查詢(Aeropuertos Españoles y Navegación Aérea)
🌐www.aena.es

火車

從巴塞隆納可搭高速火車AVE，車程約2.5～3小時；哥多華出發的快車，車程則約1小時50分至2小時。

馬德里有3大主要火車站，分別是北邊的查馬丁火車站、南邊的阿托查火車站，以及西北方的皮歐王子火車站。火車時刻表及票價可上官網或至車站。

●查馬丁火車站(Estación de Chamartín)：停靠西班牙北部的AVE或長程特快列車，以及往來巴黎或里斯本的國際列車，從這裡可以搭乘地鐵1、10號線或近郊火車Cercanías接駁至其他景點。

●阿托查火車站(Estación de Atocha)：車站分為兩部分：Atocha Cercanías車站提供馬德里近郊火車停靠，從這裡搭車可以前往艾斯科瑞亞皇宮(El Escorial)、阿蘭惠斯(Aranjuez)等；靠近普拉多大道的Puerta de Atocha則是往來巴塞隆納或安達魯西亞的高速火車AVE，或前往托雷多等長程特快列車AVANT、ALARIS的停靠站。在阿托查火車站，可搭乘地鐵1號線。

●皮歐王子火車站(Estación de Príncipe Pío)：僅提供馬德里近郊鐵路使用，從這裡可以轉搭6號、10號和R線地鐵。

西班牙國鐵
🌐www.renfe.com
歐洲鐵路
🌐www.raileurope.com

長途巴士

市區有多處巴士轉運站，最大的是南站(Estación Sur de Autobuses)，往來歐洲各國的巴士和國內的長途巴士都停靠此站，位於阿托查火車站西南方約1.5公里處，附近可轉搭3號或6號地鐵進市中心。

美洲大道站(Intercambiador de Avenida de América)除了有巴士前往機場和近郊外，往來於西班牙北部的巴士多以此為起迄點，搭乘Alsa長途巴士前往巴塞隆納的車程約8小時，轉運站附近可搭4、6、7、9號地鐵。

南站
📍Méndez Álvaro, 83
☎468-4200
🌐www.estaciondeautobuses.com
美洲大道站
📍Avenida de América, 9-A ☎745-6300
主要巴士公司
Alsa🌐www.alsa.es
Socibus🌐socibusventas.es
Avanza🌐www.avanzabus.com
Interbus🌐www.interbus.es

機場至市區交通

從巴拉哈斯機場往返馬德里市中心，有近郊火車、地鐵、機場巴士、計程車等可供選擇。

近郊火車Cercanías

西班牙國鐵RENFE經營的近郊火車C1和C10線，北端起站和終站即是T4航廈，機場至阿托查火車站單程約29分鐘、查馬丁火車站約15分鐘、皮歐王子車站約41分鐘，若欲前往其他航廈，可於抵達後再利用免費接駁巴士。

🕐約15～20分鐘一班，機場出發至市區的時刻表為05:46～00:01，市區出發至機場則為05:15～23:19。
💲單程€2.6，來回€5.2，持西班牙國內長途車票或AVE高速鐵路車票可免費搭乘。
🌐www.renfe.com

地鐵Metro

地鐵8號線(L8)北端終點即是機場(Aeropuerto)，「Aeropuerto T1-T2-T3」站可至T1至T3航廈，地鐵站靠近T2的中心位置，從機場前往市中心約13至15分鐘；「Aeropuerto T4」站則是T4航廈，至市中心車程約20分鐘。

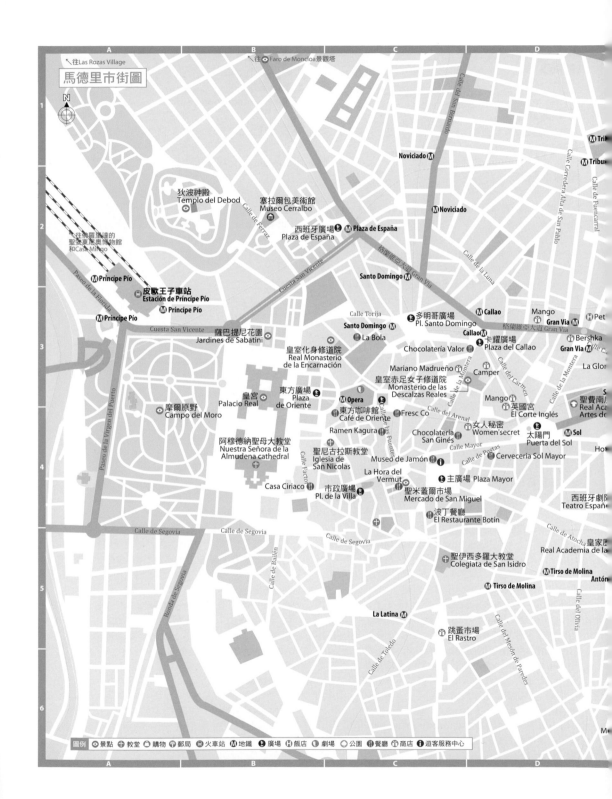

馬德里市街圖

往Las Rozas Village

往Faro de Moncloa景觀塔

N

狄波神殿
Templo del Debod

塞拉爾包美術館
Museo Cerralbo

Noviciado Ⓜ

Ⓜ Noviciado

西班牙廣場
Plaza de España

Ⓜ Plaza de España

Calle de Ferraz

Calle del San Bernardo

Calle Corredera Alta de San Pablo

Calle de Fuencarral

Ⓜ Tri
Ⓜ Tribu

Calle de la Luna

格蘭維亞大道 Gran Via

往佩薩里達的
聖安東尼奧博物館
和Casa Mingo

Ⓜ Príncipe Pío

皮歐王子車站
Estación de Príncipe Pío

Ⓜ Príncipe Pío

Ⓜ Príncipe Pío

Paseo de la Florida

Cuesta San Vicente

Cuesta San Vicente

薩巴提尼花園
Jardines de Sabatini

Santo Domingo Ⓜ

Calle Torija

Santo Domingo

La Bola

多明哥廣場
Pl. Santo Domingo

Ⓜ Callao

Callao

Mango

Ⓜ Gran Via

卡耀廣場
Plaza del Callao

格蘭維亞大道 Gran Via

Ⓜ Pet

Bershka

Gran Via Ⓜ

La Glor

Calle San Vicente

皇室化身修道院
Real Monasterio
de la Encarnación

Chocolatería Valor

Mariano Madrueño

Camper

Calle del Carmen

Calle de la Montera

聖費南
Real Aca
Artes de

皇宮
Palacio Real

東方廣場
Plaza
de Oriente

Ⓜ Opera

皇室赤足女子修道院
Monasterio de las
Descalzas Reales

Mango

英國宮
El Corte Inglés

摩爾原野
Campo del Moro

東方咖啡館
Café de Oriente

Fresc Co

Calle del Arenal

女人秘密
Women'secret

太陽門
Puerta del Sol

Ⓜ Sol

Ho

阿穆德納聖母大教堂
Nuestra Señora de la
Almudena cathedral

Ramen Kagura

聖尼古拉斯教堂
Iglesia de
San Nicolas

Chocolatería
San Ginés

Calle Mayor

Calle de Postas

Cervecería Sol Mayor

Calle Factor

Museo de Jamón

主廣場 Plaza Mayor

Casa Ciriaco

市政廣場
Pl. de la Villa

La Hora del
Vermut

西班牙
Teatro Espa

Calle de Bailén

聖米蓋爾市場
Mercado de San Miguel

波丁餐廳
El Restaurante Botín

Calle de Segovia

Calle de Segovia

Calle de Segovia

Calle de Atocha

皇家
Real Academia de la

聖伊西多羅大教堂
Colegiata de San Isidro

Ⓜ Tirso de Molina

Antón

Ronda de Segovia

Calle del Mesón de Paredes

Calle de Olivia

Tirso de Molina Ⓜ

La Latina Ⓜ

跳蚤市場
El Rastro

Calle de Toledo

M

圖例 ◉景點 ✚教堂 🛍購物 ✉郵局 🚂火車站 Ⓜ地鐵 ▣廣場 🏨飯店 🎭劇場 ⊕公園 🍴餐廳 🏪商店 ℹ遊客服務中心

E Calle de Sagasta

M Alonso Martínez
E Pl. de Alonso Martínez
Alonso Martínez **M**
Alonso Martínez **M**

↑ 往Centro Commercial ABC
T Lladró
→ 往Hotel Silken Puerta América Madrid

Calle de Génova

Paseo de la Castellana

Calle de Serrano

Calle de Hermosilla

Calle de Castelló

Calle de Argensola

T Zara

Calle Bárbara de Braganza

Colón **M**
E

哥倫布廣場
Plaza de Colón

Loewe **E**
M Serrano

Calle de Goya
M Velazquez

Calle de Goya

M Chueca

Calle del Barquillo

國立考古博物館
Museo Arqueologico
Nacional

寒拉諾街

Calle de Serrano

Calle de Jorge Juan

Calle de Velázquez

Calle de Jorge Juan

往凡略斯門牛場→

Paseo de Recoletos

Calle de Recoletos

Calle de Villanueva

Ppe. de Vergara **M**

Calle Salustiano Olózaga

Calle Columela

Retino **M**
阿卡拉大道 Calle de Alcalá

Palace Ducal

獨立廣場
E Pl. de Independencia

阿卡拉大道 Calle de Alcalá

llero de Gracia
de Montera

Banco de España **M**
E 希比雷斯廣場
Pl. de Ciberes

阿卡拉大道Calle de Alcalá

阿卡拉門
Puerta de Alcalá

Ibiza **M**

i

Calle de Alcalá

國立裝飾藝術博物館
Museo Nacional de Artes Decorativas

雷提洛公園
Parque del Retiro

lla **M**
皇家美術學院
emia de Bellas
an Fernande

Paseo del Prado

$

Urban **H**
Plaza de las Cortes
Hotel Villa Real **H**
提森・波尼薩米術館
Museo Thyssen-Bornemisza

E
麗池飯店
Hotel Ritz **H**
E Pl. Canovas
del Castillo

軍事博物館
Museo del Ejercito

Calle de Lope de Vega

i

皇家聖傑若尼姆教堂
Iglesia de San Jeronimo el Real

史學院
Historia

Paseo del Prado

普拉多美術館
Museo Nacional de Prado

Martin **M**
Calle de Moratín

皇家植物園
Real Jardin Botanico

Calle de Atocha

Calle de Santa Isabel

Cafetería Estoril **H**

Estación del Arte **M**

Av. de la Ciudad de Barcelona

M Atocha Renfe

國立蘇菲亞王妃藝術中心
seo Nacional Centro de Arte Reina Sofía

阿托查火車站
Estación de Atocha
i

↓ 往Hotel Praga

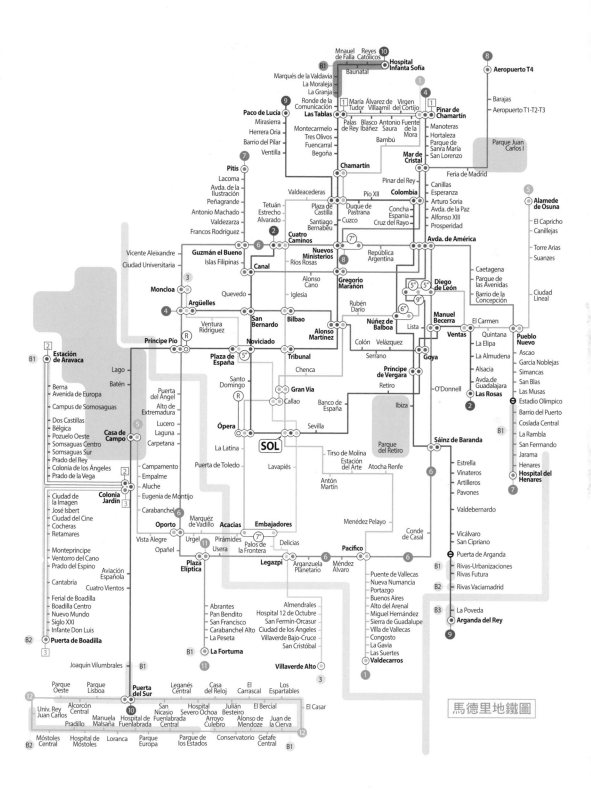

馬德里地鐵圖

60

🕐 06:05～01:30

💲 地鐵A區單程票＋機場附加費€3；若使用地鐵十次卡，需另付€3機場附加費

🌐 www.metromadrid.es

機場巴士Exprés Aeropuerto

往返於T1、T2、T4航廈與市區之間，每天24小時營運，06:00～23:30停靠市區阿托查火車站的外側，深夜則停靠希比雷斯廣場(Plaza De Cibeles)，車程約30分鐘。除了機場巴士，101、200、822、824等號公車也往返機場與市區之間。

Exprés Aeropuerto

🕐 06:00～23:30之間，每15到20分一班；23:30～6:00之間，每35分一班

💲 單程€5 🌐 www.crtm.es

長途巴士

若打算從機場直接前往馬德里之外的小鎮，瓦倫西亞可在T1和T4搭乘Avanzabus直達巴士，莎拉曼卡則在T1搭乘Avanzabus直達巴士。若要前往聖地牙哥、奧維耶多(Oviedo)、薩拉戈薩(Zaragossa)等地，T4有Alsa巴士公司的直達車；要到安達魯西亞地區的各大城，T1航廈有Socibus巴士的直達車。

計程車Taxi

馬德里的計程車採跳表計費，市區的平日、假日和夜間的最低收費均不同，不過，從機場前往市中心的車資則統一為€30，內含行李費用，車程約20至30分鐘。

市區交通

馬德里的地底有地鐵和近郊火車，地面上則是星羅棋布的巴士網和市區外圍的輕軌電車(Metro Ligero)等，交通相當方便。要記得的是，地鐵和巴士的車票可通用，但轉乘不是免費，而地鐵和近郊火車的車票則不通用，需另外購買，最好依此趟旅行最常運用的交通工具，來購買合適的票券和方案，以節省金錢和時間。

大眾交通票種

地鐵、巴士和輕軌電車等共用Metrobus票卡，依A到E區的範圍來收費，由於主要的觀光景點多數集中在A區，建議買A區的票。

成人單程每趟€1.5，除購買單程票(Billete Sencillo)之外，也可選擇十次卡(10 Viajes)，即搭十趟優惠價€12.2，而且一張票可多人使用，如果不是每天行程排滿滿，得搭很多趟車，十次卡是最好的選擇。

專為遊客設計的交通旅遊卡(Tourist Card)，可於T2、T4航廈或任一地鐵站購買，分為可隨意搭乘市中心巴士、地鐵和火車的Zone A票，以及含括前往托雷多與Guadalajara等地巴士的Zone T票。兩者皆可選擇天數，有一、二、三、四、五、七天等5種，Zone A票價隨天數不同價格分別為€8.4、14.2、18.4、22.6、26.8和35.4，而Zone T票則為同天數的Zone A票的一倍。

馬德里交通運輸協會(Consorcio Transportes Madrid)

☎ 580-4260 🌐 www.crtm.es

地鐵Metro

整潔、快速的地鐵是馬德里最方便的大眾交通工具，地鐵線名冠有「L」，後接數字，加上皮歐王子火車站和歌劇院之間的R線，共有13條線。

其中，2號線往來太陽門廣場的Sol站、皇宮附近的Ópera站、普拉多美術館一帶的Banco de España站，及雷提諾公園的Retino站，幾乎串連起各大重量級景點，是遊客使用頻率最高的路線。其他像前往阿托查火車站的1號線、皇家馬德里球隊主場貝納塢球場與查馬丁車站的10號線等，遊客也經常搭乘。

🕐 約06:00～1:30

💲 使用Metrobus票卡，Zone A的5站內單程票價€1.5，之後每站追加€0.1，10站後的車資皆為€2；十次券(10 Viajes)€12.2。

🌐 www.metromadrid.es

近郊火車Cercanías

和地鐵同在地下行駛，標示著像是倒栽蔥的「C」號誌的是近郊火車，以阿托查和查馬丁火車站為中心，共有10條線，連接市中心和郊區。出入站的閘門和地鐵站有區隔，Metrobus票卡無法通用。

🕐 約05:30～23:30

💲 1區和2區的單程€1.7；十次券€10。

市區巴士EMT

馬德里有多達203條巴士路線及26條夜間公車，網絡四通八達，記得查好要搭哪一班公車和下車的站名，就可以好好運用。你可以事先購買Metrobus票卡，插入司機身旁的驗票機即可，或備好零錢向司機買票。

◕約06:00～23:30，其他時段為夜間公車「N」。
💲單程€1.5，十次券(10 Viajes)€12.2，通用Metrobus票卡。

輕軌電車Metro Ligero

車號前冠有「ML」，共3條線，架設在偏遠的市區外圍，主要目的是方便當地居民通勤，一般觀光客很少用到，通用Metrobus票卡。

計程車Taxi

馬德里的計程車都是白色的，有專用招呼站，也可在路旁招車，起跳價格在平日、假日和夜間都不同，市區的平日起跳價€2.5，每公里跳€1.1；夜間和假日起跳價€3.1，每公里增加€1.3。

優惠票券

藝術大道套票(Paseo del Arte Pass)

套票可同時參觀普拉多美術館、國立蘇菲亞王妃藝術中心及提森·波尼米薩美術館的常設展，使用期限從購買日起算一年，購買時也可選擇適用時間，持這張套票可以直接進館參觀，免去排隊買票的時間。

在這三家美術館的官網上皆可購買這張套票，價格約是這三張門票的總價8折。要注意的是，在哪家官網訂票就要在哪裡取票！

💲€32（每年保留異動空間）

觀光行程

馬德里觀光巴士Madrid City Tour

市區經常可見這台紅色雙層觀光巴士，透過個人語音導覽（中文），得以最速成的方式大略認識馬德里。巴士有兩條路線，每天巡迴繞行太陽門、主廣場、格蘭維亞大道、西班牙廣場、皇宮、普拉多美術館、凡塔斯鬥牛場等重要景點，在車票有效期限內可任意上下車，繞一圈約1小時45分鐘。

⌂官網、上車購票，或在市區的書報攤、票亭購買。
◕09:00～22:00，每30至40分鐘一班
💲1日券—成人€23、優待票€10；2日券—成人€27、優待票€14。網站購票9折優惠。
🔗madridcitytour.es

旅遊諮詢

主廣場遊客中心

📍P.58C4
🚇地鐵1、2、3號線的Sol站，或地鐵2、5號線的Ópera站。
⌂Plaza Mayor 27
📞578-7810
◕09:30～20:30
🔗www.esmadrid.com

CentroCentro遊客中心

📍P.59F3
🚇地鐵2號Banco de España站
⌂Plaza de Cibeles, 1
◕週二至日10:00～20:00；1月5日10:00～14:00
🚫每週一；1/1、1/6、5/1、12/24～25、12/31

蘇菲亞王妃藝術中心遊客中心

📍P.59E6
🚇地鐵1號Atocha站，位於美術館門口
◕09:30～20:00；12月24和31日提早至17:00關閉；1月1日和12月25日延後至11:00開放。

巴拉哈斯機場遊客中心

📍T2及T4航廈
◕09:30～20:30；12月24和31日提早至17:00關閉；1月1日和12月25日延後至11:00開放。

城市概略City Briefing

　　馬德里都會區相當大，但主要的觀光景點集中在阿托查車站和皮歐王子車站間的舊城區，以有「西班牙中心」之稱的太陽門為起點，就不容易弄錯方向。

　　太陽門往西，經主廣場到皇宮之間是舊城區，蜿蜒巷弄間留有許多珍貴的歷史建築；太陽門以東，阿卡拉大道銜接普拉多大道，往南至阿托查車站之間，則是馬德里的文化區，普拉多美術館、提森 波尼米薩美術館、蘇菲亞王妃藝術中心等博物館座落於大片公園綠意之間；希比雷斯廣場東北區在19世紀時是上流貴族的住所，現在則是精品林立的高級購物街。

馬德里行程建議
Itineraries in Madrid

　　馬德里是西班牙交通系統的核心，建議以馬德里為據點，先停留2天的時間好好探索這個城市，再將足跡拓展至鄰近小城鎮。

　　第一天參考散步路線，安排一趟舊城之旅，走進皇宮見證強盛一時的西班牙帝國榮光，待在皇室赤足女子修道院欣賞藝術珍藏，駐足主廣場喝杯咖啡享受南歐的陽光。

馬德里散步路線

　　第二天投入藝術與自然的懷抱，普拉多大道綠蔭蔽天，雷提諾公園也有媲美紐約中央公園的蓊鬱林地，三間精彩絕倫的美術館錯落兩旁，絕不能錯過與巴黎羅浮宮、倫敦大英博物館並列世界三大博物館的普拉多美術館。若於鬥牛賽期間到訪，在凡塔斯鬥牛場目睹人與牛之間熱血沸騰的共舞，是不可多得的體驗。

　　若還有時間，曾為西班牙首都的小城托雷多，羅馬水道橋橫亙市區的山城塞哥維亞等，都可安排一日來回。

馬德里散步路線
Walking Route in Madrid

距離：約2公里　　　時間：約2小時

　　馬德里發展的年代較晚，再加上一年四季燦爛的陽光，得以跳脫古都的沉重感，洋溢著明亮歡愉的氣氛，感覺無比輕鬆自在。

　　搭地鐵到歌劇院站，以此為馬德里散步路線的起點。在林立西班牙多位統治者雕像的**東方廣場**①之後，前往融合巴洛克和新古典主義風格的**皇宮**②，見證曾權傾一時的西班牙皇室輝煌時光，在艷陽的照射下，潔白的外壁亮晃晃得令人炫目。

　　一旁聳立著**阿穆德納聖母大教堂**③，西班牙王儲菲利浦2004年在此舉辦婚禮，主祭壇獨特的裝飾令人印象深刻。走上大教堂附近的主街(Calle Mayor)，沿途經過**市政廳廣場**④和**主廣場**⑤，市政廳廣場尺寸迷你、主廣場則裝飾得繽紛多彩，在這裡找家咖啡館休息一下。

　　恢復體力後，前往**皇室赤足女子修道院**⑥參觀，這處隱身鬧區的修道院，擁有裝飾著17世紀濕壁畫的大階梯和無數藝術珍品。走一小段路到**格蘭維亞大道**⑦，從這裡再一路往**太陽門**⑧方向慢慢逛回去，最後別忘了找家小酒館來點Tapas和桑格莉亞犒賞自己。

太陽門周邊

MAP ▶ P.58D4

太陽門

Puerta del Sol

MOOK Choice

西班牙公路起點

🚇地鐵1、2、3號線Sol站

太陽門是西班牙的中心點，西國公路上標示的公里數，便是從此一點開始算，因此在廣場的市政廳門口人行道上，可以找到菲利浦二世在16世紀鋪設的一塊標註「零公里」的地磚，而馬德里市區的6條大馬路就從太陽門呈放射狀延伸出去。

這裡是政府機關的聚集區域，還是一個大型的商業區，範圍從太陽門到卡耀廣場(Plaza del Callao)的幾條街道，包括Calle Preiados、Calle del Carmen、Calle de Tetuan等。光是西班牙最大的連鎖百貨─英國宮(El Corte Inglés)就有3家，Fnac、H&M、Mango、Zara及Camper鞋店，在此皆設有專賣店。

你也許會好奇，太陽門的「門」在哪裡？這裡在15世紀是分隔城內外的城牆所在，因開在古城牆裡的一道門面向東方，且雕飾著太陽圖案，遂稱為「太陽門」。今日這座古城牆早已毀壞，門也不知去向，只有「太陽門」一名流傳下來。

小熊與馬德里市徽

「小熊與莓果樹」(El Oso y el Madroño)矗立在太陽門廣場的北邊，馬德里的市徽原是一隻身上有七顆星星的熊，七顆星星指的是大熊星座的北斗七星，莓果樹是後來加上去，代表當時的市政府和神職人員解決土地糾紛的友好象徵。

選擇莓果樹，有一說是莓果樹的西文學名madroño和馬德里(Madrid)相似；另一個說法是從前的馬德里附近有一大片森林，長著許多莓果樹，吸引了大批嗜吃莓果的熊群，而馬德里最早稱為Ursaria，即拉丁文的「熊的土地」。

馬德里人平日愛約在這裡碰面和購物，但由於人潮洶湧，旅客得注意隨身攜帶的重要物品。廣場南邊矗立著卡洛斯三世(Carlos III)的雕像，他在執政期間為城市發展盡心盡力，被譽為「最佳市長」。

這裡還有一個重要習俗，西班牙人會聚集在太陽門跨年倒數，拿著12粒葡萄，計時鐘聲敲響一次，就吃下一粒，以此迎接新的一年到來。

太陽門周邊

MAP ▶ P.58C4

主廣場
Plaza Mayor

熱鬧悠閒古典

🚇 地鐵1、2、3號線於Sol站下，步行約5分鐘

坐落在市中心的馬德里主廣場，歷史可回溯至1576年，菲利浦一世要求Juan de Herrera改建混亂的阿拉巴廣場(Plaza del Arrabal)，儘管重建計畫已初步擬定，卻要至1620年才動工，由當時的國王菲利浦三世命令Juan Gomez de Mora接手工程。

中央聳立著菲利浦三世雕像、四周環繞著三層樓建築的主廣場，是1790年一場大火後的重建結果，皇室昔日在此主辦各種儀式及節慶活動，

不過，鬥牛、行刑也在這裡舉行，面對廣場的237座陽台正是為此目的而設計，而多達9道的入口，則用來疏散大批聚集的人群。

如今這座古典廣場林立著露天咖啡座與餐廳，由於位在馬德里的舊區，從庫奇列洛斯門(Arco de Cuchilleros)拾階而下，沿途有許多頗具歷史的酒館(Taberna)，有些提供佛朗明哥舞的表演。

太陽門周邊

MAP ▶ P.58C4

聖米蓋爾市場
MOOK Choice

Mercado de San Miguel

馬德里人的日常餐桌

🚇 地鐵2、5、R號線Ópera站，步行約5分鐘
🏠 Plaza de San Miguel 📞 542-4936
週日至四10:00～00:00，週五、六10:00～01:00 🌐 mercadodesanmiguel.es

想要一網打盡西班牙各地美食，走一趟聖米蓋爾市場就對了！

這家人聲鼎沸的市場有百年歷史，從1916年什麼食物都賣的露天市集開始，後來加上鑄鐵頂篷，2009年翻修，在原建物上增添玻璃等現代元素，在馬德里人心中，聖米蓋爾市場的地位無可取代。

翻新的聖米蓋爾市場有別於傳統市場的凌亂，環境乾整齊且有空調，攤位經過精心設計，玻璃櫃內不管是海鮮飯、炸花枝、各式各樣Tapas、

伊比利火腿、卡斯提亞省的起司、或每天從加利西亞省新鮮送到的漁獲，樣樣看來美味誘人。

別以為市場內的食物一定很平價，其實，這裏已經很觀光化，有些攤位的食物甚至比外面小餐館還貴，建議淺嘗幾種，感受氣氛，想要吃飽得有荷包大失血的心理準備。

太陽門周邊

MAP ▶ P.58B3

皇宮
Palacio Real

留住皇室輝煌過往

🚇地鐵2、5、R號線在Ópera站下，步行約5分鐘 🏠Calle Bailén s/n 📞454-8700 ⏰4至9月：週一至六10:00～19:00，週日10:00～16:00；10至3月：週一至六10:00～18:00，週日10:00～16:00 ❌1/1、5/1、12/24～25等重要節日 💲全票€13、優待票€7 www.patrimonionacional.es ❗內部禁止拍照

掃地圖

這座結合巴洛克式和新古典主義風格的宮殿，是西班牙皇室鼎盛時期的代表建築！

皇宮前身建於9世紀的一座碉堡上，當時無足輕重的馬德里是伊斯蘭教政權統治下的一處軍事要塞；11世紀時，卡斯提亞的國王將它奪回，並興建了一座阿卡乍堡。儘管打從那時開始，它就扮演著皇宮的角色，不過卻不是今日富麗堂皇的模樣，現今皇宮是18世紀時一場大火燒毀阿卡乍堡後重建的，義大利的著名建築師沙切迪(Sachetti)和薩巴提尼(Sabatini)等人，都曾參與設計。

雖然當時的菲利浦五世來不及看見落成，不過直到西元1931年阿方索十二世(Alfonso XII)逃到法國之前，這裡一直是歷代國王執政與居住的地方。今日皇室則低調地長住於郊區較小的行宮，皇宮目前僅供招待外賓及舉辦典禮之用。

皇宮內部設計十分精緻，對外開放20間展覽室供參觀。其中，最精彩的要屬寶座廳(Salon de Trono)，這裡是國王在正式場合接見賓客的殿堂，頂上的水晶吊燈來自威尼斯，國王寶座四周則安置著4隻銅獅，據說是委拉斯奎茲特地挑選的。

圓柱廳(Salon de Columnas)牆上掛著法蘭德斯織毯，是西班牙簽約加入歐洲共同體的地方；宴會廳(Comedor de Gala)可容納150人同時用餐，最近一次重要聚會是2004年菲利浦王儲的婚禮。其他還有瓷器廳(Gabinete de Porcelana)、黃絲綢廳(Saleta Amarilla)、17世紀的皇室藥房、兵器室等。

皇宮衛隊與侍衛換崗儀式
Relevo solemne y cambio de Guardia

和倫敦的衛兵交接儀式一樣，馬德里皇宮的衛隊換崗儀式也非常受注目。換崗儀式分為每月一次的皇宮衛隊換崗，及每週三、六的侍衛換崗。

皇宮衛隊換崗，會依循著阿方索十二世與十三世時代的正式儀式，長槍兵、戟兵和步槍營分隊等共400位軍人與100匹馬，全程約1小時。侍衛換崗儀式則是步兵和騎兵在王儲門(Puerta del Príncipe)的交接，步兵每半小時交接1次，騎兵每1小時交接一次。

☀皇宮衛隊：每月第一個週三中午12:00。侍衛：9至6月的每週三、六11:00～14:00；7至8月的每週三、六10:00～12:00 🚫皇宮衛隊1、8、9月 ❗天氣狀況不允許，或舉辦國事活動時，皆取消換崗儀式。

太陽門周邊

MAP ▶ P.58B3

東方廣場
Plaza de Oriente
君主雕像林立

🚇地鐵2、5、R號線Ópera站，步行約5分鐘

掃地圖

　東方廣場最初由拿破崙兄長約瑟夫·波拿帕(Joseph Bonaparte)下令興建，他曾於1808至1814年統治過西班牙。這裡原本坐落著一棟由一群藝術家興建的劇院，1818年時為了興建皇室戲劇院而將舊劇院拆除，不過偏偏在此時期，西班牙政局陷入動盪不安，使得皇家戲劇院一直要到伊莎貝爾二世任內才得以完工。

　　廣場中央的噴泉，聳立著菲利浦五世騎馬塑像，花園和四周同樣裝飾著西班牙君主的雕像。這些原本設計來裝飾於皇宮屋頂的雕像，完工後卻發現過重，最後只得轉而放於今日的位置上。

太陽門周邊

MAP ▶ P.58B3

薩巴提尼花園
Jardines de Sabatini
皇室專屬變身大眾公園

🚇地鐵2、5、R號線Ópera站，步行約7分鐘

掃地圖

　薩巴提尼花園的前身是一座皇室馬廄，出自18世紀義大利設計師法蘭西斯柯·薩巴提尼(Francesco Sabatini)的設計。1933年，皇室下令清空馬廄，改建成花園，共花了30多年，才成為今日的新古典主義風貌。

　修剪成幾何圖形的樹籬，環繞著長方水池，四周聳立姿態優雅的雕像。有趣的是，園裡的西班牙國王雕像並非專為花園設計，而是從皇宮側翼搬來的。

　1978年，璜·卡洛斯一世(Juan Carlos I)將花園對全民開放，馬德里居民於是多了一處最愛的閱讀和散步地點。

太陽門周邊

MAP ▶ P.58B4

阿穆德納聖母大教堂

MOOK Choice

Nuestra Señora de la Almudena Cathedral

確立首都宗教地位

🚇地鐵2、5、R號線Ópera站,步行約7分鐘 🏠Calle Bailén 10 ☎教堂542-2200;博物館559-2874 ⏰教堂:9至6月週一至日10:00~20:00,7至8月週一至日10:00~21:00;博物館:週一至六10:00~14:30 💲捐獻€1,博物館€7 🌐www.catedraldelaalmudena.es

掃地圖

　　阿穆納德聖母是馬德里的守護神,其名「阿穆納德」指的是穀倉,因為當初發現這尊聖母雕像時,是在摩爾人的穀倉附近。阿方索六世在1083年從摩爾人手中拿下馬德里,下令淨化遭伊斯蘭教徒褻瀆的聖母教堂,由於使徒聖詹姆斯當年放置於這間教堂裡的聖像已經消失,國王和幾位重要宗教人士於是向聖母祈求,幫助他們早日找到聖母像。虔誠的信徒邊環繞城牆邊吟唱祈禱,突然一部分城牆倒塌,露出了藏於其中超過300年的聖母像。

　　然而,這座大教堂的出現,卻是過了好幾個世紀之後。16世紀中葉,雖然西班牙皇室已經遷都馬德里,不過教廷依舊留在托雷多,興建大教堂一事即使早在16世紀開始討論,卻一直拖到1879年動工。

　　阿穆德納聖母大教堂坐落於中世紀的清真寺遺址上,原本採用哥德復興式風格(Gothic Revival Style),中途因西班牙內戰停工,直到1950年才繼續施工,接手的建築師Fernando Chueca Goitia將外觀改為巴洛克式,以呼應皇宮灰色和白色的外觀。大教堂最終在1993年完工,2004年由教宗若望·保祿二世(Pope John Paul II)祝聖,同年舉辦西班牙王儲菲利浦的世紀婚禮。

　　因著過往的背景,教堂有著現代化的一面,像是出自Kiko Arguello之手的主祭壇壁畫;也有著歷史悠久的一面,如收藏在地下室的16世紀的阿穆納德聖母像,而靠近主街(Calle Mayor)的地方,則保留了摩爾遺跡和中世紀城牆。如果想深入了解教堂歷史,建議參觀教堂內的博物館,還可以從這裡登上大教堂的屋頂,盡攬皇宮、皇宮的花園及馬德里市區。

太陽門周邊

MAP ▶ P.58C5

聖伊西多羅大教堂
Colegiata de San Isidro

巴洛克式耶穌會聖殿

🚇地鐵5號La Latina站，或地鐵1號Tirso de Molina站，步行約3分鐘 🏠Calle Toledo 37 📞369-2310 ⏰彌撒時段除外，07:30～13:00、18:00～21:00 💲免費 🌐www.congregacionsanisidro.org

掃地圖

阿穆納德聖母大教堂落成以前，這裡在19世紀末到20世紀末擔負起馬德里大教堂的角色。這座有巴洛克式雙塔的教堂建於17世紀，原是西班牙第一座耶穌會教堂，耶穌會後來遭到驅逐，成為供奉伊西多羅(Isidore the Laborer)的教堂，教堂內長眠著聖人和其妻Maria de la Cabeza的遺體。

馬德里守護聖人勞動者伊西多羅是一名12世紀的農民，一生行過無數神蹟，包括讓孩童死而復生及從石中湧出泉水等，而被視為雨神和治療之神，每年5月15日伊西多羅節時，馬德里會舉辦好幾天的鬥牛活動來慶祝。

太陽門周邊

MAP ▶ P.58C3

皇室赤足女子修道院
Monasterio de las Descalzas Reales

外觀莊嚴內在華麗

🚇地鐵2、5、R號線Ópera站，步行約5分鐘 🏠Plaza de las Descalzas 📞454-8700 ⏰週二至六10:00～14:00、16:00～18:30，週日和假日10:00～15:00 🛑每週一及1/1、1/6、4/13～16、5/1、12/24～25、12/31等節日 💲全票€6 🌐www.patrimonionacional.es ❗需跟著西班牙語導覽團參觀，每梯次約1小時

掃地圖

卡洛斯五世的女兒、也是西班牙因愛瘋狂的著名悲劇人物璜娜(Juana)在1559年將父母的皇宮改建為修道院，做為皇族女子侍奉上帝的地方，並選擇在此生活，後來吸引許多年輕寡婦或抱持獨身主義的貴族女子前來隱居，她們帶來的豐厚財物日後成為修道院的珍藏。

一道彩繪17世紀濕壁畫的大階梯帶領著遊客進入參觀，在眾多收藏中，以提香(Titian)的《Caesar's Money》、魯本斯(Rubens)設計的織毯，以及蘇巴蘭、利貝拉(José de Ribera)等大師的作品最值得一看。

太陽門周邊

MAP ▶ P.58C3

皇室化身修道院

MOOK Choice

Real Monasterio de la Encarnación

皇室珍藏的寶窟

🚇地鐵2、5、R號線Ópera站，步行約5分鐘 🏠Plaza de la Encarnación 1 📞454-8700 ⏰週二至六10:00～14:00、16:00～18:30，週日和假日10:00～15:00 🛑每週一及1/1、1/6、4/13～16、5/1、12/24～25、12/31等節日 💲全票€6 🌐www.patrimonionacional.es ❗需跟著西班牙語導覽團參觀，每梯次約50分鐘

掃地圖

菲利浦三世和奧地利的瑪格麗特(Margaret of Austria)於1611年設立，昔日是皇族女眷出家的地方，因此有許多來自皇室的珍貴藝術品，1980年代才對外開放。

其中，最為人所津津樂道的，是St. Pantaleón的聖骨匣，在這個玻璃容器中收藏著凝固的血液，據說每年7月27日當天會還原液化，否則來年西班牙可能會遭逢厄運，吸引眾多遊客前來參觀。

太陽門周邊

MAP ▶ P.58D3

MOOK
Choice

聖費南度皇家美術學院
Real Academia de Bellas Artes de San Fernando

藝術大師的搖籃

🚇地鐵1、2、3號線Sol站，步行約2分鐘 🏠
Calle de Alcalá 13 ☎524-0864 ⏰週二
至日10:00～15:00 ⛔五月及每週一，和
1/1～6、11/9、12/24～25、12/31等假
日 💰全票€8、優待票€4 🌐www.realacadem
iabellasartessanfernando.com ❗英文導覽APP提供作品介
紹及美術學院歷史；非假日的週三、5/18、10/12、12/6免
費參觀

　　皇室下令於1744年創立聖費南度皇家美術學
院，目的在培育優秀畫家並保護西班牙藝術，
20多年後，卡洛斯三世重金買下阿卡拉大道
上這棟巴洛克式宮殿，下令建築師Diego de
Villanueva改建為美術學院，成為多位藝術大師
的搖籃，畢卡索和達利等人都曾在此研習。該學
院現為馬德里藝術學校的總部，並以博物館和藝
廊的面貌對民眾開放。

　　當初為了讓學生有學習和臨摹的對象，聖費南
度皇家美術學院收藏了多幅大師名作，以16至
19世紀的西班牙繪畫最為精彩，像是蘇巴蘭、慕

里歐、埃爾·葛雷科等人作品，此外，哥雅曾在
此擔任要職，因此有一整間展覽室陳列他的作，
是參觀重點之一，其他還有魯本斯、泛戴克、丁
特列托等人畫作也不容錯過。

《鄉村鬥牛》·哥雅·1808～1812
Corrida de Toros en un Pueblo, Goya

　　鬥牛是西班牙的國家運動，這項讓1954年的諾貝爾文學獎
得主海明威熱血沸騰的活動，既殘酷又迷人，哥雅也是其中一
位愛好者，曾以此主題創作一系列版畫。鬥牛運動於18世紀開
始於西班牙盛行，繪畫當下的19世紀，這項運動已經脫離貴族
階層，逐漸走向民間，可以看到畫中的鬥牛場地是小鎮的大廣
場，事實上，至今每逢鬥牛季，馬德里近郊的小鎮依舊可以看
見市中心主廣場在舉辦鬥牛活動。

《沙丁魚葬禮》‧哥雅‧1808～1812
El Entierro de la Sardina, Goya

這是一項在馬德里舉辦的嘉年華，在聖灰星期三(Ash Wednesday)前的三天期間，頭戴面具的狂歡者隨意跳舞，一路抵達舉辦埋葬沙丁魚儀式的Manzanares河畔。畫中沒有出現節慶裡的魚或稻草玩偶，而以高舉的嘉年華國王畫像象徵。它之所以引人矚目，在於繪畫的主題與活潑的色彩，民俗節慶和如卡通般的明亮畫風，令人想起他年輕時期的作品。

《Fray Jerónimo Pérez》‧蘇巴蘭‧1628
Fray Jerónimo Pérez, Francisco de Zurbarán

蘇巴蘭的「白衣修士」系列之一，身著白色長袍的修士幾乎占據著整個畫面，在這幅看似單調的人像畫中，蘇巴蘭巧妙利用光線陰影勾勒出衣服的線條，擺脫了構圖的沉重感。Jerónimo Pérez神父書寫時的專注神情栩栩如生，讓觀者幾乎有種面對面的臨場感。與白袍對比的黑色背景及紅色的書桌，不但凸顯畫中主角，更協助形成三角平衡的穩定構圖。

《春》‧阿爾欽博托‧1563
La Primavera, Arcimboldo

以植物和蔬果繪製出半身肖像的阿爾欽博托，在米蘭出生，曾任神聖羅馬帝國和多位皇帝宮廷畫家，為薩克森(Sachsen)國王繪製的《四季》，是他個人的代表作。《四季》中的《春》以五顏六色的花朵裝飾肖像的臉，鮮艷欲滴的玫瑰花苞是嘴唇，臉頰的緋紅則是一朵盛開的花，衣服則是綠意盎然的植物組成，被公認為是文藝復興時期最有魅力的作品。

西班牙廣場周邊

MAP ▶ P.58B2

西班牙廣場
Plaza de España
20世紀新潮廣場

🚇地鐵3、10號Plaza de España站

掃地圖

　格蘭維亞大道的盡頭便是西班牙廣場，這個被高樓包圍的廣場是為了紀念西班牙大文豪塞萬提斯(Miguel de Cervantes Saavedra)而設立，廣場中央立著這位作家的大型紀念碑，《唐吉訶德》主僕二人雕像就站在作家前方，一付即將前往的姿態。紀念碑大部分興建於1925至1930年，由建築師Rafael Martínez Zapatero 和Pedro Muguruza設計，雕刻家Lorenzo Coullaut Valera和其子接手在1957年完工。

　另一個讓西班牙廣場令人印象深刻的原因，是拿破崙軍隊攻占西班牙後，法軍在此槍殺西班牙游擊隊。普拉多美術館收藏的哥雅名畫《1808年5月3日的馬德里》，描述的正是這個場景。

　廣場後有兩棟全馬德里最早的摩天大樓，皆於20世紀中落成，面對紀念碑的方向，左側是142公尺的馬德里塔(Torre de Madrid)，右側則是117公尺的西班牙大廈(Edificio España)。

MAP ▶ P.58B2

塞拉爾包美術館

Museo Cerralbo

貴族豪宅與珍藏

🚇地鐵3、10號線Plaza de España站，步行約3分鐘 🏠Calle Ventura Rodríguez 17 ☎547-3646 🕐週二至六09:30～15:00、週四17:00～20:00、週日和假日10:00～15:00 休每週一，及1/1、5/1、11/9、12/24～25 💲全票€3、優待票€1.5 🌐museocerralbo.mcu.es ⏰週四17:00～20:00及週日免費

這座令人驚豔的博物館曾經是塞拉爾包伯爵的私人宅邸，伯爵在1922年過世前，將自己的家和收藏全數捐給西班牙政府，只要求保留他當時的家裡擺設，因此遊客除了欣賞伯爵收藏的埃爾·葛雷科《Ecstasy of St Francis of Assisi》，蘇巴蘭等西班牙大師作品，還能想像當時貴族的奢華生活。

掃地圖

塞拉爾包伯爵是位文學家、政治家和旅行者，只要他去過的地方，都會帶回一些當地的物品，琳瑯滿目且珍稀怪奇。

MAP ▶ P.58B1

蒙克洛亞景觀塔

Faro de Moncloa

登高俯瞰馬德里市區

🚇地鐵3、6號線Moncloa站，步行約5分鐘 🏠Avenida de la Memoria 2 ☎056-3146 🕐週二至日09:30～20:00 休週一（假日、長週末、特殊營業時間除外） 💲全票€4、優待票€2 🌐 www.esmadrid.com/en/tourist-information/faro-de-moncloa

掃地圖

新潮的景觀塔，原本作為無線電發射塔使用，外形有如降落在細長升降梯頂端的飛碟，在1992年落成，而馬德里也在那一年做為歐洲文化之都。

搭乘塔內的電梯向上飛昇，50秒內瞬間抵達92公尺的高空，幾乎360度的全景視野在眼前展開，腳底下的勝利門(Arco de la Victoria)、稍遠處的馬德里皇宮、阿穆納德聖母大教堂和馬德里塔，更遠的瓜達拉瑪山脈(Sierra de Guadarrama)都清晰可見。若是晴朗無雲的日子，視線可達100公里遠。

MAP ▶ P.58A2

MOOK Choice

佛羅里達的聖安東尼奧禮拜堂

Ermita de San Antonio de la Florida

大師細膩彩繪屋頂

🚇地鐵6、10、R號線Príncipe Pío站，步行約7分鐘 🏠Glorieta de San Antonio de la Florida 5 ☎542-0722 🕐7/14～9/15：週二至五09:30～14:00和15:00～19:00、週六日09:30～19:00；其他日期：週二至日09:30～20:00 休每週一，及1/1、1/6、5/1、12/24～25、12/31 💲免費 🌐www.munimadrid.es/ermita

掃地圖

卡洛斯四世在1792至1798年下令興建，讓它聲名大噪的是哥雅手繪的屋頂壁畫，他以極其細膩的筆法，描繪出動人的生活景象。中央拱頂主要敘述兩大主題：一是身旁圍繞著村民的聖安東尼，如何讓一位自殺的男子復活，以證明他父親的清白；另一則是少女的守護神。

壁畫以大自然為背景，增添當地傳統節慶時的景象，巧妙融合藝術與民間習俗，人物安排充滿戲劇張力，彷彿從圓頂向下窺視。20世紀初，哥雅的遺體移至此處，長眠於自己的作品之下。

西班牙廣場周邊

`MAP ▶ P.58A2`

狄波神殿

MOOK Choice

Templo del Debod

埃及古蹟異地重生

🚇地鐵2、3、10號Plaza de España站，步行約7分鐘 🏠Calle Ferraz 1 ☎366-7415 🕐週二至日和節日10:00～20:00 ❌每週一，及1/1、1/6、5/1、12/24～25、12/31 💲免費 🕸www.madrid.es/templodebod ❗不接受團體預約，參觀人數上限30人，部分空間可能暫時關閉

這是一座真正的埃及神殿，原本位於亞斯文以南15公里處，是座獻給Isis女神的重要宗教中心。西元2世紀時，庫施(Kushite)王國的Adikhalamani國王開始興建一座獻給阿蒙(Amun)的單間禮拜堂，經過不斷擴建，到了托勒密王朝(Ptolemaic)，隱然已有今日這座擁有4座側殿的小神廟雛形，至羅馬皇帝奧古斯都和Tiberius時代，細部裝飾逐漸完成，最後搭出以三道塔門與通道連接的石造圍牆。

亞斯文水壩在1902年的興建與擴張，將狄波神殿及尼羅河畔無數間努比亞神殿與遺址沈在水面之下，長達將近半個世紀，只有在每年夏天，水壩為了洩洪而打開閘門時，這些神殿才得以重見天日。

聯合國教科文組織(UNESCO)有鑑於此，便在1960年呼籲各國拯救這些歷史遺產，由於西班牙曾大力幫助保存阿布辛貝神廟，埃及政府在1968年決定將狄波神殿當禮物贈送給西班牙。西班牙團隊隨即在次年前往埃及，將這些拆解下來的石塊運往西班牙，神殿原址則保留著主要建築和兩道大門，地板、通道和通往尼羅河的堤道也留在原地。

歷經費時的搬運和重組工程後，狄波神殿終於在1972年7月18日在西班牙廣場西側的公園綠地上重見天日，儘管重生後的模樣和當初昂然矗立於埃及時不大相同，像是走道上方側面包圍著蛇的太陽裝飾，其實並未出現於原神殿的資料照片中，但大體上這座神殿仍保留了埃及古文明的餘韻。

這座象徵兩國友誼的神廟，牆上壁畫主題多為Adikhalamani國王向Isis、Orsiris、阿蒙、Min等神祇獻上香、麵包、牛奶、項圈等祭品與禮物。而在底層的最內部，保留著托勒密王朝的阿蒙神殿，壁龕昔日供奉著阿蒙神像，內殿則是整座神殿中最神聖的地方，過去只允許祭司進入。

MAP ▶ P.59F5

普拉多美術館

Museo Nacional del Prado

西班牙藝術寶窟

🚇 地鐵1號線Atocha站，或2號線Banco de España站，步行約8分鐘 🏠 Calle Ruiz de Alarcón 23 ☎ 210-7077 ⏰ 週一至六10:00～20:00，週日及假日10:00～19:00；1/6、12/24、12/31提早至 14:00 關閉 1/1、5/1、12/25 💲 全票€15、優待票€7.5 www.museodelprado.es ⏰ 週一至六18:00～20:00、週日及假日17:00～19:00免費參觀；每日最後兩小時的臨時展覽票價5折

　　和巴黎羅浮宮、倫敦大英博物館並列世界三大博物館的普拉多美術館，擁有全世界最完整的西班牙藝術作品，包括7,600幅畫作、4,800件印刷品、8,200張素描，以及1,000座雕塑等，館藏之豐富令人歎為觀止。

　　大部份收藏來自西班牙皇室，最引人矚目的是12至19世紀的畫作，尤其是宮廷肖像畫，不乏委拉斯奎茲、哥雅和埃爾·葛雷科等大師巨作，其中以委拉斯奎茲的《仕女圖》(Las Meninas, Diego de Silva Velázquez)為鎮館之寶。此外，這裡也收藏義大利、法國、荷蘭、德國以及法蘭德斯等外國藝術家的大批畫作。

　　這座新古典風格的建築是卡洛斯三世在1785年任命建築師Juan de Villauueva規畫的，原本

打算做為國家歷史資料館，後在卡洛斯三世的孫子、也就是斐迪南七世(Ferdinand VII)的第三任妻子María Isabel de Braganza建議下，改為一座皇室繪畫與雕刻博物館，到1819年則進一步成為對大眾開放的普拉多美術館。

　　普拉多的地面樓層，以12至20世紀的西班牙、15至16世紀的法蘭德斯、以及14至17世紀的義大利畫作和雕塑品為主；一樓展出16至19世紀的西班牙、17至18世紀的法蘭德斯、以及17至19世紀的義大利畫派等繪畫；二樓則有一小部分18至19世紀的西班牙畫作。

17世紀的西班牙繪畫

　　17世紀的西班牙繪畫尚未發展出自己的特色，主要跟隨義大利的巴洛克風潮，主題也侷限於宗教故事，其為政治和宗教服務的現象極為明顯。

　　當時的義大利大師卡拉瓦喬(Caravaggio，1573～1609)，以寫實的手法、嚴謹的結構、黑色的背景、明暗的對比，以及對人性受苦的關心，深深影響著後世的藝術風格，特別是西班牙。

　　利貝拉是卡拉瓦喬最忠實的追隨者，熱愛衝突場面且毫不遮掩粗暴；蘇巴蘭則簡約、內斂、沉穩，主題雖是靜止狀態，情緒卻很飽滿。早期追隨卡拉瓦喬的委拉斯奎茲，喜愛溫柔的人性互動題材，後來受魯本斯和威尼斯畫派影響，對遠近距離和透視科學的理解幾近登峰造極。慕里歐展現另一種甜美、沉靜的風格，後來甚至比蘇巴蘭更受歡迎，顯示巴洛克式的戲劇張力風格漸成17世紀後期西班牙畫壇的主流。

卡拉瓦喬最忠實的信仰者——利貝拉

利貝拉(Jusepe de Ribera，1591～1652)是瓦倫西亞人，很早就移居義大利的那不勒斯，畫風深受卡拉瓦喬影響，寫實且強調暗色調。他的畫風宗教意味濃厚，所以接到許多西班牙皇室及教會的委託案，雖一度改走用色豐富飽滿的威尼斯畫派，但最重要的作品還是暗色調，且人物置於前景，富含悲天憫人的宗教訓示意味。

《雅各之夢》(El Sueño de Jacob)

這可能是利貝拉作品中相當值得探究的一幅，畫的是作夢的聖徒，但卻不讓觀者看到夢中的內容，只能從雅各的表情和身後模糊、金黃色的暗示猜測一二，利貝拉似乎在和我們玩一種好奇心的遊戲。

狂熱的宗教畫家——埃爾·葛雷科

埃爾·葛雷科(El Greco, 1541～1614)一名原意是「希臘人」，他雖然不是西班牙人，卻因為長居此地而被歸類為傑出的「西班牙」畫家。埃爾·葛雷科在克里特島出生，曾在羅馬、威尼斯習畫，後於馬德里近郊的托雷多定居，開啟他的繪畫事業。

當時，托雷多是伊比利半島的宗教中心，伊斯蘭教徒、猶太教徒及基督教徒和平共處一地，城內多是宗教家、數學家、哲學家、詩人等，讓托雷多也成為當時的知識中心。在這樣的時代中，埃爾·葛雷科投注畢生精力於宗教畫，透過畫筆傳達他對宗教、神學的狂熱，得到托雷多各界的喜愛。

宗教精神的昇華是埃爾·葛雷科最關切的課題，他的畫中，固定形體不是重點，透過明亮多彩的顏色、向上延展的線條，跟觀畫者分享宗教的喜悅。耶穌受難、聖徒殉難、死亡及近乎瘋狂的禱告場面，都是他最常作畫的主題，連他的自畫像都是舉起右手置於心臟，以表達虔誠。

《手放在胸上的騎士像》(El Caballero de la Mano en el Pecho)

埃爾·葛雷科曾以相同主題繪製多幅畫作，這幅藏於普拉多美術館的作品，無疑是其中最傑出的一幅。畫像主角雖為騎士，但一般認為是畫家本身的自畫像，在這幅作品中，主角將手放在胸口的十字架上。傳達宗教信仰對於當時民眾的重要性，為埃爾·葛雷科的早期作品。

《牧羊人朝拜》(La Adoración de los Pastores)

埃爾·葛雷科晚年畫風轉變，降低筆下色彩的明亮度，這幅作品是他為自己預計下葬的教堂—托雷多的聖多明尼克教堂(Santa Dominigo El Antiguo)所繪製的耶穌誕生場景。畫中人物幾乎失去重量，比例拉長至不合理的狀態，以強調精神昇華的喜悅，冷色調帶出顫動的筆觸，宗教熱情似乎狂熱到即將崩裂的邊緣。

西班牙最偉大的畫家——委拉斯奎茲

「西班牙最偉大的畫家」、「巴洛克時代最偉大的大師之一」、「對後世、繪畫史影響最大的西班牙畫家」、「畫家中的詩人」…這些都是委拉斯奎茲(Diego Velazquez, 1599～1660)的稱號，集宮廷畫師、藝術買家、外交官於一身，印象派畫家馬內形容他是「畫家中的畫家」，畢卡索不斷以自己的手法仿作他的重要作品，連超現實主義怪才達利都極力汲取他作畫的精神。

委拉斯奎茲從出生地塞維亞（安達魯西亞大城）到馬德里尋找為皇室工作的機會，沒有多久就成了國王的宮廷畫師，主要原因是他高明的肖像畫，但成就委拉斯奎茲的「畫神」地位，是他與法蘭德斯畫家魯本斯的來往，以及為了替皇宮購買藝術收藏品，兩次拜訪義大利時，從義大利畫家習得的技巧，雖然早期的暗色調畫法可能受到義大利畫家卡拉瓦喬或西班牙南部黑暗畫派的影響，但後來的威尼斯畫派，對於光線及色彩亮度的重視，對他影響更為深刻。

其最為人稱道的，就是畫作中的光線處理及肖像畫的人物布局，開放且自由的筆觸，讓線條及色彩完美搭配。普拉多美術館藏有委拉斯奎茲的幾幅經典畫作，包括：解開空間、透視及光線難題的《仕女圖》、以前後景結構繪成的神話故事《紡織女》、小公主瑪格麗特等皇室成員的肖像畫。

他晚年的宮廷及涉外任務繁重，為了讓西班牙與法蘭西簽訂庇里牛斯山合約，最終力竭而死，但他死前的權力及榮耀已達頂峰，委拉斯奎茲的影響力不僅及於蘇巴蘭、慕利歐、哥雅等西班牙畫家，更影響至20世紀的畫壇。

《紡織女》(Las Hilanderas)

委拉斯奎茲畫這幅畫的意義何在，一直是個謎，畫作背景是馬德里的皇家紡織工廠，但主題是一則神話故事。前景中，他畫的是紡織女工現實工作的情形，前廳光亮處，則是女神降臨並帶來對女織工的懲罰，似乎暗示些什麼。

右前方抬起頭的是挑戰織女星Mineva的紡織女工Arachne，其他紡織女工則忙得無暇顧及前廳的騷動；受到人類挑戰的織女星降臨後會發生什麼事？氣氛顯得十分懸疑。

根據西班牙民間神話，Arachne最後被女神變成蜘蛛，終生紡織不停，但從女神到達紡織場，到紡織女變成蜘蛛的過程為何，是畫家留給觀賞者的想像空間。

《仕女圖》(Las Meninas)

表面看來，小公主和一群侍女、侍從是這幅畫的主角，但仔細一看，這幅畫大有玄機，小公主後方的鏡子和架在前方的大畫布，才是解讀整幅畫的關鍵，讓觀者得以理解這幅畫討論的是一個作畫的空間與時間。

真正的模特兒其實跟觀者站在同一邊，是鏡中的國王與皇后，小公主是闖入者，跑進來欣賞畫家作畫，而畫家本身也出現於畫中，就在畫面左側的大畫布後，在小公主旁，專心看著模特兒。

委拉斯奎茲利用明暗及人物關係，呈現空間深度和視覺翻轉。他透過鏡中反映出的國王與皇后身影，營造出既深且廣的空間感，從公主和侍女的動作、畫家後傾的姿勢來看，他更掌握了全體人物的動作瞬間，此舉影響了200年後擅長描繪芭蕾舞者的畫家竇加(Degas)以及印象派大師馬內(Manet)，其完美的布局與透視，更讓哥雅和畢卡索推崇不已。委拉斯奎茲利用這幅畫，向所有人證明藝術需要技巧，也需要智慧。

> **連畢卡索和達利「致敬」這幅名畫！**

畢卡索是委拉斯奎茲的忠實粉絲，他花了數個月的時間，以立體派畫風臨摹這幅仕女圖，以表現其對大師的敬仰，而且以此為藍本，一口氣畫了50多幅，這些臨摹的珍貴畫作現皆收藏在巴塞隆納的畢卡索美術館！至於超現實主義大師達利，則將這幅畫的局部，以獨有的奇想和手法解構，成為自己作品的一部分。

＊天花板
藉由明暗光線創造空間感，給予這幅畫更多深度和廣度，儘管畫布不大，卻讓我們有置身於大空間的感覺，右上方天花板的深黑突顯出右前方的側光，以及正前方最主要的光線來源，也就是觀者或國王與皇后所在的地方。

＊皇室模特兒
鏡中的人物是國王菲利浦八世和皇后，也是委拉斯奎茲作畫的對象，這意味著國王和皇后和我們站在同一邊，一同看著畫家、小公主和侍女等人的一舉一動。

＊皇后的管家
站在門外階梯上、只出現半身側影的管家，是總管皇室日常生活事務的大臣，他從另一方向看著皇室一家，也看著「正看著」皇室一家的我們。

＊修女與牧師
站在側光邊緣的修女和牧師，意謂著天主教在西班牙的勢力，以及皇室對宗教的虔誠。

＊弄臣與女侏儒
弄臣用腳調皮地逗弄昏昏欲睡的狗，此舉強化了人物的動作，展現凝結於一瞬間的律動。一旁的女侏儒是皇室的娛樂丑角，她的穿著與造型和小公主恰成對比。

＊趴臥的狗
昏昏欲睡的狗，暗示小公主闖入畫室之前，作畫已經進行了好一段時間。

＊畫家
站在大畫布後方，委拉斯奎茲稍稍後傾，代表他正仔細地觀察他的模特兒，水彩盤上的紅色吸引我們的目光，顯示他受到威尼斯畫派的影響，擅長掌握紅色。畫家悠閒而從容的態度，暗示他在宮中地位不凡，皇室成員全把他當成一份子，小公主的闖入不致影響他作畫的專注和進度。在畫中，委拉斯奎茲的裝扮非常隆重，胸前的十字架顯示其崇高的地位，雖然那是畫作完成多年後才得到的殊榮。

＊小公主
5歲大的小公主是整幅畫的中心人物，她驕傲地看著前方，可能正看著讓畫家作畫的父母親，也似乎看著和她父母親站在同一邊的觀者。觀者雖然像是局外人，但小公主的眼神又像與我們毫無阻隔，似乎我們就身在現場，看著皇室成員的互動。

開啟浪漫派之鑰——哥雅

如果説委拉斯奎茲是17世紀西班牙最偉大的畫家,哥雅(Francisco de Goya,1746~1828)就是19世紀西班牙最偉大的畫家;哥雅是浪漫派及印象派的先驅,是委拉斯奎茲之後第二位可以左右繪畫藝術發展的西班牙畫家。

哥雅33歲時曾申請成為宮廷畫師,但遭駁回,後又努力不懈地爭取,直到10年後才得以如願,此時在位的是卡洛斯四世。這個新王顯然很喜歡哥雅,但不幸的是,卡洛斯四世的時期,皇后干政、外戚當道,自由派備受壓抑。

哥雅早年專為錦織廠繪製草圖,主題多取材自西班牙人的日常生活,庶民日常的畫作相當多,他的風格也在這一段期間磨練得更為成熟,《陽傘》(El Quitasol)的古典風格、完美輪廓,可以説是巴洛克晚期最重要的作品之一。

哥雅曾説他的老師有三位:大自然、委拉斯奎茲,及法蘭德斯光彩大師林布蘭(Rembrandt)。對委拉斯奎茲的崇拜,讓哥雅常常臨摹或模仿委拉斯奎茲的畫作,以表達對他的敬意,這加速了哥雅技法的成熟。林布蘭的光影技法則對哥雅影響很大,哥雅同樣模仿林布蘭畫自畫像的習慣,一生畫下35幅自畫像,從年輕的意氣風發,畫到垂垂老矣。

以《耶穌被釘十字架》成為聖費南度皇家美術學院的一員後,上流社會的委託案接踵而至,這些權勢將哥雅捲進政治鬥爭的漩渦中,一生不得逃脱。他的自由派思想及與自由派人士的交往,讓哥雅對腐敗的皇室、干政的外戚非常不滿,但他卻又不得不畫這些人的肖像畫,這讓他身心備受煎熬,終於一場大病導致他的耳聾,並讓他的個性更趨孤僻。

耳聾雖是他逃避黑暗政治的藉口,不幸的是,皇室及干政大臣還是把他當自己人,至少干政大臣還敢委託他畫親密女友的畫像,那就是哥雅有名的《裸體瑪哈》(La Maja Desnuda)及《穿衣瑪哈》(La Maja Vestida)。

法國拿破崙入侵西班牙,讓西班牙陷入戰亂,人民的受苦最讓哥雅感到痛心,這一段期間的畫作常充滿無望的哀傷,觀者很容易感受到無比的衝擊。《1808年5月3日的馬德里》就是一例,西班牙百姓手無寸鐵、表情驚恐地面對武裝的法軍,配備精良的法軍則毫不留情地執行槍決,子彈無情地射穿過百姓的胸膛,讓我們也隨之焦慮,甚至產生罪惡感;另一幅類似場景的《5月2日》也有同樣的效果,暴動的民眾遭到無情的鎮壓,場面混亂但冷血,這幅畫對法國浪漫派巨匠德拉克洛瓦(Delacroix)有許多啟發,尤其在色彩及布局上。

皇室復辟後,政局依然專制及黑暗,哥雅漸不得勢,幾乎隱居起來,然而哥雅仍持續作畫,但顯然對世局有著更嚴厲的批判心態,作畫主題幾乎都與恐懼等強烈情緒有關。《農神噬子》表達出哥雅對人性幾近絕望的控訴,他為裝飾隱居住處所繪的「黑暗畫」(Black Paintings),也都讓人感受到強烈情緒。

晚年的哥雅選擇放逐自我,離開西班牙到法國波爾多定居,過著與世隔絕的日子,但此時仍留下許多精彩的肖像畫,如《欽邱伯爵夫人》等。這批肖像畫反映出哥雅不再虛偽奉承皇室的心態,而是直接表達對他們的反感或諷刺。

直至19世紀浪漫派及印象派興起後,哥雅才確立他不朽的地位,世界各地的美術館也都把哥雅畫作視為最珍貴的珍寶。

《卡洛斯四世一家》
(La Familia de Carlos IV)

在這張看似平常的家族肖像畫中,哥雅巧妙點出卡洛斯四世一家的個性:國王呆滯的眼神,顯現出他的無能和膽怯;掌握實權的皇后位居畫面中央,表情精明且蠻橫。站在左側畫布後方陰暗處的是哥雅,他對自己宮廷畫家的身份感到無比驕傲,所以將自己放入畫中,顯示他和皇室不凡的關係。

仔細觀察這幅畫,會發現和委拉斯奎茲《仕女圖》有著些許的類似,這是因為哥雅尊委拉斯奎茲為老師,模仿他的優點就是哥雅對委拉斯奎茲表達敬意的方式之一。

《裸體瑪哈》(La Maja Desnuda)及《穿衣瑪哈》(La Maja Vestida)

關於瑪哈的身分，有兩種說法，除了是宰相的情婦，也有人說是與哥雅從甚密的公爵夫人。這兩幅畫之所以引起廣泛討論，其實是跟《裸體瑪哈》有關，西班牙當時禁止繪製裸體畫，或許正因為如此，哥雅必須創作這兩幅，一幅可以公開展示，一幅則讓主人私下欣賞。

把這兩幅畫並列，有種透視畫的錯覺。《穿衣瑪哈》貼身衣物勾勒出模特兒的線條；《裸體瑪哈》大膽的女性裸體則散發出絲緞般的光澤，呈現兩種截然不同的「誘惑」。

《1808年5月3日的馬德里》(El Tres de Mayo de 1808 en Madrid)

再也沒有比人類無情地將暴力施加於另一人的事更慘絕人寰的了，哥雅用此畫控訴法軍的暴行以及人性的淪喪。

拿破崙的軍隊占領西班牙後，馬德里市民在5月3日起義對抗，隔天，法軍在西班牙廣場槍決起義的游擊隊，甚至無辜的市民。哥雅直到西班牙皇室再次復辟後，才畫出當時的情景，雖是假設性的畫面，但畫中的悲愴和人道主義關懷躍於紙上，這是哥雅最高超的地方。

整幅畫的光源來自於法軍前面地上的那一盞大燈，光線投射在高舉雙手的馬德里市民的白色襯衫上，十字架式的姿勢暗示著他的無辜，和黯淡無光、充滿憂傷的天空相互呼應，身邊的市民則驚恐地躲避，從他們扭曲的表情，我們似乎能聽到他們的尖叫。

反觀法軍則像機械人，不帶任何情感與同情心，哥雅故意不露出他們的臉部，讓他們像是單純地執行任務、踐踏生命也不在乎的模樣。

對照畫家過去總是以英雄、勝利者為主角，哥雅顯然不同，在這幅畫中，無論是故事主角或視覺主角，都是失敗者、平民，而獲勝的一方卻遭到他的貶抑，代表著他對西班牙平民的人道情懷。

《農神噬子》
(Saturno Devorando a Su Hijo)

哥雅的「黑暗畫」恐怖而激烈，畫面經常出現血腥場景。他假托故事來控訴世局。傳說農神聽到其子將奪去其統治權的預言，於是將自己的孩子吞噬下肚，此畫說的是人心的恐懼，藉由農神發狂而緊繃的身體，展現極致的情緒，顯現外來的壓迫教人崩潰。

普拉多大道周邊

MAP ▶ P.59E6

國立蘇菲亞王妃藝術中心

MOOK Choice

Museo Nacional Centro de Arte Reina Sofía

集西班牙現代美術大成

地鐵1號線Atocha站，步行約1分鐘　Calle Santa Isabel 52　791-1330　週一、週三至六10:00～21:00，週日10:00～14:30（閉館30分鐘前停止售票）　每週二，和1/1、1/6、5/1、5/16、11/9、12/24～25、12/31　永久展和臨時展套票€12　www.museoreinasofia.es　週一、週三至六19:00～21:00，週日12:30～14:30；4/18、5/18、10/12免費入場參觀

掃地圖

它是全球數一數二的現代美術館，想了解西班牙現代美術，絕對不能錯過蘇菲亞王妃藝術中心！

國立蘇菲亞王妃藝術中心主要收藏20世紀的西班牙作品，包括畢卡索、達利和米羅等畫作，還有先鋒畫家Antoni Tàpies、立體主義代表Juan Gris，以及超現實主義、唯美主義等畫派的作品。其中，畢卡索《格爾尼卡》（Guernica，1937）為鎮館之寶，在西班牙內戰期間，曾被移置於紐約的現代美術館，直至西班牙恢復民主制度後，才依畢卡索生前遺願，於1981年送回西班牙。

藝術中心於1990年正式開幕，以西班牙皇后命名，事實上在1986年即有部份對民眾開放，當時的地面樓和1樓做為臨時展覽的藝廊。今日

的建築主體，前身是卡洛斯三世下令興建的18世紀醫院，1980年進行多項現代化的改建和擴張，最後由José Luis Iñiguez de Onzoño和Antonio Vázquez de Castro兩位設計師在1988年做整修收尾，並加上3座外觀現代的玻璃電梯。

藝術中心近年將館藏範圍從雕塑與繪畫，擴及至視覺藝術等更多類型的創作，並開始舉辦教學活動、臨時展覽其他推廣活動，因此需求更多的空間。2001年時，不惜重金禮聘法國名設計師Jean Nouvel增建新大樓，擴充將近60％的面積，於2005年落成，如今占地約8萬4,000平方公尺。

藝術中心雖然以西班牙藝術為主，但仍蒐藏有立體主義畫家布拉克(Georges Braque)和Robert Delaunay、超現實主義畫家Yves Tanguy和Man Ray、空間主義畫家Lucio Fontana，及新寫實主義畫家Yves Klein等外國藝術家創作。此外，中心內還附設一座免費對外開放的藝術博物館，有超過10萬本相關著作，及3,500件錄音資料和1,000部左右的影像。

《畫家與模特兒》・畢卡索・1963
El Pintor y la Modelo, Picasso

歷經年少的「藍色時期」到立體派畫風，畢卡索在1950年代再度轉換風格，以自己的角度重新詮釋委拉斯奎茲、哥雅、馬內等人的著名畫作。

這是畢卡索80幾歲的作品，在這幅畫中，可以看出他作畫方式更為大膽，採用鮮豔的色彩、更強烈的表達，顯現畫家雖年事已高，仍對繪畫充滿熱情。

《格爾尼卡》・畢卡索・1937
Guernica, Picasso

格爾尼卡是西班牙巴斯克地區的一座小鎮，共和國政府在內戰期間在此對抗佛朗哥軍政府，做為反抗運動的北方堡壘，因此註定它悲劇的命運。1937年，和與佛朗哥將軍同一陣線的德國與義大利，對這座小鎮進行了地毯式的轟炸攻擊，讓當地遭受慘烈的踐踏。

同年，共和國政府委託畢卡索繪製一幅代表西班牙的畫作，以在巴黎的萬國博覽會上展出，畢卡索於是將他對西班牙深受內戰所苦的絕望心情，表現於畫紙上。這幅畫日後成為立體派的代表作，也成為畢卡索最傑出的作品之一。

摒棄戰爭畫面經常出現的血腥色，畢卡索以簡單的黑、灰、白三色來勾勒《格爾尼卡》，反而呈現出一種無法言喻的陰鬱和沉重的痛苦，以及難以分辨的混亂。畫中無論是動物或人，其姿勢或身形都展現防禦的動作，然而卻皆遭到無情的折磨，被長矛刺穿的馬匹、懷抱著嬰孩的嚎哭婦女、手持斷劍的倒臥屍體…無一能躲過厄運的降臨。

大火燒燬的建築和倒塌的牆壁，表達的不只是這座小鎮遭到摧毀，更反映出內戰的無情破壞。至於馬匹頭上、被「邪惡之眼」包圍的燈泡，是畢卡索試圖以西文的「燈泡」(bombilla)隱喻英文的「炸彈」(bomb)。

《手淫成癖者》・達利・1929
El Gran Masturbador, Dalí

達利的創作常讓人摸不著邊際，然而其豐富的想像力和大膽的畫風，吸引了無數人的追捧。他著迷於佛洛依德對夢和潛意識的各種著作及理論，發展出混合著記憶、夢境、心理及病理的表達方式。

這位花花公子遇上加拉(Gala)後一改惡習，經常將他的繆斯女神入畫，《手淫成癖者》便是他替加拉繪製的第一幅畫。女人的半側面和象徵Cadaqués海岸的黃色，共組成畫面的主要部分，下方的蝗蟲是達利從孩提時代即感到害怕的昆蟲，象徵著死亡。畫作名稱聳動，畫面則以極其抽象的方式，表達因性遭到壓迫而生的不安感，畫面中隱藏著許多隱喻：獅子頭代表性慾，鮮紅的舌頭和花朵則象徵著陽具。

《窗畔少女》・達利・1925
Muchacha en la Ventana, Dalí

達利(Salvador Dalí，1904～1989)早年在聖費南度皇家美術學院進修，當時尚未受到超現實主義影響，仍以寫實手法處理畫作，這幅畫大約是他20歲左右的作品。

畫中主角是達利的17歲妹妹Ana María，地點在Cadaqués的面海度假小屋。畫面大量採用藍色色調，令人聯想起畢卡索早期作品。《窗畔少女》構圖簡單，觀者透過背對少女，與她分享前方注視的沙灘，與之後以超現實主義享譽國際的達利作品大異其趣。

MUSEO THYSSEN BORNEMISZA

普拉多大道周邊

MOOK Choice

MAP ▶ P.59E4

提森‧波尼米薩美術館
Museo Thyssen-Bornemisza

馬德里藝術金三角

🚇地鐵2號線Banco de España站，步行約5分鐘　🏠Paseo del Prado 8　☎791-1370　🕐週一12:00～16:00（僅常設展開放），週二至日10:00～19:00　❌1/1、5/1、12/25　💲全票€13、優待票€9，門票含永久展及特展　🌐www.museothyssen.org

提森‧波尼米薩美術館與普拉多美術館、蘇菲亞王妃藝術中心共同組成馬德里的「藝術金三角」，重量級地位不言而喻。展品來自提森男爵家族的兩代私人收藏。

掃地圖

　　　父親Heinrich Thyssen-Bornemisza(1875～1947)是位德國／匈牙利籍的企業家兼收藏家，

1920年代投身收藏行列，最主要的收藏管道是一群面臨1929年開始的「大蕭條」且需負擔驚人遺產稅的美國富豪，從他們手中得到了吉蘭達優等大師作品，其中《少女像》(Retrato de Giovanna degli Albizzi Tornabuoni)更成為日後提森‧波尼米薩美術館的鎮館之寶。

　　兒子Hans Heinrich(1921～2002)則將親戚手上的收藏加以整理，同時擴充傳承自父親的遺產，讓提森家族成為全球頂尖的私人收藏家之一。1985年，Hans娶了西班牙小姐Carmen Cervera為妻。在妻子的說服下，Hans與西班牙政府在1992年達成協議，提森‧波尼米薩美術館於是開幕，西班牙政府則於隔年買下Hans的收藏。

　　美術館今日所在的建築前身是一棟18世紀的宮殿Palacio de Villahermosa，後由西班牙建築師改建成今日模樣，館內的緋紅色牆壁出自Carmen的意見。與其他美術館不同的是，提森‧波尼米薩的參觀路線是從頂層開始，收藏品也依年代順序逐漸往下遞增。

　　2樓是13至17世紀的義大利畫作，如吉蘭達優的《托納布歐尼的肖像》等；1樓展出的則是17至20世紀初的作品，特別是法蘭德斯派、德國表現主義和法國印象派畫作，包括梵谷《奧維的風光》(Les Vessenots)、竇加的《芭蕾舞者》，及德國表現主義先驅凱爾希納等名作。地面樓展出的是20世紀的現代作品，包括畢卡索、達利、米羅、蒙德里安等立體派和超現實主義等大師作品，依序參觀可以對歐洲繪畫史有大致瞭解！

《托納布歐尼的肖像》‧吉蘭達優‧1489～1490
Retrato de Giovanna degli Albizzi Tornabuoni, Ghirlandaio

吉蘭達優（Domenico Ghirlandaio）是義大利15世紀的早期文藝復興畫家，來自佛羅倫斯的他雖然主要替教堂繪製壁畫，卻總是喜歡在畫面中加入人物，他擅長以簡單率直的筆觸，搭配平易近人的風格，來描繪人物的神韻，米開朗基羅是他最知名的學生。

這幅畫是15世紀肖像畫的完美範例，主角擺出當時的經典姿勢：面向左邊的半側面的表情平靜，彎曲的雙手交疊一起，而畫作背景只有幾項私人物品：一串紅色念珠、Martial的警世語、一本可能是聖經的書籍和一件珠寶。

無論是畫中人物的神情，或背景中與宗教的相關物品，都讓人感受到純潔的氣氛。此外，畫中人物的服飾讓人得以一窺15世紀佛羅倫斯貴族的生活面貌。

《雕刻坐椅前的法蘭欣》‧凱爾希納‧1910
Fränzi ante una Silla Tallada, Kirchner

出生於1880年的凱爾希納（Ernst Ludwig Kirchner）是表現主義派畫家，也是「橋派」（Die Brücke）畫派的發起人之一。「橋派」是20世紀初德國表現主義的一支，由一群對孟克作品感興趣的年輕人發起，他們強調獨特個性，以寫生方式抒發澎湃激昂的情感。

凱爾希納原本唸的是建築，這對他在寫意素描和透視技巧上有很大的助益，而他強烈的用色與大膽的構圖，給人留下深刻印象。

這張畫是「橋派」畫派和現實主義的代表作，勞動階級的少女坐在一張雕刻成裸女的椅子上，她瞪著畫家的表情，綠色的深濃筆觸下，和背景的粉紅色「人體」，形成強烈的對比。

《芭蕾舞者》‧竇加‧1877～1879
Bailarina Basculando, Degas

出身自法國巴黎富裕家庭的竇加，擅長人物像，他以超然眼光觀察社會百態，以畫筆記錄庶民生活，女工、酒館藝人、女模特兒等都是他描繪的對象，其中，芭蕾舞者成為他最著名的畫作主題。

他以創新的構圖，細膩地繪出人物的動作，使得畫面栩栩如生，彷彿時間凝結，儘管人們常將之歸類於印象派，事實上他橫跨古典、甚至浪漫主義。

這幅《芭蕾舞者》又稱《綠衣舞者》，以粉彩創作，由於竇加晚年視力大不如前，粉彩讓他不必耗費過多眼力。

畫面中的綠衣舞者只有一位出現完整全身，彷彿急速轉彎後，被人以畫筆定格，從畫面傾斜的水平面推測，畫家的角度可能是一旁的包廂。

《旅館房間》‧霍普‧1931
Habitación de Hotel, Hopper

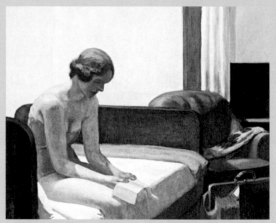

愛德華‧霍普（Edward Hopper）這位美國畫家早年在紐約學習商業藝術與繪畫，追隨推廣早期都會寫實風格的Robert Henri，以他個人獨特的「都會荒涼畫作」，達到老師「引起世界騷動」的訴求。

他的畫中總是可以看見潛藏於人心的不確定感：面露愁容甚至看不清臉的主角，處於一種現代的冰冷環境中，詭譎的光線，為畫中簡潔、銳利的線條，增添了無比的疏離感。

這幅畫是其代表作之一，一間不知名旅館，再平凡不過的房間，一名赤裸女子，獨坐於床沿。她看來極度疲倦，甚至無法收拾散落的衣物，牆壁和衣櫃勾勒出空間感。畫中出現的對角視野，讓觀者有如透過房門或窗戶看進房裡。光線落在沉思女子手中的紙張，和她處於陰影中的臉龐、下垂的肩膀，形成強烈的對比。

普拉多大道周邊
MAP ▶ P.59F5

皇家植物園
Real Jardin Botanico
花團錦簇演變四季風情

🚇 地鐵1號線Atocha站，步行約5分鐘 🏠 Plaza de Murillo 2 ☎ 420-3017 🕐 11至2月：10:00～18:00；3、10月：10:00～19:00；4、9月：10:00～20:00；5至8月：10:00～21:00 🚫 1/1、12/25 💲 全票€6、優待票€4 🌐 www.rjb.csic.es/jardinbotanico/jardin 🎫 週二14:00後免費入園

　　普拉多大道是馬德里的綠園道，植物園更為其增添大自然的氣息。卡洛斯三世在1781年考慮到保存植物的品種和分布的重要性，下令設立這座植物園，當做植物研究的中心。它不是西班牙史上第一座植物園，早在1755年，費南度六世就打造過一座。

　　在分成4種分層的園區內，來自世界各地的3萬種植物隨季節綻放或結果，全年展現不同的風情。溫室的熱帶植物，從仙人掌、蘭花到紙莎草；園內深處的主建築，不定期展出與植物相關的展覽。靜謐是皇家植物園最大的特色，到此散步或野餐，都是不錯的選擇。

普拉多大道周邊
MAP ▶ P.59G4

雷提洛公園
Parque del Retiro
市民最愛的休閒勝地

🚇 地鐵2號線Retiro站，步行約1分鐘 🏠 Plaza de la Independencia 7 🕐 4至9月：06:00～00:00，10至3月：06:00～22:00 💲 免費

　　坐落於市區東邊，占地約117公頃，這裡原是菲力浦二世的夏宮，其後的國王也在此度過不少愉快的時光。這座皇室公園曾在馬德里的城牆之外，隨著城市不斷擴張，便被納入市區範圍，成為假日休閒的市區公園。

　　雷提洛公園1868年對大眾開放，園區部分可以看出帶有法式庭園風格，至於昔日的夏宮，在拿破崙戰爭時遭到破壞，只剩下兩棟建築，分別改設為武器和繪畫博物館。1887年萬國博覽會興建的水晶宮(Palacio de Cristal)，今日則供臨

時展覽使用。

　　公園中央的水池是划船戲水的最佳場所，水池後那座半圓弧狀的阿方索十二世騎馬雕像紀念碑，前方柱廊聚集了成群談天嬉戲的年輕人，不時可以看到雕像、噴泉，假日時擠滿前來曬太陽、野餐的民眾，街頭藝人更讓公園熱鬧不已。

聖伊西多羅節
Las Fiestas de San Isidro

5月15日是馬德里為守護聖人伊西多羅慶祝的重要節日，馬德里人在這一天會著傳統服飾上街，並在草坪上野餐，享用「甜甜圈＋檸檬水」經典組合。

甜甜圈(Rosquillas)是用茴香調味，有四種口味，原味的Las Tontas、加了彩色糖霜粉的Las Listas、有蛋白霜的Las de Santa Clara，及加了杏仁的Las Francesas，檸檬水(Clara con limón)則是由葡萄酒、檸檬汁、糖以及水果塊，混合而成的飲料。

薩拉曼卡區周邊

MAP ▶ P.59F2

哥倫布廣場

Plaza de Colón

市北的優雅廣場

🚇 地鐵4號線Colón站

位於城市北面，原名聖地牙哥廣場(Plaza de Santiago)，1893年為紀念哥倫布而改名，廣場上的哥倫布紀念碑落成於1885年，這位航海家站在高塔上遙指著西方，標示他前往加勒比海的方向。

延伸自哥倫布廣場和希比雷斯廣場(Plaza de Cibeles)的雷克列托步道(Paseo de Recoletos)，是條行人徒步區，和普拉多大道誕生於同一時期，其名稱取自1592年時在此區域的Augustinian Recollect修道院。步道原本通往一座18世紀的巴洛克式城門，但城門後來毀於法國軍隊之手，如今已不復見。如今這條點綴著綠蔭、雕像、噴泉的步道，白日悠閒自在，入夜後點亮盞盞燈火，相當浪漫。

薩拉曼卡區周邊

MAP ▶ P.59G2

塞拉諾街

Calle de Serrano

精品名店雲集

🚇 地鐵4號線Colón站，步行約3分鐘　🏠 Calle de Serrano

想要大肆揮霍、滿足購物慾望，別忘了到塞拉諾街來朝聖！

掃地圖

這條精品街兩旁林立著令人荷包失血的商店，從西班牙最具代表性的Loewe皮革製品、Yanko皮鞋和Adolfo dominguez高級服飾，到貼身衣物Women's Secrect、平價時尚品牌Zara，甚至以聚集各大名牌聞名的El Jardin de Serrano、英國宮等高級百貨，都一字排開，想「全身而退」也難。

MAP ▶ P.59H2

凡塔斯鬥牛場

MOOK Choice

Plaza de Toros de Las Ventas

人與牛的競技藝術

🚇地鐵2、5號線Ventas站，步行約3分鐘　🏠Calle Alcalá 237　☎356-2200　🕐博物館：10:00～18:00，鬥牛賽日提前3小時關閉；導覽行程：10:00～17:30　💲導覽行程：含鬥牛場和博物館€14.9；鬥牛賽：視座位和比賽而異，費用約€5.5~€162　🌐www.las-ventas.com

掃地圖

凡塔斯鬥牛場是西班牙最大的鬥牛場，也名列世界上第三大鬥牛場，僅次於墨西哥和委內瑞拉的瓦倫西亞。每年3月底至10月初的週日都會舉辦鬥牛，尤其在5月的聖伊西多羅節(Fiestas de San Isidro)期間，更是每天都上演熱鬧滾滾的鬥牛賽！鬥牛於下午6、7點左右開始，會持續2至3小時。

鬥牛場建於1929年，1931年正式啟用，是座帶有伊斯蘭教色彩的紅磚建築，分成10區2萬3千多個座位。鬥牛場前廣場立著兩尊雕像，分別為西班牙著名的鬥牛士Antonio Bienvenida和

Jose Cubero。此外，附設有鬥牛博物館(Museo Taurino)，展出與鬥牛相關的史蹟與用具，如果錯過鬥牛季，還是可以到這裡參觀。

近幾年，凡塔斯不僅是鬥牛場，更有多功能的運用。2003年夏天，「電台司令」(Radiohead)樂團在此舉辦演唱會；2008年，這裡改為戴維斯杯(Davis Cup)網球賽的球場，納達爾(Rafael Nadal)在此帶領西班牙隊贏得冠軍。

觀看鬥牛表演小TIPS！

· **依日曬分區**：門票分為日曬區(Sol)、日蔭區(Sombra)和介於中間的半日曬半日蔭區(Sol y Sombra)，如果不想曬到西班牙毒辣的太陽，建議買最貴的日蔭區。

· **軟坐墊不可少**：除了第一排的高級沙發區，多數座位是硬梆梆的石板，現場提供軟座墊租借服務，一個約為€1.2，小花費帶來舒適感，相當值得~

· **帶上白手帕**：在傳統鬥牛賽中，如果鬥牛士表現精采，觀眾會揮舞手中的白手帕喝采，想加入西班牙觀眾的歡呼隊伍，就記得帶條白手帕！

馬德里近郊

MAP ▶ P.7E3

MOOK Choice

艾斯科瑞亞的皇家聖羅倫索修道院

Real Sitio de San Lorenzo de El Escorial

穿著修道院外袍的皇宮

🚗 在查馬丁和阿托查火車站搭近郊火車，車程約1小時，火車班次頻繁；或地鐵3、6號線Moncloa站下方的巴士總站，搭乘661、664號公車，車程同樣約1小時，到艾斯科瑞亞後，沿車站外主要道路直走約15分鐘。 🏠 Calle de Juan de Borbón y Battemberg s/n ⏰ 10至3月：週二至日10:00～18:00；4至9月：週二至日10:00～19:00 🚫 週一（特殊開放時間除外），及1/1、1/6、5/1、9/11、12/24～25、12/31 💲全票€12、優待票€6、導覽€4 🌐 www.patrimonionacional.es；www.monasteriodelescorial.com

菲利浦二世在西班牙國勢鼎盛時，投注畢生心血完成的偉大建築，兼具美術館、圖書館、陵寢和教堂等機能，曾是伊比利半島的政治、經濟、文化中心，內部收藏的美術品，無論價值或數量都難以估計。

艾斯科瑞亞皇宮的外觀簡樸，黃灰色調配上剛硬線條，打破過往的建築風格，影響伊比利半島的建築

掃地圖

長達一個世紀。而其冷冰冰的外觀，反而更加突顯內部裝潢的華麗，菲利浦二世幾乎動員了西班牙、義大利最有名的藝術家，也因此皇宮處處無不精雕細鑿，且建築體積相當龐大，房間多達4,500間、庭院總計16座，特別是中心的主教堂圓頂，可說是達到建築工事與裝飾上的巔峰之作。

由於艾斯科瑞亞的輝煌宏偉，從菲利浦二世之後的國王幾乎都長眠於其內的皇室陵寢(Los Panteones)，一具具鑲金棺木井然有序地置放著。

一度是歐洲兩大霸權家族的波旁家族和哈布斯堡家族，都曾為艾斯科瑞亞的主人，宮殿裡保留了兩大家族昔日的居所，華麗的家具、擺飾，以及陶瓷、玻璃等用品，令人讚嘆。

艾斯科瑞亞最大的參觀重點是美術收藏，以菲利浦二世收藏的畫作為主，從義大利文藝復興時期的拉斐爾，到西班牙大師委拉斯奎茲，以及菲利浦二世最偏愛的埃爾·葛雷科(El Greco)的傑作，都在收藏之列，件件都是無價之寶。

參觀過修道院和教堂，別忘了前往藏有大批古籍的圖書館(La Biblioteca)，出自Tibaldi之手的天花板濕壁畫，其金碧輝煌教人眼花撩亂。

馬德里近郊

MAP ▶ P.7E3

阿蘭惠斯皇宮

MOOK Choice

Real Sitio de Aranjuez

庭園環伺清麗皇宮

🚆搭乘近郊火車C3線，往阿蘭惠斯方向至終點站，約30分鐘一班，從阿托查火車站出發，車程約40分鐘。 🏠Plaza de Parejas s/n ☎809-0360 ⏰10至3月：週二至日10:00～18:00；4~9月：週二至日10:00～19:00 休週一（特殊開放時間除外），及1/1、1/6、5/1、12/24～25、12/31 💲皇宮全票€9、優待票€4 🚇www.patrimonionacional.es；www.aranjuez.es

這座小鎮人口只有3萬6千人，位於馬德里南方不到30公里處，因為塔霍河(Río Tajo)流貫其中，是麥西達高原(Meseta)地區難得的肥沃平原，農作興盛，以草莓和蘆筍最受歡迎。

阿蘭惠斯以皇宮和庭園之美著稱，和艾斯科瑞亞一樣，皇宮是菲利浦二世聘請礦·包提斯達(Juan Bautista)、礦·德艾雷拉(Juan de Herrera)兩位大建築師設計的，只是年代還稍早一些。

當初是希望建一座在花園之中的宮殿，但這幢以磚塊與石頭為建材的的古典式皇宮有些多災多難，18世紀數度被火燒毀，幸好都被補救復原。皇宮內部特別設置一間瓷器室(Salon de Porcelana)，收藏來自中國的瓷器，連房間都大量運用中式圖案，佈置得中國味十足，比起其他廳室更吸引觀光客駐足。

皇宮東北方的聖安東紐廣場(Plaza de San Antonio)，是屬於開放式的綠地兼廣場，廣場上有噴泉、教堂，四周建築則設有典雅的迴廊。這些附有迴廊的房舍，早年目的是供皇宮的僕人和客人居住，也是大師礦·德艾雷拉的傑作，現在是鎮上政府的辦公廳。

這幢皇宮附近有多處庭園，西側的小島庭園(Jardin de la Isla)是利用塔霍河蜿蜒合抱的地形，精心設計成的人工島嶼，所以名為「小島」；東鄰的王子庭園(Jardin del Principe)同樣順著塔霍河的流向，但園地幅員更為遼闊、「花樣」更多；王子庭園最東邊的盡頭，有一幢農民小屋(Casa del Labrador)，名字聽起來很淳樸，其實是18世紀末卡洛斯四世所建的宮殿，造型類似馬德里的皇宮，但又更奢華，「農民小屋」一名字純粹是因為原址是一處農莊。

Where to Eat in Madrid
吃在馬德里

太陽門周邊

MAP ▶ P.58C4　**El Restaurante Botín**

🚇地鐵1、2、3號線Sol站，或2、5、R號線Ópera站，步行約10分鐘　🏠Calle de los Cuchilleros 17　📞366-4217　🕐13:00～16:00、20:00～24:00　🔗www.botin.es

　　根據《金氏世界紀錄》，波丁餐廳是全世界最古老的餐廳，1725年就已開幕，營業長達200多年，從客棧、酒窖、酒館到餐廳，無一不是歷史。今日的內部陳設仍保有傳統的酒館裝潢，昔日的地下室酒窖則改建成餐廳，從1、2樓鑲有木雕裝飾的陳設，可以感受其悠久的時光！

　　波丁餐廳的服務非常親切，「烤乳豬」是這裡的招牌菜，餐廳十分歡迎客人到1樓烤乳豬廚房，與廚師、數百隻豬拍照。在用餐完畢後，還會附贈一份店裡的菜單和歷史簡介！

太陽門周邊

MAP ▶ P.58C4　**Chocolatería San Ginés**

🚇地鐵1、2、3號線Sol站，或2、5、R號線Ópera站，步行約5分鐘　🏠Pasadizo de San Ginés 5　📞365-6546　🕐週一至三08:00～23:30、週五至日08:00～02:00　🚫週四　🔗www.chocolateriasangines.com

　　這家1894年開業的熱巧克力專賣店，供應濃稠香甜的熱巧克力和吉拿棒，吉拿棒在西班牙被當成早餐，拿來沾熱巧克力，是當地特殊的吃法。店家雖隱身於太陽門附近的小路裡，小小的店門口卻總是擠滿了排隊點餐的人龍，戶外有一長排露天座位，但無論室內或戶外，常是座無虛席且一位難求。

太陽門周邊

MAP ▶ P.58C4　**Museo de Jamón**

🚇地鐵1、2、3號線在Sol站或2、5、R號線在Ópera站下，步行約7分鐘　🏠Plaza Mayor 17-18　📞542-2632　🕐09:00～00:00　🔗www.museodeljamon.com

　　別當真以為它是家「火腿博物館」，這是馬德里當地著名的連鎖火腿商店和餐廳，採複合式經營。店內區分為火腿販售區、站著享用Tapas的吧台、餐廳等三區，而「博物館」一名來自它能提供西班牙各地種類眾多的火腿。

　　這家主廣場上的分店，表面上看來店面不大，但地下有一整層的空間，餐廳內掛滿火腿的景象相當壯觀。除了可以品嘗各種火腿，平日還供價格非常便宜的每日套餐，不到€10就能吃到前菜、肉類主菜、飲料、麵包和甜點，相當划算。

太陽門周邊

MAP ▶ P.58B4　**Casa Ciriaco**

🚇地鐵2、5、R號線Ópera站，步行約7分鐘　🏠Calle Mayor 84　📞548-0620　🕐12:00～23:00，週日和週一至16:00　🔗www.casaciriaco.es

　　1916年開業，主要供應卡斯提亞的地方菜，招牌菜Pepitoria de Gallina是一道以特殊湯頭熬煮的雞肉料理。餐廳在馬德里深受歡迎，來訪的客人包括藝術家、政治人物、鬥牛士等各領域的有頭有臉人物、甚至是皇室家族。

MAP ▶ P.58C3 **Café de Oriente**

🚇搭乘地鐵2、5、R號線在Ópera站下，後步行約5分鐘可達 🏠Plaza de Oriente 2 541-3974 ⏰週一到四12:00～00:00（週五延後至1:00），週六日11:00～00:00（週日延後至1:00）／參考Google的營業時間 🌐www.cafedeoriente.es

位於東方廣場旁，改建自16世紀的修道院，昔日的廚房與酒窖，今日是供應法國巴斯克地區料理的餐廳，樓上則提供卡斯提亞菜。擁有皇宮視野的東方咖啡館，每當天氣晴

朗，露天座位總吸引無數遊客或當地人前來喝咖啡，裝飾嵌板和紅色軟沙發的室內也相當舒適，皇室成員和外交官都是座上賓。

MAP ▶ P.58C3 **La Bola**

🚇地鐵2、5、R號線Ópera站，步行約3分鐘 🏠Calle Bola 5 547-6930 ⏰週日至三13:30～15:30，週四至六12:00～21:00 🌐www.labola.es

這棟紅色的建築位於皇室化身修道院附近一條同名街道的轉角，1870年開幕，店內的威尼斯水

晶及厚重的絲絨裝潢，古典優雅一如往昔。在馬德里要吃傳統的大雜燴(Cocido)，這家是首選，這道以陶鍋盛裝、木柴加熱的料理，據說每天可賣到200多份。

MAP ▶ P.58D3 **Chocolatería Valor**

🚇地鐵3、5號線Callao站，步行約3分鐘 🏠Calle Postigo de San Martíin 7 522-9288 ⏰週一至四08:00～22:30（週五延後至00:00），週六09:00～01:00，週日09:00～22:30／參考Google的營業時間 🌐www.valor.es

這家熱巧克力專賣店和Chocolatería San Ginés一樣，供應熱巧克力和吉拿棒。Valor是西班牙著名的巧克力商，創立於1881年，店內的熱巧克力採用100％可可亞製造，少了甜膩感，多了點苦味的芬芳。除了熱巧克力，Valor還有許多以巧克力為材料的花式飲料，也提供熱巧克力鍋。

MAP ▶ P.58C4 **Fresc Co**

🚇地鐵2、5、R號線Ópera站，步行約4分鐘 🏠C/ Las Fuentes 12 685-5773 ⏰12:00～23:30 🌐www.frescco.com

西班牙的吃到飽連鎖餐廳，可以推薦給預算較少或不希望有用餐時間限制的旅客。結帳後就自己找位子坐下，生菜沙拉吧只能取用一次，但除此之外，熱食區的披薩、肉類料理、海鮮麵或海鮮飯，

及甜點區的蛋糕、冰淇淋水果，和汽水、咖啡等飲料，全都無限使用，絕對能大快朵頤。

MAP ▶ P.59E3 **La Gloria de Montera**

🚇地鐵1、5號線Gran Via站，步行約2分鐘 🏠Calle Caballero de Gracia 10 523-4407 ⏰週一至日13:00～16:00、20:00～23:30 🌐www.andilana.com

歐美等大城市的餐廳有時在較少人用餐的平日午間時段，會推出價格便宜的每日套餐，費用約在€10～12之間。這家優雅的時尚餐廳，招牌菜包括羊奶酪蜂蜜醋汁沙拉、紙包海鮮，及義式鮭魚薄片等，依循這樣的慣例，推出€11.65的午餐套餐，常吸引民眾大排長龍，晚餐則恢復單點。

太陽門周邊

MAP ▶ p.58D4 **Cerveceria Sol Mayor**

🚇地鐵1、2、3號線Sol站，步行約3分鐘　🏠Calle de Postas 5　☎521-7218　🕐週三至一08:00～00:00　🈺週二　🌐cerveceriasolmayor.com

不管何時經過這家Cerveceria Sol Mayor，都會被店內滿滿的人潮嚇到。這家店專賣馬德里特色小吃－炸魷魚圈三明治(Bocadillo de Calamares)，做法很簡單，就是把剛炸好的魷魚圈夾進剖半的麵包中，再隨喜好加入番茄醬或黃芥末醬，麵包會吸附多餘油脂，吃起來不會太油膩且份量十足，適合搭配啤酒。除了炸魷魚，還可以夾鯖魚、鳳尾魚、橄欖油醃漬沙丁魚、火腿、炸香腸、勃根地黑布丁等。

太陽門周邊

MAP ▶ P.58C4 **Ramen Kagura**

🚇地鐵2、5、R號線Ópera站，步行約2分鐘　🏠Calle de las Fuentes 1　☎548-3606　🕐週一至日13:00～16:00、20:30～23:30　🌐www.ramenkagura.com

若你想來碗熱的湯麵，推薦這家歌劇院附近的拉麵店，日本師傅的自製麵條，淋上特別熬煮的湯汁，有醬油拉麵、味噌拉麵、蕎麥麵等選擇，另有季節限定的拉麵，如冬天的海鮮拉麵和夏日的中華拉麵。

太陽門周邊

MAP ▶ P.58C4 **La Hora del Vermut**

🚇地鐵2、5、R號線Ópera站，步行約5分鐘　🏠聖米蓋爾市場內　☎250-7004　🕐週日至四10:00～00:00，週五、六延後至01:00　🌐lahoradelvermut.wordpress.com

這一攤在聖米蓋爾市場裡相當受歡迎，店名指的是「苦艾酒時間」，當然，這裏不只有苦艾酒，也提供當地鮮釀啤酒和不同口味的桑格莉亞水果酒，老闆要表達的是「儘情享受開胃酒的時光」的態度。美酒少不了下酒菜，玻璃櫃內擺滿各種肉餡捲餅和Tapas，醃漬橄欖、生火腿、乳酪…讓人陷入選擇困難。Ibiza地鐵站另有一家分店，除了不變的多樣Tapas之外，提供80多種苦艾酒選項。

西班牙廣場周邊

MAP ▶ P.58A2 **Casa Mingo**

🚇地鐵6、10、R號線Príncipe Pío站，步行約5分鐘　🏠Paseo de la Florida 34　☎547-7918　🕐11:00～00:00　🌐www.casamingo.es

和聖安東尼奧禮拜堂僅一街之隔，這家餐廳有著西班牙北部的酒館風情，1888年開業，必點的招牌有兩樣，一是鮮嫩味美的烤雞，一是清甜的蘋果酒。餐廳內空間寬敞，放置著木頭桌椅，櫃台上方一整面擺放著各式各樣的酒，帶出挑高的天花板，當地人假日常來用餐，只要來晚些就一位難求。除了烤雞，也提供燉牛肚、火腿、乳酪、西班牙蛋餅等當地常見食物。

Where to Buy in Madrid
買在馬德里

太陽門周邊

MAP ▶ P.58D3 **格蘭維亞大道Gran Via**

🚇地鐵3、5號線Plaza del Callao站，或5號線Gran Via站

鼎鼎大名的格蘭維亞大道，是從阿卡拉街到另一頭的西班牙廣場，慢慢步行約要花上1個小時。這裡是商家聚集地，從一般的小商店、餐廳、咖啡店、電影院、匯兌中心、服飾店、網路咖啡店，到旅館等，都能在此找到。卡耀廣場(Plaza de la Callao)周邊最值得一逛，Zara、Bershka、H & M、Benetton等平價時尚品牌林立，是血拼的好地點。

太陽門周邊

MAP ▶ P.58D3 **Mango**

🚇地鐵1、5號線Gran Vía站，步行約2分鐘 🏠Gran Vía 32 ☎521-0879 ⏰10:00～22:00 🌐www.mango.com

陳列的服飾除了常見的款式外，也和其他品牌或設計師玩跨界合作，包括Nike等。Mango在馬德里的分店多達十幾間，這家在格蘭維亞大道附近的分店，商品種類相當齊全。

太陽門周邊

MAP ▶ P.58D3 **El Corte Inglés**

🚇地鐵1、2、3號線Sol站，步行約2分鐘 🏠Calle del Preciados 3 ☎379-8000 ⏰週一至六10:00～22:00、週日11:00～21:00 🌐www.elcorteingles.es

英國宮是西班牙最大的百貨公司集團，有它的地點就是該市的市中心或鬧區。英國宮在馬德里有兩大據點，一是太陽門廣場上的這家，橫跨好幾棟建築，裡頭從生鮮超市、化妝品、服飾、電器到書店等一應俱全，相當好逛；另一則位於名牌齊聚的塞拉諾街。

太陽門周邊

MAP ▶ P.58D3 **Camper**

🚇地鐵3、5號線Callos站，步行約2分鐘 🏠Calle del Preciados 23 ☎531-7897 ⏰週一至六10:00～21:30、週日11:00～21:30 🌐www.camper.com

揮灑無邊創意的Camper，從昔日兩腳有著不對稱設計的鞋款，到近年與知名服裝設計師Bernhard Willhelm、西班牙工業設計大師Jaime Hayon、甚至巴塞隆納藝術中心等單位跨界合作，讓足下風光不只是走路的工具，更是一種時尚宣言。

太陽門周邊

MAP ▶ P.58D4 **Women'secret**

🚇地鐵1、2、3號線Sol站，步行約3分鐘 🏠Calle del Arenal 9 ☎366-5567 ⏰週一至六10:00～21:30、週日12:00～20:00 🌐www.womensecret.com

掃地圖

西班牙睡內衣品牌「女人的秘密」，以20至40歲的女性為訴求對象，店內販售各式各樣舒適的居家衣物，從貼身衣褲、睡衣、背心、浴袍、甚至泳衣一應俱全，還會推出搭配睡衣的同款拖鞋，由於風格多樣，橫跨甜美、可愛、性感…相當受到當地女性的喜愛。

太陽門周邊

MAP ▶ P.58C3 **Mariano Madrueño**

🚇地鐵3、5號線Callos站，步行約2分鐘 🏠Postigo de San Martín 6 ☎521-1955 ⏰週一至五10:00～14:00、17:30～20:30，週六11:00～14:15、17:30～20:30 休週日 🌐www.marianomadrueno.es

掃地圖

這家葡萄酒專賣店坐落於皇室赤足女子修道院附近，創立於19世紀末，至今保留著昔日的裝潢，不算小的空間，因為塞滿葡萄酒的高大酒櫃而顯得侷促，由於物美價廉，且品項豐富，包括西班牙各地各種等級的葡萄酒及利口酒，人潮不斷，是馬德里最著名的酒類專賣店。

薩拉曼卡區周邊

MAP ▶ P.59G2 **Loewe**

🚇地鐵4號線Serrano站，約步行1至3分鐘 🏠Calle de Serrano 34 ☎577-6056 ⏰週一至六11:00～20:00、週日12:00～19:00 🌐www.loewe.com

掃地圖

替西班牙皇室生產皮件的Loewe，自然不能在精品店齊聚的塞拉諾街上缺席，在塞拉諾街上有三家店，與Calle Goya街交會口的這一家是旗艦店，是馬德里貨色最齊全的一間。

太陽門周邊

MAP ▶ P.58D3 **Bershka**

🚇地鐵1、5號線Gran Vía站，步行約1分鐘 🏠Gran Vía 25 ☎360-4987 ⏰10:00～22:00 🌐www.bershka.com

Bershka是Zara的姐妹品牌，充滿設計感的時尚，有著超級親民的價錢，毛衣或外套€39起跳，還有一件€9.99的上衣。在馬德里擁有多家分店，這家是最大的一間，4層樓中有女裝、男裝與童裝。

掃地圖

太陽門周邊

MAP ▶ P.58C5 **跳蚤市場El Rastro**

🚇地鐵5號線La Latina站 🏠Calle de la Ribera de Curtidores ⏰週日與假日09:00～15:00，建議11:00前到 🌐www.elrastro.org

馬德里的週日跳蚤市場就屬這裡規模最大，從中古世紀開始，這裡就有市集，想挖寶或找些稀奇古怪的東西，到這裡準沒錯！市場自Plaza de Cascorro開始，主要的攤位和商家在Calle de la Ribera de Curtidores和Calle de los Embajadores這兩條街上。販賣的商品有二手服飾、皮衣、皮件、嬉皮風的飾品與衣服、古董等，雖然說價格比歐洲其他地方的跳蚤市場來得低，但還是別忘了好好享受殺價樂趣！

掃地圖

薩拉曼卡區周邊

MAP ▶ P.59G1 **Zara**

🚇 地鐵4號線Serrano站，步行約5分鐘 🏠 Calle de Serrano 23 ☎ 436-3158 🕐 週二至六10:00～22:00，週日、一12:00～21:00 🌐 www.zara.com

Zara在馬德里有多達30家店，幾乎只要是人潮聚集之地，就能看到它的分店，受歡迎的程度可見一斑，即使是四周都是精品的塞拉諾街，Zara也開了一家規模不可小覷的分店。店內商品種類豐富，女裝、男裝到童裝全都有。

薩拉曼卡區周邊

MAP ▶ P.59G1 **Lladró**

🚇 地鐵4號線Serrano站，步行約10分鐘 🏠 Calle Serrano 76 ☎ 435-5112 🕐 週一至六10:30～20:00／參考Google的營業時間 🚫 週日 🌐 www.lladro.com

西班牙國寶級陶瓷品牌Lladró，由瓦倫西亞的三兄弟創立，精緻的陶瓷人偶件件都如藝術品般，無論是玩耍的孩童、跳舞的少女，甚至打瞌睡的狗狗，姿態神情生動迷人。除了瓦倫西亞，就屬馬德里的

這家直營店規模較大，商品種類齊全，走逛其中猶如參觀一座小型美術館。

薩拉曼卡區周邊

MAP ▶ P.59G1 **Centro Commercial ABC**

🚇 地鐵5、9號線Nunez de Balboa站，步行約5分鐘 🏠 Calle Serrano 61 ☎ 577-5031 🕐 週一至六10:00～21:00 🚫 週日 🌐 www.abcserrano.com

ABC購物中心是馬德里最大的購物商

場，距離市中心稍遠，高達5層樓的空間裡，有多達50家各式商店，除了Zara、Mango、Musgo等潮流品牌，還有配件、襪子、鞋子、酒類，甚至電話等專賣店。購物中心內有多家咖啡館，逛街之餘可以稍作休息。

馬德里近郊

MAP ▶ P.58A1 **Las Rozas Village**

🚇 馬德里的3、6號線地鐵Moncloa站下方的巴士總站，搭625、628或629號巴士，在Las Rozas Village/Heron City站下，車程約40分鐘；或搭Las Rozas的直達巴士，每日11:00、13:00、15:00從皇宮對面的東方廣場出發，回程時間為17:00和20:00，來回車票成人€18 🏠 Calle Juan Ramón Jiménez 3, Las Rozas ☎ 640-4900 🕐 10:00～22:00 🚫 1/1、1/6、12/25 🌐 www.lasrozasvillage.com

　位於馬德里西北方約20公里處，這家暢貨中心擁有舒適的購物環境，規畫得宜的街道，串連起兩旁約百家商店。Loewe、Camper、Custo Barcelona、Adolfo Domíníguez、TOUS等西班牙品牌，均在此設有銷售店面，部份折扣多達50％。其他精品包括Armani、Burberry、Calvin Klein、Escada、Hugo Boss、Bally、Bylgari、Polo Ralph Lauren、Versace等，潮流品牌如Levi's、Tommy Hilfiger、Miss Sixty、Diesel、Lacoste…也　在商場有一席之地，喜歡美國設計師Michael Kors的品牌、法國香氛品牌歐舒丹、奧地利的施華洛世奇水晶，以及雷朋太陽眼鏡的，也別錯過到此地撿便宜。

Where to Stay in Madrid
住在馬德里

太陽門周邊

MAP ▶ P.59E4　**Hotel Villa Real**

🚇地鐵2號線Banco de España站，步行約6分鐘　🏠Plaza de las Cortes 10　☎420-3767　💲★★★★★　🌐www.derbyhotels.com

Villa Real令人回想起經典飯店的氣度，著重溫暖貼心的服務。老闆是位著名的藝術收藏家，飯店內陳列著多達40幅完美修復的馬賽克鑲嵌畫，年代可追溯到至2至6世紀，多數來

自當時的商業交易中心敍利亞，這些鑲嵌畫裝飾著裡裡外外的空間。為旅客提供小小的欣賞樂趣。

太陽門周邊

MAP ▶ P.59E4　**Hotel Urban**

©Hotel Urban

🚇地鐵1、2、3號線Sol站，步行約1分鐘　🏠Carrera de San Jerónimo 34　☎787-7770　💲★★★★★　🌐www.hotelurban.com

距離太陽門廣場不過幾百公尺遠，是座以金屬和玻璃帷幕打造的現代都會飯店。高大建築的中庭，有座採光極佳的天井，再加上使用玻璃天棚，讓線條剛硬的金屬結構在光線投射下顯得柔和而溫暖。

內部採裝飾藝術(Art-Deco)風格，102間客房分別點綴著古埃及雕像、非洲原住民人像、亞洲佛像…有趣的是，飯店內附設一座埃及博物館，展出一系列古藝術收藏，使得整個空間洋溢著濃厚的藝術氣息。

太陽門周邊

MAP ▶ P.58D3　**Petit Palace Chueca**

🚇地鐵5號線Gran Via站　🏠Calle Hortaleza 3　☎521-1043　💲雙人房€135起　🌐www.petitpalace.com

高科技集團(High Tech)旗下的Petit Palace系列飯店，光在馬德里舊城區就有10家。這家格蘭維亞大道旁的Petit Palace Chueca，有58間客房，雖然表定為三星級，卻擁有舒適的「高科技」設備：客房內配備電腦、飛輪腳踏車、具備水療按摩功能的淋浴間等，因此相當受到推崇。

普拉多大道周邊

MAP ▶ P.59F4　**Hotel Ritz**

🚇地鐵2號線Banco de España站，步行約7分鐘　🏠Plaza de la Lealtad 5　☎701-6767　💲★★★★★　🌐www.mandarinoriental.com

阿方索十三世在1910年下令興建這家麗池飯店，旋即成為馬德里飯店界的奢華代名詞，猶如巴洛克城堡的外觀，加上高雅的水晶吊燈、厚重的窗簾，營造出皇宮般的優雅高貴氣氛，讓當地的

上流社會有了一處舒適的聚會地點。飯店緊鄰普拉多美術館，有137間客房和30間套房，是世界名流最愛的落腳處之一。

薩拉曼卡區周邊

MAP ▶ P.59H1　**Hotel Puerta América Madrid**

🚌備有免費接駁車往返機場、市區之間，固定時間發車　🏠Avenida de América 41　☎744-5410　💲★★★★　🌐www.hotelpuertamerica.com

雖然位於離馬德里市中心稍遠的薩拉曼卡地區，卻因其令人「驚艷」的設計風格，讓這間精品旅館大受旅客歡迎！

©Hotel Silken Puerta América Madrid

飯店打出「邀請你來作夢」的口號，一點都不誇張，來自13國的19位建築師與設計師，在此打造出有如幻夢的空間，從出自Jean Nouvel之手的色彩繽紛外觀走進飯店，Norman Foster、Javier Mariscal、磯崎新、Marc Newson等人為各樓層打造出迥異的風格，一下子是玻璃打造的立方世界、一下子又是鋁合金的起伏空間；這邊是純白的弧形世界、那裡進入不可思議的斑斕夢境。極簡、奢華、冷調、熱情、超現實…有如置身於一座大萬花筒裡。

托雷多
Toledo

●托雷多

托雷多離馬德里不過70公里，坐落於7座山丘上，三面環河、後擁城牆，托雷多以其優越的地理位置成為防禦要衝，並在歷史上扮演著重要的角色。

今日的托雷多是座小城，但在馬德里崛起之前，一直是西班牙的政治重鎮。在羅馬統治時代，羅馬人慧眼看中它絕佳的戰略地位，在此修築堡壘、建立城鎮；後來的西哥德人、摩爾人，也先後建都於此；卡斯提亞王朝在1085年

奪下托雷多，這也是西班牙人與摩爾人勢力消長的重要里程碑。一直到1561年，菲利浦二世將首都遷往馬德里，托雷多才安靜了下來。

若把馬德里比作西班牙的北京，那麼托雷多應該就是西班牙的西安。托雷多自從讓出首都寶座後，500年來的市容沒有太大改變，整座古城等於是座現成的歷史博物館，在地的建築和文化深受歷來各外來統治文明的影響。

漫長的歷史帶來無數珍貴的資產，融合伊斯蘭教、天主教和猶太教的混血文化，讓它擁有「三個文化城」的美譽。除此之外，埃爾·葛雷科在此定居，也讓托雷多聲名大噪，這位希臘畫家為了謀職來到西班牙，最後在此度過長達40年的歲月，留下許多作品，其最傑出的作品之一《奧格斯伯爵的葬禮》，目前收藏於托雷多的聖托美教堂。

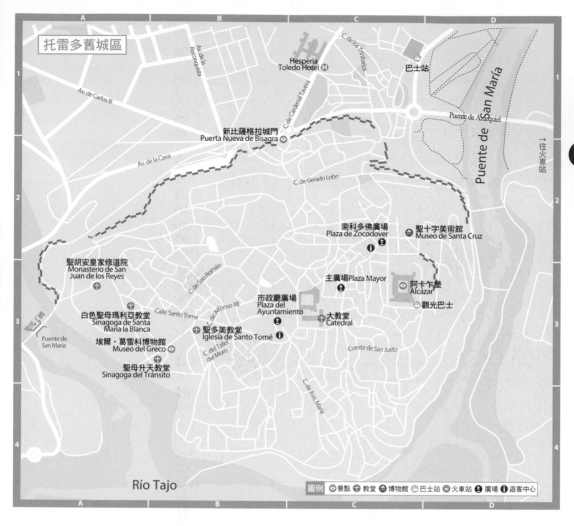

托雷多舊城區

Hesperia Toledo Hotel

巴士站

新比薩格拉城門
Puerta Nueva de Bisagra

Av. de Carlos III

Av. de la Recorquista

Av. de la Cava

C. de Cardenal Tavera

C. de los Trinitarios

Puente de Azarquiel

Puente de San María

→往火車站

C. de Gerado Lobo

索科多佛廣場
Plaza de Zocodover

聖十字美術館
Museo de Santa Cruz

聖胡安皇家修道院
Monasterio de San Juan de los Reyes

C. de San Román

Calle Santo Tome

C. de Alfonso XII

主廣場Plaza Mayor

阿卡乍堡
Alcázar

市政廳廣場
Plaza del Ayuntamiento

大教堂
Catedral

觀光巴士

白色聖母瑪利亞教堂
Sinagoga de Santa María la Blanca

埃爾·葛雷科博物館
Museo del Greco

聖母升天教堂
Sinagoga del Tránsito

聖多美教堂
Iglesia de Santo Tomé

C. del Taller del Moro

Cuesta de San Justo

C. de Ave María

Puente de San María

Río Tajo

圖例 ◎景點 ✚教堂 🏛博物館 🚌巴士站 🚉火車站 ⊞廣場 ℹ遊客中心

INFO

基本資訊
人口：約8.4萬人
面積：232.1平方公里
區碼：(0)925

如何前往
火車
在馬德里的阿托查火車站，可搭乘高速火車AVE和AVANT，車程約30分鐘，約每小時一班車，時刻表及購票可上網或至火車站查詢，詳見P.XX。

火車站位於托雷多東北方1公里處，步行至市區約20分鐘，也可以在火車站前搭乘61或62號巴士，可以至市中心的索科多佛廣場。

西班牙國鐵
🌐www.renfe.com

長途巴士
在馬德里的Plaza Elliptical巴士站，搭乘Alsa巴士，車程約60至90分鐘，平均每30分鐘1班。

托雷多的巴士站位於Avenida de Castilla a la Mancha大道上，步行前往新比薩格拉城門(Puerta Nueva de Bisagra)約10分鐘，也可搭乘5號巴士至索科多佛廣場。

Alsa巴士
🌐www.alsa.es

市區交通

舊城區不大，適合步行遊覽。從河的東岸或南岸的Mirador del Valle，眺望舊城景觀，相當迷人。建議搭乘雙層觀光巴士或觀光小火車Zocotren繞行城市外圍，從不同的角度欣賞托雷多，若時間充裕，慢慢散步過河也相當舒服。

優惠票券

托雷多卡Toledo Card

旅行社包裝的托雷多卡，包含馬德里來回的高速火車票、托雷多觀光巴士、大教堂導覽、博物館等景點門票等，組合多樣化，詳情可上網查詢。

觀光行程

托雷多觀光巴士Hop-on Hop-off Toledo

托雷多有雙層觀光巴士，每天09:30至20:00間從阿卡乍堡出發，繞塔霍河外圍一圈，車上有包含中文在內的12種語音導覽，24小時內可任意上下車。觀光巴士停靠AVE高速火車站，可以在火車站直接上巴士，再在車上買票。

💲Toledo Premium Experience全票€22.5，Toledo Cathedral Experience全票€33.9（含大教堂門票及導覽）

🚐city-sightseeing.com

旅遊諮詢

托雷多市遊客服務中心

📍Plaza del Consistorio 1（大教堂內）
☎254-030
🕐週日至五10:00～15:30，週六10:00～18:00
🚐turismo.toledo.es

高速火車站遊客服務中心

📍Paseo de la Rosa s/n（AVE車站內）
☎239-121
🕐09:30～15:00
❗目前暫時關閉

MAP ▶ P.97C2

索科多佛廣場

Plaza de Zocodover

舊城繁華的中心地段

🚌火車站或巴士站搭5、61、62號巴士

掃地圖

索科多佛廣場是托雷多的主廣場，名稱來自阿拉伯文，意思是「馱獸市集」，這裡在摩爾人統治時期是座牲畜市場。西班牙內戰後，廣場歷經重建，現在四周環繞著露天咖啡座和餐廳。

廣場歷史可追溯至天主教雙王時期，是當地舉辦鬥牛、節慶聚會，甚至執行火刑的地方，在1465至1960年間，還是週二市集的舉辦地，不過週二市集目前已移往他處舉辦。

MAP ▶ P.97B3

MOOK Choice

埃爾・葛雷科博物館

Museo Del Greco

集大師名畫之大成

🚶從索科多佛廣場步行約12分鐘　🏠Paseo del Tránsito s/n　☎223-665　🕐週二至六09:30～19:30（11至2月提早至18:00），週日及假日10:00～15:00　🚫週一，及1/1、1/6、5/1、12/24～25、12/31　💲全票€3，優待票€1.5　🌐museodelgreco.mcu.es　✂週六14:00後及週日免費

掃地圖

　　造訪托雷多的遊客必到埃爾・葛雷科故居緬懷一下大師風采，不過經過多次整修的故居，規模早已不是他當年居住的樣貌，成為館藏豐富的博物館。Vega Inclán侯爵在1906年買下埃爾・葛雷科故居附近的廢墟，加以重建整修，搭配這位畫家在世時的家具，重現他的畫室風貌。

　　這位1541年出生於希臘克里特島的畫家，早年在威尼斯學畫，後來得知艾斯科瑞亞皇宮興建之初亟需人才，於是來到西班牙求職，他在1577年到托雷多，為一座修道院繪製主祭壇，從此和托雷多有了不解之緣。

　　博物館有固定的參觀動線，從庭院的中世紀地下酒窖開始，進到包含中庭的住宅區，可以看到灰泥牆面、文藝復興時期的陶器，以及畫家當年的生活擺設。最精彩當然還是多幅埃爾・葛雷科的畫作，包括《托雷多風光》(Vista y Plano de Toledo)，以及晚年的「十二門徒」（Paintings of the Apostles）系列。

💡

埃爾・葛雷科El Greco

　　埃爾・葛雷科(1541～1614)雖然不是西班牙人，但其創作生涯的大多數時間都在西班牙度過，尤其後半輩子長期住在托雷多，最後終老於此，因此過世後才揚名立萬的埃爾葛雷科可以稱得上是「托雷多之光」。

　　他當年對於宗教的熱忱，常讓人誤以為他精神錯亂，直到畢卡索等現代藝術家的推崇，才讓埃爾・葛雷科得以翻身。

　　葛雷科的畫作特色鮮明，瘦瘦高高的人物造形，有如不食人間煙火，用色頗具現代感，即使是神聖的宗教主題，也沒有顧忌。

MAP ▶ P.97C3

阿卡乍堡

Alcázar

昔日皇宮今日軍事博物館

🚶 從索科多佛廣場步行約2分鐘 🏠Calle Unión s/n
☎238-800 ◯週二至日10:00~17:00 ⊘週一，及1/1、
1/6、5/1、12/24~25、12/31 💲全票€5、優待票€2.5
🔗www.museo.ejercito.es ☀週日免費參觀

掃地圖

　　阿卡乍堡盤踞於托雷多最高點，最初很可能是羅馬人興建的碉堡，隨著統治者更迭，城堡的角色不斷轉變，但皆肩負起重要的防禦要塞之職。甚至到了1936年的西班牙內戰期間，這座城堡還成為佛朗哥政權對抗共和政府的根據地，時任托雷多軍事指揮官的José Moscardó Ituarte將軍，死守阿卡乍堡長達72天，雙方激戰情況慘烈，也讓城堡飽受戰火破壞。

　　中古世紀的城堡迄今所剩無幾，只有東側的正面和南側入口附近的地底，還看得到早期的地基和殘骸。現在所見的城堡，大致是卡洛斯五世所建，做為皇家居所使用，佛朗哥政權在內戰奪回城堡後，重新翻修成軍事博物館。

　　1、2樓的房間展示各式軍服、軍用品、槍枝和大砲，還播放著當時敵軍威脅處決指揮官之子、要求指揮官投降的錄音對話，地下室則佈置成戰爭期間供軍隊使用的病房和寢室。

MAP ▶ P.97C2

聖十字美術館

Museo de Santa Cruz

醫院變身精緻美術館

🚶 從索科多佛廣場步行約1分鐘 🏠Calle Miguel de Cervantes 3 ☎221-402 ◯週一至六10:00~18:00、週日和假日09:00~15:00 ⊘1/1、1/6、1/23、5/1、12/24~25、12/31 💲全票€4、優待票€2 🔗www.patrimoniohistoricoclm.es ☀週三16:00以後、週日全天免費

掃地圖

　　伊莎貝爾女王在16世紀初為孤兒設立聖十字醫院，後雖改設為美術館，仍沿用醫院的聖十字之名。這棟擁有兩個中庭迴廊的建築，裏裏外外裝飾著美麗的雕刻，內部木頭天棚採用穆德哈爾式風格，做工相當精細，是西班牙文藝復興時期的代表建築之一。

　　館區分為三大部分：藝術區、考古區和裝飾藝術區。藝術區展示著中世紀雕刻與繪畫，最值得一看的是埃爾·葛雷科的系列畫作，包括《聖母升天圖》(La Asunción)；考古區存放鄰近地區的古生物和考古發現；裝飾藝術區則展示了陶器、瓷磚，以及織物、鐵器和金銀手工藝品，此區有時做為臨時展覽廳使用。

MAP ▶ P.97C3

托雷多大教堂

MOOK Choice

Catedral Primada Toledo

西班牙的天主教核心

從索科多佛廣場步行約5分鐘　Calle Cardenal Cisneros 1　222-241　週一至六10:00～18:30、週日和假日14:00～18:30　全票€12.5；不含鐘塔€10，門票包含語音導覽　www.catedralprimada.es　教堂內部禁止拍照

掃地圖

西班牙三大教堂之一的托雷多大教堂，有著悠久的歷史、雄偉的建築，及巧奪天工的雕刻，享有崇高的聲譽。

大教堂歷經多次重建，最早在古羅馬時期，此處即被視為宗教聖地，托雷多主教在646年正式將之納天主教懷抱，但在伊斯蘭教統治的3個世紀間，教堂轉做清真寺使用，之後再度被天主教徒收復。1085年時，儘管阿方索六世保證伊斯蘭教徒仍可繼續使用這座清真寺，但協議不久後破裂，清真寺遭到徹底破壞，到了1226年，斐迪南三世著手興建大教堂，15世紀末正式啟用。

當時的大教堂為哥德式建築，摻雜著混合文化的托雷多建築風格，像是有些內部裝飾呈現的是穆德哈爾式風格。而隨著時代推進，歷經多次的改建與修補，教堂原本的面貌逐漸轉化，融合後的整體反而展現出相當高的藝術價值，西班牙式文藝復興風格的禮拜堂、邱里格拉式（西班牙巴洛克式）的大型聖壇等多樣且細膩的設計，多少彌補了教堂內採光不足的缺憾。

大教堂的室內有4個地方最為精彩：寶物室(Sala del Tesoro)、聖器室(Sacristía)、唱詩班席(Coro)以及聖職者室(Sala Capitular)。

寶物室的鎮館之寶首推聖體顯示台(the monstrance)，一根根小柱子撐起六角形結構，上方雕刻著天使、聖人、花環和小鐘等繁複的圖案。這是16世紀的手工藝匠Enrique de Arfe花費整整7年的功大，才打造出這座高達3公尺的藝術品，據說用掉重達200公斤的金、銀、珠寶等材料。

聖器室則猶如一座小型美術館，除了綴滿天棚的美麗濕壁畫，四周牆上掛滿了埃爾·葛瑞科、提香、哥雅等大師作品。而唱詩班席的雕刻分為兩部份，出自兩位雕刻師傅之手，下半部的54幅浮雕為哥德式，描繪格拉那達王朝的戰爭場面，上半部則屬於文藝復興風格。

聖職者室裡高掛歷任托雷多大主教肖像和耶穌生涯的壁畫，穆德哈爾式的天棚尤其吸睛。別錯過主祭壇的屏風，前方圍繞著金色柵欄，是建築師、畫家與雕刻家在1497至1504年間共同打造的作品。屏風分為五層，以水平階梯狀層層往上，中央由下往上分別為聖母與聖嬰、哥德式聖體匣、耶穌誕生與升天，兩旁則分別敘述耶穌生平及受難的場景。

聖多美教堂
Iglesia de Santo Tomé

MOOK Choice

大師鉅作吸睛

從索科多佛廣場步行約10分鐘　Plaza del Conde 4
256-098　週一、三至五10:00～14:00、15:00～17:45，
週六、日10:00～17:45　休週二，和1/1、12/25　全票€3
www.santotome.org

這座建於14世紀的教堂，擁有典型的穆德哈爾式六角形高塔，不過，它之所以聞名，不是因為教堂本身，而是因為收藏了埃爾‧葛雷科最著名的畫作《奧格斯伯爵的葬禮》。購票進入後，只能參觀展示畫作的小空間，若對葛雷科的作品沒有興趣，可以考慮有無必要。

掃地圖

這幅畫和一場曠日費時的官司有關，源起是伯爵的後代違背前人捐錢給教堂的承諾，聖多美教堂的牧師因而提起訴訟，最後贏了這場官司。為了慶祝打贏，也為了頌揚伯爵當年的承諾，牧師決定委由葛雷科畫一幅描繪戰功彪炳的伯爵榮登天國的畫作。

葛雷科憑恃著一股宗教熱忱，運用兩種不同畫風來成就這幅作品，上層屬於葛雷科式的西班牙畫風，下層則採用義大利畫派的畫法。本作的繪製時間已是伯爵過世後250年，當年的葬禮場面及參與人物皆不可考，葛雷科只好將身邊的人或自己敬仰的對象放入畫中，例如他崇拜的作家塞萬提斯，甚至是他的兒子和他自己。總之，這幅畫勾勒的是不真實的葬禮場景，然而在層次分明的作畫技巧下，虛擬情節更增加了可看性。

❶ 天國之鑰
聖彼得拿出天國之鑰，準備打開天堂之門。

❷ 聖母
聖母慈祥地伸手，迎接天使帶來的伯爵靈魂。

❸ 基督
基督一面聆聽施洗者約翰的陳述，一邊用手指示聖彼得打開天國之門，迎接伯爵的靈魂。

❹ 伯爵的靈魂
伯爵的靈魂宛若一具沒有形體的嬰兒般，被天使小心地捧著。

❺ 施洗者約翰
施洗者約翰口若懸河地向基督說明奧格斯伯爵的義行善舉。

❻ 國王菲利浦二世
西班牙對自身在天主教中的領導地位相當自豪，當北歐反宗教運動開始時，當時的國王菲利浦二世義不容辭地領軍出征，企圖阻止宗教革命運動的蔓延，而不幸陷入艱辛的戰役中。葛雷科將他畫入聖徒群中，表示對他的肯定。

❼ 小葛雷科
他是埃爾‧葛雷科的兒子，出生於1578年。葛雷科將他的名字標示在小男孩口袋外露的手帕上。

《奧格斯伯爵的葬禮》
Entierre del Conde de Orgaz

❽ 聖徒史蒂芬
葛雷科請來聖徒為伯爵送葬，以示對伯爵的敬意。他請來的這一位是聖徒史蒂芬，從聖袍上繪著暴民亂石打死聖史蒂芬的故事情節，我們可以得知祂的身分。

❾ 畫家
分隔天國與人間的是一排前來送葬的人物，他們各個表情生動，埃爾‧葛雷科也將自己安排其中。

❿ 伯爵
伯爵曾經資助聖多美教堂的重建，因而得以下葬於此。他身上的盔甲是托雷多的特產，當地自古就以兵器和盔甲的製作工藝聞名，葛雷科替伯爵穿上盔甲，象徵伯爵對這裡的熱愛，也希望他的後世子孫能夠記取這點。

⓫ 塞萬提斯
送葬人物中最特別的是《唐吉訶德》作者塞萬提斯，由於葛雷科很崇拜他，所以將他畫入送葬行列中。

⓬ 聖多美教堂牧師
這位就是贏得官司的牧師，他的眼神望向天國，從人間強調施洗者聖約翰所言不假。

MAP ▶ P.97A3

白色聖母瑪麗亞教堂
Sinagoga Sta. Maria La Blanca
縮小版哥多華清真寺

🚶 從索科多佛廣場步行約17分鐘 🏠Reyes Católicos 4 ☎227-257 🕐10/16至2月：10:00～17:45，3月至10/15：10:00～18:45 💰全票€3，優待票€2.5 🔗toledomonumental.com/santa-maria-blanca

掃地圖

　　教堂原址本是一座猶太教堂，14世紀的西班牙曾經屠殺猶太人，猶太教堂也被破壞殆盡，因而改建為天主教堂。

　　1405年重建的白色聖母瑪麗亞教堂，是托雷多的穆德哈式建築代表作，尤其24根整齊排列的八角形雕飾石柱與馬蹄形拱門，宛若哥多華清真寺的翻版，只是規模不大，氣勢袖珍許多。

MAP ▶ P.97B3

聖母升天教堂
Sinagoga del Tránsito(Museo Sefardí)
西班牙的猶太藝術

🚶 從索科多佛廣場步行約12分鐘 🏠Calle Samuel Leví s/n ☎223-665 🕐週二至六09:30～19:30（11至2月提早至18:00），週日及假日10:00～15:00 🚫週一，及1/1、1/6、5/1、12/24～25、12/31 💰全票€3，優待票€1.5 🔗www.mecd.gob.es/msefardi ✨週六14:00以後及週日免費

掃地圖

　　這棟興建於1357年的猶太教會堂，屬於穆德哈爾式風格，現在是塞法爾迪博物館(Museo Sefardí)所在，「塞法爾迪」指的是住在西班牙的猶太人。原本的禮拜堂，區分為5個展覽室，分別展出與塞法爾迪相關的歷史、宗教、服裝與習俗。

　　聖母升天教堂不僅是伊比利半島的猶太人藝術展現，同時擁有全托雷多最出色的穆德哈爾式鑲嵌頂棚，主祭壇點綴著希伯來銘文、伊斯蘭的裝飾植物圖案，及卡斯提亞的徽章，上層還有多達54扇小小的馬蹄形拱窗，讓人眼花撩亂。

遊客必拍的「塞萬提斯」雕像！

《唐吉軻德》故事背景設定在托雷多附近區域，所以整個小城充滿了唐吉軻德相關產品，索科多佛廣場上的作者塞萬提斯雕像，自然是必拍的熱門景點！

MAP ▶ P.97A3

聖胡安皇家修道院

MOOK Choice

Monasterio de San Juan de los Reyes

精雕細琢美麗建築

🚶 從索科多佛廣場步行約20分鐘　📍Calle de los Reyes Católicos 17　☎223-802　🕙10/16至2月：10:00～17:45，3月至10/15：10:00～18:45　💰全票€2.8，優惠票€2.4　🌐www.sanjuandelosreyes.org

掃地圖

　　天主教雙王費南度和伊莎貝爾在1476年Toro戰役中戰勝葡萄牙後，下令興建這座修道院，一方面紀念這場勝利，而選擇將修道院建於托雷多的猶太區裡，隱喻著打壓天主教以外的異教徒；另一方面則當作兩人未來可能的陵寢，不過，他們最後決定長眠在格拉那達。

　　這座融合哥德式與穆德哈爾式風格的教堂，由Juan Güas設計，是托雷多最漂亮也是西班牙火焰哥德式建築的最佳範例之一。教堂後方的修道院迴廊十分值得參觀，這是Enrique Egas的傑作，朝中庭開放的四邊迴廊，裝飾著大型的火焰式格狀窗，迴廊拱門上有伊莎貝爾樣式的裝飾，條柱上則刻著天主教統一西班牙後的徽章。

　　迴廊1樓屬於哥德式風格，2樓則是銀匠式風格，色彩繽紛的天棚，裝飾著符號、徽章及天主教雙王的縮寫。此外，修道院外牆上懸掛著手銬與腳鍊，代表在天主教君王與伊斯蘭教政權交戰時，從重獲自由的天主教徒身上解除的束縛。

MAP ▶ P.97A3

聖馬丁橋

Puente de San Martín

眺望托雷多城全景

🚶 從索科多佛廣場步行約20分鐘　Fly Toledo　☎647-657443　🕙11:00～20:00　💰€10，拍照另加€3、GoPro租借另加€10　🌐www.flytoledo.com

掃地圖

　　跨越太加斯河(Rio Tagus)的5座半圓弧橋拱，連接往山丘蔓延的建築，聖馬丁橋引領著遊人走入托雷多的中世紀時空。聖馬丁橋是托雷多城西邊的聯外通道，建於14世紀中，曾在 Pedro I 和Enrique II兄弟廝殺的對決中損毀，後由主教Pedro Tenorio下令重建。橋的兩端各有一座六角形橋塔，駐守城門的橋塔上有天主教雙王的徽章及坐在椅子上的國王。

　　從古橋的另一端回望托雷多，中世紀古城的畫面躍然眼前。欣賞美景之餘，膽子大的不妨試試飛越太加斯河的滋味！Fly Toledo的溜索全長180公尺，從城鎮方向飛向對岸，由高低落差不大，速度不算太快，但御風而行的快感吸引不少人排隊體驗。

●塞哥維亞

塞哥維亞
Segovia

馬德里西北方95公里處，坐落於海拔1,000公尺以上的高地，這座環繞兩條河流的古老城市，彷彿聳立於岩壁上，每到黃昏時刻，從河谷遙望舊城，有種穿越到中古世紀的懷舊感。

「塞哥維亞」一名來自伊比利半島的首批居民，凱爾特人將此地命名為Segobriga，意思是「勝利之城」。其優越的戰略位置，是中古世紀以來備受君王青睞的主因，城內處處可見昔日的皇宮建築，以及可遠溯至羅馬時期的古老城牆和水道橋。

塞哥維亞在15世紀時，成為卡斯提亞王國的重要城市，後來成為天主教雙王之一的伊莎貝爾1474年在此地的聖米蓋爾教堂(Iglesia de San Miguel)加冕，成為卡斯提亞王國的女王，她所居住的阿卡乍堡，據說是迪士尼電影《白雪公主》城堡的靈感來源。

主廣場位在舊城的中心區，是當地居民生活的重心，林立著咖啡館、餐廳和紀念品店，也是遊客中心的所在。

105

塞哥維亞舊城區

Paseo de Santo Domingo de Guzmán

C. de los Molinos

阿卡乍堡 Alcázar

Río Clamores

Cuesta de los Hoyas

C. de los Desamparados

C. de Daoiz

C. San Francisco

C. de San Agustín

C. de Colón

C. Marquéz del Arco

主廣場 Plaza Mayor

Plaza de los Huertos

大教堂 Catedral

聖米蓋爾教堂 Iglesia de San Miguel

C. de Juan Bravo

El Bernardino

C. de San Juan

Vía Roma

康迪多餐廳 Mesón de Cándido

阿佐奎荷廣場 Plaza del Azoguejo

羅馬水道橋 Acueducto Romano

Puente de Sancti Spiritu

往火車站和巴士站

圖例 ●景點 ✚教堂 ⏷餐廳 ❶遊客服務中心

INFO

基本資訊
人口：約5.2萬人
面積：163.59平方公里
區碼：(0)921

如何前往
火車
　　在馬德里的查馬丁火車站，搭乘高速火車AVE、AVANT，或長程特快列車ALVIA等，車程約30分鐘，平均每小時1至2班車。詳細時刻表及票價可上網或至火車站查詢。

　　這裡有兩個火車站，搭乘區域火車，會抵達市中心西南方約2公里處的舊火車站，再搭8號巴士至水道橋或主廣場(Plaza Mayor)。

　　若搭乘高速火車，則到市中心西南方約5公里處的AVE火車站，在這搭乘11號巴士，至水道橋的車程約20分鐘，巴士班次會配合火車時間接駁。由於車班沒有很頻繁，建議先至旅遊服務中心詢問回程巴士的發車時間，以免錯過。

西班牙國鐵🌐www.renfe.com
長途巴士
　　在馬德里的Moncloa巴士站，搭Avanza巴士，至塞哥維亞的車程約80～105分鐘，每小時平均約1至2班車。水道橋的西方是長途巴士總站，離水道橋約6分鐘路程。

Avanza巴士
🌐www.avanzabus.com

市區交通
舊城區不大，建議步行參觀。

優惠票券
塞哥維亞之友卡Amigos de Segovia
　　組合多樣化，可享有當地的飯店、餐廳、商店、博物館等優惠，詳情可上網查詢。
💲€3
🌐tarjetaturisticasegovia.com

旅遊諮詢
塞哥維亞遊客服務中心
📍P.106D2
🏠Plaza del Azoguejo 1
☎466-720
🕐4/9至7/1：週一至五10:00～14:00、16:00～18:00（7/2至9月延至19:00關門），週六10:00～19:00，週日10:00-15:00（7/2～9月延至17:00）；10月至4/8：週一至六10:00～14:00、16:00～18:00，週日10:00～15:00
🌐www.turismodesegovia.com
高速火車站遊客服務中心
🏠Calle Campos de Castilla 1
☎447-262

Where to Explore in Segovia
賞遊塞哥維亞

MAP ▶ P.106D2

羅馬水道橋
Acueducto Romano
古羅馬人的智慧見證

在AVE火車站搭乘11號巴士

掃地圖

　　這座壯觀的古羅馬水道橋，是西班牙境內最具規模的古羅馬遺跡之一，全長728公尺、拱門多達166座，共由120根柱子撐起，整體工程沒有使用水泥或用上一根釘子，靈活運用石頭的角度互相嵌合堆砌，展現古羅馬人的高超工藝，堪稱人類最偉大的工程之一。

　　塞哥維亞的周邊雖然圍繞著兩條河，然而高起

母狼與男孩雕像
　　這座青銅雕像座落於水道橋旁，正好是從廣場進入舊城的位置。雕像的故事來自羅馬建城的傳說，據說篡位奪權的叔父將這對孿生兄弟丟到河裡，路過的母狼救起他們並以乳汁哺育。兄弟長大後推翻叔父，重登王位，在有七座山丘的地方建城，並以其中一人的名字命名，這就是「羅馬」，而自此哺育兩兄弟的母狼也成了古羅馬的城市象徵。

的城市地勢影響取水方便，於是羅馬人興築水道橋，從15公里外的山上，將Acebeda河水一路引進市區，直抵西邊的阿卡乍堡。水道橋落成的確切年代難以查證，一般認為是西元前1世紀Domitian或圖拉真(Trajan)皇帝任內。

　　水道橋的最高點在阿佐奎荷廣場(Plaza del Azoguejo)，橋面聳立於廣場上方30公尺處，這裡也是欣賞水道橋的最佳角度之一，可以爬上一旁階梯，俯瞰水道橋與城牆殘存的歷史遺蹟。

107

MAP ▶ P.106B2

塞哥維亞大教堂
Catedral de Segovia
教堂中的華麗貴婦

從羅馬水道橋步行約10分鐘　C/ Marqués del Arco 1　462-205　4至10月：09:00～21:30；11至3月：09:30～18:30　全票€3，優待票€2.5，鐘塔導覽＋大教堂€7　catedralsegovia.wordpress.com　週日09:00～11:00免費

掃地圖

這座體積龐大的教堂盤踞主廣場一角，所有想像得到的地方都安置著一座座小尖塔和飛扶壁，或許是如此繁複的裝飾營造出層層疊疊的形象，讓人聯想到貴婦的蓬裙，而有「大教堂貴婦」的美譽。

塞哥維亞大教堂的命運說來十分滄桑，原本位於阿卡乍堡，曾毀於戰火和雷擊，卡洛斯五世1525年下令重建，不過卻耗費了兩個世紀的時間才落成，讓它成為西班牙境內最「新」的哥德式建築。

相較宏偉的外觀，大教堂內部顯得平淡，綠色大理石打造的唱詩班席，占去了大部分的空間，其中的樂譜架是採銀匠風格雕刻而成。面對從前一座大教堂搬來的15世紀寶物室，是展出各種宗教藝術品的博物館，在十字架、法衣、畫作之外，還有座Pedro小王子的墳墓，據說他被保姆抱著欣賞阿卡乍堡窗外風景時，不慎墜樓而死，而保姆也只得跟著跳樓身亡。

108公尺的鐘塔在1614年以前是西班牙境內最高建物，可惜遭受大火毀損，重建之後只有88公尺，不過，在塞哥維亞及鄰近區域，不管從哪個角度，都能看見它的存在。

脆皮烤乳豬

海鮮飯之外的另一道西班牙國民美食，傳說有位國王嗜吃烤乳豬，各地廚師為了討國王歡心，紛紛努力研發出最好吃的烤乳豬，這股烤乳豬風氣因此推廣至全國各地。

塞哥維亞的烤乳豬是豬中極品，選用約4公斤的小豬，以大蒜和丁香等香料浸泡後，再以香草薰烤，要烤到皮脆肉嫩，能以盤子直切切開的程度。每到中午用餐時間，烤乳豬餐廳都是一位難求，想要品嘗記得先訂位。

其中，1898年開業的百年老店康迪多餐廳，招牌菜就是烤乳豬，牆上掛著蘇菲亞羅蘭、葛麗絲凱莉、卡萊葛倫等巨星照片，強調就連大明星也垂涎這道美食。

康迪多餐廳Mesón de Cándido　Plaza del Azoguejo 5　425-911　10:30～00:00／參考Google的營業時間　烤乳豬1人份€28　www.mesondecandido.es
El Bernardino　Cervantes 3　462-477　09:30～23:30／參考Google的營業時間　烤乳豬1人份€23　elbernardino.com

MAP ▶ P.106A1

阿卡乍堡

Alcázar

真實版童話城堡

🚶 從主廣場步行約15分鐘 　🏠Plaza de la Reina Victoria Eugenia s/n 　📞460-759 　🕐4至10月：10:00～20:00，11至3月：10:00～18:00 　休1/1、1/6、4/4、6/17、12/25 　💲宮殿＋博物館€6、塔樓€1、全區€9 　🌐www.alcazardesegovia.com

掃地圖

　　阿卡乍堡佇立在懸崖邊，俯視著寬廣的平原與河流，其細細的高塔與灰色的尖頂，在這樣的地理位置上，形成非常戲劇性的畫面。對許多遊客來說，其外觀給人莫名的熟悉感，或許是因為它是動畫電影《白雪公主》裡的城堡參考藍本。

　　遠在羅馬時期，這裡就是一處要塞；13至14世紀陸續擴增，逐漸形成現今城堡的樣貌，其後見證了卡斯提亞王國的諸多歷史，包括成為伊莎貝爾女王(Isabel la Católica)的皇宮，1570年菲利浦二世在這裡慶祝他與第四任妻子安娜公主的婚禮。

　　皇室搬遷至馬德里後，阿卡乍堡失去其地位，堡內一部分在16至18世紀做為國家監獄使用，1764年卡洛斯三世在此創辦皇家砲兵學院，這也是世上最古老的軍事學院。

　　不難發現阿卡乍堡的外觀，不太像有著悠久的歷史背景，那是因為城堡在1862年火災中幾乎全毀，現在的建築是根據昔日藍圖重建，1896年修復完工。不過，儘管如此，城堡內依然華美有如童話，，例如裝飾著392個鳳梨形天花板塊的Sala de las Piñas、以52位國王塑像為牆壁腰飾的Sala de Reyes、穆德哈爾式的舊皇宮大廳Sala del Palacio Viejo等，都值得欣賞。

　　皇宮裡有著不同時期所建的廳室，展示的風格各異其趣，城堡主樓下方也收藏著不同時期的武器，多數被複製並陳列於皇家砲兵學院博物館。不可錯過Juan II塔樓，爬上125階陡峭樓梯，可居高臨下，盡覽舊城景觀及周遭的平原景色。

●阿維拉

阿維拉
Ávila

坐落於海拔超過1,130公尺的山頂平台上，阿維拉是全西班牙最高的地區首府，也因此四季涼爽，冬季甚至會下起靄靄白雪。

位於馬德里的西北方，這座圍繞著厚實城牆的舊城，有「石頭城」的封號，1985年成為世界文化遺產一員。

除此之外，阿維拉也是「赤足加爾默羅會」創辦人大德蘭修女（Santa Teresa de Jesús，或稱聖德蕾莎修女）的故鄉，而有「聖徒城」一名。

INFO

基本資訊
人口：57,949人　**面積**：231.9平方公里　**區碼**：(0)920

如何前往
火車
在馬德里的皮歐王子車站，搭乘中程火車MD，車程約1.5小時，詳細時刻表及票價可上網查詢。

從阿維拉火車站步行，至舊城約需20分鐘，也可以在火車站前搭乘1或4號巴士，到大教堂西側的 San Vicente站。

西班牙國鐵🔗www.renfe.com
長途巴士
在馬德里的南巴士站搭Alsa巴士，車程約80至105分。從塞哥維亞有Avanza巴士往返，車程約1小時。

Alsa巴士🔗www.alsa.com
Avanza巴士🔗www.avanzabus.com

市區交通
步行是最適合的遊覽方式

阿維拉卡Visit Ávila Tourist Card
這張48小時效期的旅遊卡，幾乎涵蓋舊城裡的主要景點，包含聖維森特大教堂、城牆、大德蘭女修院和博物館等。全票€15，在遊客中心或網路可購買。

🔗www.avilaturismo.com

旅遊諮詢
阿維拉旅遊服務中心
Centro de Recepción de Visitantes
🏠Avda. de Madrid 39（聖維森特大教堂對面）
☎350-000　🕐夏季09:00～20:00、冬季09:00～18:00 🔗www.avilaturismo.com

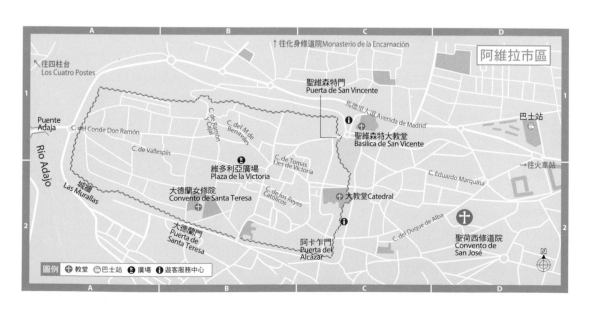

Where to Explore in Ávila
賞遊阿維拉

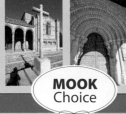

MAP ▶ P.110C2

大教堂
Catedral de Ávila
與城牆合而為一

🚇從阿卡乍門步行約3分鐘　🏠Plaza de la Catedral 8　☎678-952984　🕐7至8月：10:00～21:00（週日11:45開始）；4至6、9至10月：週一至五10:00～20:00、週六10:00～21:00、週日11:45～19:30；11至3月：週一至五10:00～18:00、週六10:00～19:00、週日11:45～17:30　💲全票€7、優待票€5.5、鐘塔€3　🌐catedralavila.es　✤週一、二08:30～09:30免費參觀

掃地圖

大教堂的興建工程從12世紀跨越至16世紀，建築風格因此融合了早期的羅馬式與近期的哥德式。比較明顯的例子是東面的半圓形壁龕－教堂之塔(Cimorro)，完全內嵌在城牆裡，和城牆連成一氣，是早期的羅馬式結構代表。

教堂內部也可以看出建築風格的轉變，豎立在中央祭壇附近，紅、白兩色斑岩的柱子是教堂中最古老的部分之一，和整座純白色的哥德式教堂結構形成對比。最值得留意的是費德羅(Pedro Berrugrete)15世紀設計的祭壇屏風，屏風上敘述的是耶穌的一生，後方還有一座15世紀主教El Tostado的大理石靈柩。

MAP ▶ P.110C1

MOOK Choice

聖維森特大教堂
Basílica de San Vicente
阿維拉最早的教堂

🚇從阿卡乍門步行約5分鐘　🏠Calle de San Vicente 4　☎255-230　🕐週一、三至六10:00～18:30，週二10:00～13:30、15:00～18:30，週日16:00～18:00　💲全票€3、優待票€2.2　🌐www.basilicasanvicente.es

掃地圖

這座教堂始建於1130年，於12世紀末落成，據說現址是聖徒維森特和姊妹Sabina、Christeta在4世紀殉教的地方。聖維森特大教堂是當地最早啟用的教堂，而成為阿維拉同類建築的典範及最重要的羅馬式建築。

教堂內有聖維森特等人的衣冠塚，石棺上的浮雕敘述他們3人遭受羅馬人嚴刑拷打的情景。大教堂外觀除了醒目的鐘樓外，西南側的柱廊由林立的細長柱子撐起一道道馬蹄狀的圓拱，側門及簷口裝飾著多種花草圖案與雕像，值得細細品味。

MAP ▶ P.110B2

維多利亞廣場
Plaza de la Victoria
舊城繁華地段

🚇阿卡乍門步行約5分鐘

掃地圖

又稱為小市集廣場(Plaza Mercado Chico)或市政廳廣場(Plaza Ayuntamiento)，四周圍繞著綿延的拱廊，是週五舉辦農產和日常生活用品市集的地方，中央的雙塔建築為市政廳。

廣場和附近的巷道裡，開著多家餐廳、小酒館，及出售蛋黃甜點(las Yemas)特產的商店。這種圓圓小小甜點，是將砂糖加進蛋黃做成，味道相當甜膩，雖然常在商店櫥窗裡看到，但對西班牙人而言，聖德蕾莎廣場旁La Flor de Castilla賣的才是最正統的。

城牆
Las Murallas
完固中世紀防禦建築

🏠一處入口位於阿卡乍門(Puerta del Alcázar)，另一處則是大教堂旁的Casa de las Carnicerias，也是卡斯提亞‧萊昂旅遊服務中心所在。 ☏350-000 ⏰4至10月：10:00～20:00（7、8月延後至21:00），11至3月：週二至日10:00～18:00 ❌11至3月的週一 💲全票€5、優待票€3.5 🌐www.murralladeavila.com 🎫週二14:00～16:00免費參觀

環繞著舊城的城牆，是阿維拉最值得參觀的景點。11世紀末，阿方索六世的女婿從伊斯蘭教徒手中奪回這座城市後，開始改建古羅馬人與伊斯蘭教徒留下的這些防禦建築，花了9年的時間，完成今日所見的城牆，這不但是西班牙最佳的羅馬式軍事建築範例，也是歐洲碩果僅存且保存最完善的中世紀建築。

城牆沿著地勢起伏而建，南面在斜坡上，城牆高度較矮，南面和北面則最為厚實、堅固，而東面在制高點上，具有極佳的觀察位置，因此再興建了擁有阿卡乍門和聖維森特門(Puerta de San Vincente)兩座城門的阿卡乍堡，而為了加強阿維拉的防衛，城牆前方還設置了壕溝與外堡等。

城牆在14世紀之前不斷增建，陸續增添哥德式與文藝復興風格的裝飾，最終成為全長2.5公

里、厚度達3公尺、平均高度約12公尺，擁有9道城門、88座高塔、3座後門、雉堞多達2,500個的現貌。登上城牆，可以欣賞阿維拉的城市景觀，及附近的起伏地勢。

四柱台
Los Cuatro Postes
登高遠眺勝地

🚶大教堂廣場往北走，到舊城的另一邊，出Puerta del Puente城門，過橋後右轉直走，步行約20分鐘。 🏠N501公路旁

想要觀賞阿維拉壯觀的城堡景色，得越過整座城區，走到舊城的西北方外圍，這裡有座設置十字架的高台，用來紀念阿維拉聖女大德蘭，他7歲那年和哥哥逃家，企圖在伊斯蘭教徒的領地內殉道，最後叔叔在此發現他們。

MAP ▶ P.110B1

大德蘭女修院

MOOK Choice

Convento de Santa Teresa

聖女出生地改建的聖堂

從阿卡乍門步行約8分鐘 Plaza de La Santa 2 211-030 教堂：週二至六10:00～13:00、17:00～19:00；博物館：4至10月10:00～14:00、16:00～19:00，11至3月10:00～13:30、15:30～17:30 休週一 教堂免費，博物館€2 www.teresadejesus.com

掃地圖

女修院就蓋在大德蘭修女的出生地，儘管昔日屋舍已改建成這座17世紀的巴洛克式修道院，仍依稀得以一窺其成長的痕跡。教堂後方的博物館裡，展示著大德蘭修女的相關物品，包括生前使用的玫瑰念珠，及一節她的手指骨。

大德蘭修女Santa Teresa

大德蘭修女1515年出生於阿維拉當地的貴族家庭，從童年開始，便深深著迷於聖人的故事，因而多次逃家，希望殉道於摩爾人手中。

16歲被父親送往修道院生活，她發現自己對天主的熱愛，19歲選擇成為修女，前往阿維拉北郊的化身修道院(Monasterio de la Encarnación)，成為加爾默羅會(Orden de los Carmelitas)的一員，過著嚴苛的苦修生活。

然而，她仍認為加爾默羅會過於世俗化，大力推動改革，1562年成立了新的修道院，創立更加嚴謹的「赤足加爾默羅會」，即使在酷寒的冬天，也不穿襪子，只著涼鞋，因之得名。

大德蘭於1582年過世，40年後封聖。大德蘭修女在自傳中敘述，曾體驗過天使將利劍刺穿她的心臟，讓她靈魂感受到神賜予的狂喜，而傳說醫生解剖大德蘭修女遺體時，果真發現心臟上有道深長的傷痕。

MAP ▶ P.110D2

聖荷西修道院

Convento de San José

聖女篳路藍縷創建

從阿卡乍門步行約8分鐘 Calle las Madres 2 222-127 10/31至3/27：週一至六10:00～13:30、15:00～18:00；3/28至10/30：週一至六10:00～13:30、16:00～19:00 €1.5 www.turismocastillayleon.com

掃地圖

這是大德蘭修女1562年成立的第一家修道院，建築架構和阿維拉其他修道院都不相同，1608年時以Francisco de Mora的工程藍圖重建，成為其他加爾默羅教堂的工程範本，主要結構為三條

走道與一座主殿。

立面上，有著大德蘭頌揚聖荷西的浮雕，而院內的那座「惡魔階梯」，則是大德蘭在1577年聖誕節當天摔斷左手臂的地方。另設有大德蘭博物館(Museo Teresiano)，收藏著大德蘭睡覺時用來當枕頭的木棒。

特魯埃爾
Teruel

位於西班牙中部偏東方的阿拉崗省,特魯埃爾是座位於起伏山地且人口稀少的城鎮,因為1999年打出的俏皮口號:「特魯埃爾存在!」(Teruel existe),吸引不少西班牙人關注。

薩拉戈薩公路的開通,大幅改善了特魯埃爾的交通與發展,不過至今與馬德里之間仍然沒有直達火車和鐵軌,在西班牙各地方首府裡,是唯一必須經由其他地點轉往首都的城鎮。

然而,特魯埃爾卻深受遊客的青睞,除了生火腿和陶器等特產,這座小鎮最有名的莫過於膾炙人口的悲劇愛情故事《特魯埃爾戀人》,及被列入世界遺產的穆德哈爾式建築。

特魯埃爾在伊斯蘭教統治時期為重要的摩爾城市,即便1171年阿方索二世收復這片失土,境內仍保留著伊斯蘭教社區與猶太社區,擁有西班牙最優雅的穆德哈爾式建築之一,又被稱為「穆德哈爾之都」。

INFO

基本資訊
人口:約3.6萬人 **面積**:440平方公里 **區碼**:(0)978

如何前往
火車
在馬德里的阿托查火車站,搭乘高速火車AVE至薩拉戈薩(Zaragoza),轉搭中程火車MD前往,馬德里至薩拉戈薩的車程約1小時20分,平均每小時一班,薩拉戈薩至特魯埃爾的車程約2.5小時,每天3至4班車;從瓦倫西亞出發,車程約2小時45分鐘;從巴塞隆納出發,也得經薩拉戈薩轉車。

從特魯埃爾火車站,步行至舊城中心的公牛廣場(Plaza del Torico)約需15分鐘,或從火車站前方的石梯(La Escalinata)往上爬,經新街(Calle Nueva)前往市區。
西班牙國鐵🌐www.renfe.com

長途巴士
在馬德里的南巴士站搭Samar巴士,車程約4.5至5小時,班次不多。另外,從巴塞隆納、瓦倫西亞、薩拉戈薩、昆卡等地也有巴士前往。

巴士站位於舊城的東邊,從巴士站步行約10分鐘可以抵達公牛廣場。
Samar巴士🌐www.samar.es

市區交通
建議步行參觀

旅遊諮詢
特魯埃爾旅遊服務中心
Oficina de Turismo Oficina Municipal de Turismo
🏠Plaza de los Amantes 6　☎624-105
🕐10:00-14:00、16:00-20:00,8月無午休時間
🌐www.sienteteruel.es、www.turismo.teruel.es

特魯埃爾

宗教藝術博物館
Museo de Arte Sacro
特魯埃爾博物館
Museo de Teruel
大教堂
Catedral
公牛廣場
Plaza del Torico
聖佩德羅教堂
Iglesia de San Pedro
戀人祠堂
Mausoleo Amantes
薩爾瓦多塔
Torre del Salvador
巴士站
火車站
La Escalinata
↑往水道橋
Acueducto de los Arcos
Ronda Dámaso Torán
Plaza Pérez Prado
C. de los Amantes
C. de San Francisco
C. el Salvador
C. Nueva
新街
Paseo del Óvalo
C. de Tomás Nogués
Ronda de Ambeles

圖例　◎景點 ✚教堂 🏛博物館 🚌巴士站 ◎廣場 🚉火車站 ❶遊客服務中心

Where to Explore in Teruel
賞遊特魯埃爾

MAP ▶ P.114A2

薩爾瓦多塔

MOOK Choice

Torre del Salvador

美麗塔樓內外皆可觀

🚶從公牛廣場步行約2分鐘 🏠Calle del Salvador, 7 ☎602-061 🕐9至7月：11:00～14:00、16:30～19:30，12至1月提早至18:30關門；8月及假日：11:00～14:00、16:00～20:00 休週一下午（8月除外）💲全票€3，優待票€2.5 ⓦ www.teruelmudejar.com

　　從火車站前方的石梯拾級而上，首先迎接遊客的便是這座鑲滿色彩繽紛的馬賽克瓷磚的高塔。特魯埃爾保存了4座穆德哈爾式高塔，而無論從城市哪個角落，都能看見獨樹一幟的薩爾瓦多塔，在鐘樓頂層可以欣賞舊城和周邊風光。

　　建於1311和1355年之間，高達40公尺高塔分為5層，沿著狹窄的階梯往上，會經過一間間介紹塔樓歷史的小展覽廳，說明高塔的興建過程與結構。

掃地圖

MAP ▶ P.114B1

公牛廣場

Plaza del Torico

名稱其來有自

🚶從火車站步行約15分鐘 🏠Plaza del Torico

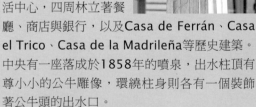

　　位於舊城中央，這座三角廣場是當地人的生活中心，四周林立著餐廳、商店與銀行，以及Casa de Ferrán、Casa el Trico、Casa de la Madrileña等歷史建築。中央有一座落成於1858年的噴泉，出水柱頂有尊小小的公牛雕像，環繞柱身則各有一個裝飾著公牛頭的出水口。

　　「特魯埃爾」一名來自阿拉伯文的「公牛」，據說伊斯蘭教徒曾在公牛的兩根牛角上綁上火把，來對付天主教徒的進攻，或許是這個原因，廣場噴泉選擇公牛做為裝飾。

掃地圖

MAP ▶ P.114B1

特魯埃爾博物館

Museo de Teruel

本地重要出土文物

🚶從公牛廣場步行約5分鐘 🏠Plaza Fray Anselmo Polanco 3 ☎600-150 🕐週二至五及假日10:00～14:00、16:00～19:00，週六、日10:00～14:00 休週一 💲免費 ⓦmuseo.deteruel.es 這間省立博物館坐落於16世紀的Casa de la Comunidad宮殿裡，這座宮殿曾多次轉手，終於在1973年由特魯埃爾政府買下，用來展出阿拉崗和特魯埃爾當地出土的多項考古文物。

　　博物館分為4層樓，收藏包羅萬象，包括史前文物、羅馬時期的馬賽克鑲嵌、特魯埃爾的特產陶器，以及傳統服裝、鐵具、農器、廚房用品，甚至一整間的藥房，訪客得以對當地有更進一步的認識。

掃地圖

特魯埃爾大教堂
Catedral de Santa María de Mediavilla

MOOK Choice

登頂暗藏玄機

🚶 從公牛廣場步行約5分鐘

特魯埃爾大教堂
🏠 Plaza de la Catedral 3 ☎618-016 ⏰週一至五11:00～14:00、16:00～19:00，夏日延後至20:00 💲與宗教藝術博物館聯票，全票€3、優待票€2 🌐www.diocesisdeteruel.org

宗教藝術博物館Museo de Arte Sacro
🏠 Plaza Venerable Francés de Aranda 3 ☎619-950 ⏰週一至六10:00～14:00、17:00～19:00，夏日延後至20:00 ❌週日和假日

　阿拉崗國王阿方索二世12世紀時下令興建大教堂，最初採用羅馬式風格，建築師Juzaff在13世紀增建了一座主殿和兩道側廊，並加入穆德哈爾式的外觀。其中最出色的，要屬落成於1257年的塔樓，它是西班牙保存最好的穆德哈爾式高塔之一，外觀裝飾著彩色瓷磚，頂端還有一座18世紀落成的八角塔，內部則分為三層。

　14世紀時，哥德－穆德哈爾式風格取代了半圓形室的羅馬風格，乍看不太起眼，但是爬上階梯，投下硬幣後，當照明燈打亮天花板，宗教故事、騎士傳說、甚至是動物等充滿哥德風情的圖案，綴滿整座天棚，這些是摩爾手工藝匠在1260至1314年的作品，融合中世紀的鄉村生活及迷人的回教幾何圖案。

　若對宗教藝術有興趣，不妨走過街去參觀宗教藝術博物館，展出特魯埃爾各大教堂的宗教雕刻、聖像、十字架和中世紀的宗教繪畫，最值得一看的是Lorenzo Zaragoza的《San Miguel y Santa Catalina》。

掃地圖

水道橋
Acueductode los Arcos

未竟水道變行人天橋

🚶 從公牛廣場步行約10分鐘 🏠Carretera de Alcañiz

掃地圖

　這不是羅馬時期的工程，而是西班牙文藝復興時期的公共建設。特魯埃爾居民的用水，長久以來靠著公牛廣場上的14世紀蓄水池和鎮內的小水井，特魯埃爾市政府為了改善此一問題，在16世紀時決定模仿羅馬人興建水道橋，引進市區外的河水，後因經費過高而放棄。但這件半成品，如今卻成為當地居民的「天橋」。

MAP ▶ P.114B1

聖佩德羅教堂

MOOK Choice

Iglesia de San Pedro

多元文化燦爛結晶

🚶 從公牛廣場步行約3分鐘　🏠 Calle Hartzembusch 7　☎ 618-398　🕐 10:00～14:00、16:00～20:00　🚫 元旦、耶誕節等特殊假日　💲 戀人祠堂＋教堂＋修道院€9，戀人祠堂＋教堂＋修道院＋鐘樓＋聖佩德羅塔€10　🌐 www.amantesdeteruel.es

掃地圖

聖佩德羅教堂始建於14世紀，最早是僅有一個通道的小教堂，中世紀開始出現穆德哈爾式元素，並逐漸增建通道，不過教堂仍只對外開放一座拱廊，這是為了防禦的考量。教堂後來歷經多次整修與擴建，最近兩次的大型工程，分別由1895年的Salvador Gisbert，及21世紀的Antonio Pérez與José María Sanz兩位建築師主導，這也是聖佩德羅教堂看來如此新穎之故。

和教堂相通的聖佩德羅塔(Torre de San Pedro)，興建於13世紀，是當地最古老的穆德哈爾式塔樓，高達25公尺，和教堂的半圓形室，一起列為特魯埃爾的世界遺產。

聖佩德羅塔外觀類似城門，底層通道穿過尖頂拱門，可以通往市郊。這座方形磚塔分為三層，內有74級階梯，呈螺旋狀通往上方鐘塔。彩色馬賽克拼貼出的外觀，有著三種不同風格，包括綠色與黃色相襯的轉角圓柱、中空條紋狀的上半

部，以及菱形的綠色和彩色瓷磚。

不同於其他教堂的宗教色彩，聖佩德羅教堂藏著一段淒美的愛情故事。1555年，大教堂裡發現了一對骸骨，他們的身份卻一直要到1619年，因為發現一份記載著「特魯埃爾戀人」的文件才得以確認，當時民眾被這段富家女與窮小子的殉情故事感動，於是將他們合葬在一塊。

這對有名的戀人如今長眠於戀人祠堂(Mausoleo Amantes)，石棺出自藝術家之手的，上方是這對戀人的塑像，而從下方鏤空細格中可看到兩人遺骨。

西班牙的梁山伯與祝英台

13世紀時，貧窮的男孩Juan Martínez de Marcilla愛上富有人家的獨生女Isabel de Segura，這對相愛的戀人因為身分背景懸殊，無法獲得女方家長的同意共結連理，於是男孩要求少女給他5年的時間，等他衣錦還鄉回來娶她。

時光荏苒，轉眼間到了約定的期限，少女20歲了，但卻等不到愛人的隻字片語，只得答應父親替她安排的婚事。沒想到就在婚禮當天，因加入軍隊對抗摩爾人而累積不少財富的Juan回來了，他看著已為人妻的Isabel心痛萬分，有人說他心碎而死，另一說是自殺，而深受Juan癡情感動的Isabel，隔天也尾隨他離開人世，這對「特魯埃爾戀人」的故事從此流傳，並為特魯埃爾增添不少吸引力。

昆卡
Cuenca

位於胡卡河(Río Júcar)和威卡河(Río Huecar)兩河谷間的陡峭山脊上，舊城區「上城」維持著中世紀的風貌，河谷沖蝕形成的懸崖峭壁，為這座昔日的軍事要塞營造出磅礴氣勢，因應地形打造的懸壁屋1996年列為世界遺產，此外，新市區位於胡卡平原上。

主廣場(Plaza Mayor)是昆卡居民的生活中心，四周林立著商店和餐廳，往西走，會發現一座與舊城景觀形成強烈對比的科學博物館(Museo de las Ciencias)，館內以先進的多媒體科技呈現科學的驚異奇航，旁邊是昆卡的市標—蒙嘉納塔(Torre Mangana)，它是昔日摩爾人興建的瞭望臺，也是眺望美景的好去處。

昆卡的水質優良廣為人知，西班牙餐館最常見的礦泉水品牌Solán de Cabras，其泉水就是標榜取自昆卡，水質甘甜清爽無雜味，來這玩別忘了多喝幾口當地的水！

INFO

基本資訊
人口：約5.4萬人 **面積**：911平方公里 **區碼**：(0)969

如何前往
火車
從馬德里的阿托查火車站，可搭AVE、ALVIA或Intercity，車程約1小時，每小時1至2班次，若搭區域火車，車程約3小時。若從瓦倫西亞出發，高速火車約1小時，區域火車約4小時。

AVE、ALVIA或Intercity列車皆停靠Cuenca-Fernando Zóbel火車站，車站位於昆卡西南方6公里處，可搭12號巴士前往市區；區域火車站則在新市區，可搭1號巴士前往主廣場，平日每半小時一班車，若步行前往則約需25分鐘。
西班牙國鐵Ⓦwww.renfe.com

長途巴士
在馬德里的南巴士站(Estación del Sur)，可搭Auto-Res巴士，車程約2至2.5小時，每天有6至8班車。昆卡的巴士站位於新市區，就在火車站旁。
Auto-Res巴士Ⓦwww.avanzabus.com

市區交通
重要景點皆位於舊城，建議步行參觀。

旅遊諮詢
昆卡市政府遊服務中心
Oficina Municipal de Turismo
🅟P.118B1
🏠Calle de Alfonso VIII 2
☎241-051
🕙週一至日10:00～20:00
Ⓦturismo.cuenca.es

◎ **Where to Explore in Cuenca**
賞遊昆卡

MAP ▶ P.118B1

抽象美術館（懸壁屋）

Museo de Arte Abstracto Español (Casas Colgadas)

驚心動魄中世紀摩天樓

🚶 從主廣場步行約5分鐘 🏠 Casas Colgadas s/n ☎212-983 🕐 週二至五、假日11:00～14:00、16:00～18:00，週六11:00～14:00、16:00～20:00，週日11:00～14:30 ❌ 週一 💲免費 🌐 www.march.es

從大教堂後方的街道，可以通往昆卡最具代表性的景點－懸壁屋。這些石屋依著陡峭的石灰岩斷崖而建，形成一種彷彿懸掛於峭壁上的特殊景觀，而擁有「中世紀摩天樓」的稱號，尤其是伸出峭壁之外的木造陽台，站在上方的人往下看，格外感到驚心動魄！

懸壁屋的歷史可追溯至14世紀，15世紀時曾做為皇室夏宮，在西班牙抽象藝術家

Fernando Zóbel在1960年代在此創立了抽象美術館，目前由Juan March基金會管理。現是西班牙本土藝術家的聚集地，館內自1966年起就掛著Antonio Saura, Gerardo Rueda, Eduardo Chillida 和Pablo Serrano等人的抽象藝術作品。

掃地圖

MAP ▶ P.118B1

大教堂

Catedral

融合多時代建築元素

🚶 從主廣場步行約1分鐘 🏠 Plaza Mayor s/n ☎649-693600 🕐 4至6月：10:00～18:30，週六、假日延後至19:30；7至10月：10:00～19:30；11至3月：10:00～17:30，週六、假日延後至19:30 💲 教堂€5.5、寶藏室€4、套票€10.5 🌐 www.catedralcuenca.es 📱手機可下載英文語音導覽APP

主廣場東面的大教堂，全名為感恩聖母大教堂(Catedral de Nuestra Señora de Gracia)，是南卡斯提亞的中世紀建築。阿方索八世在1177年從伊斯蘭教徒手中收復昆卡，1182年開始著手將清真寺改建為教堂。在漫長的建造過程中，這座大教堂融入了哥德、文藝復興和巴洛克元素，主建物的正面設有三扇門，讓它看來相當奇特。1902年鐘樓倒塌，壓壞大教堂的立面，由於經過重建，教堂外觀看來很新。

內部格局為拉丁十字形，擁有一個多角形的半圓壁龕，拱廊是原始的諾曼第結構，顯然受到法國的影響。主祭壇出自Ventura Rodriguez的設計，裝飾著壯麗的15世紀鑄鐵，藏經室則有著巴洛克風格的大門。寶藏室(Tesoro)展示拜占庭帝國的聖母像和聖骨匣、Alonso Berruguete雕刻的木門，以及兩幅埃爾·葛雷科的畫作。

掃地圖

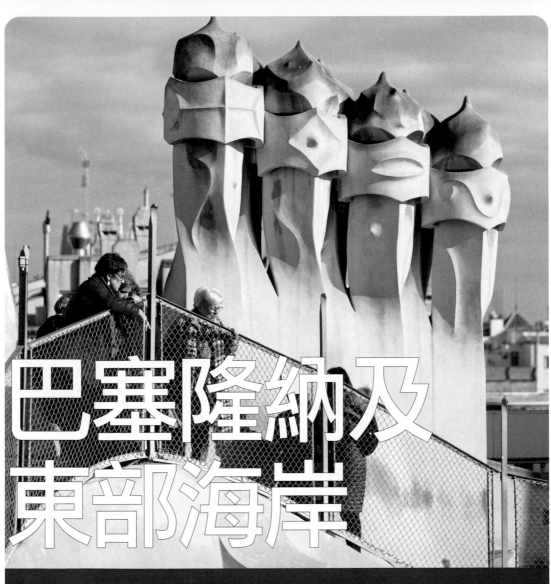

巴塞隆納及
東部海岸

Barcelona &East Coast

加泰隆尼亞地區(Catalunya)在伊比利半島東岸沿著地中海岸開展，夏日乾燥、冬季溫暖，為標準的地中海型氣候，外海的巴利亞利群島，湛藍的海水、翠綠的山峰及多變的石灰岩地形，吸引無數藝術家和作家前往居遊，最具人氣的馬約卡島，是聞名國際的Camper鞋故鄉。

除了孕育出高第、畢卡索、米羅等藝術家的巴塞隆納，盛產柑橘和米飯的瓦倫西亞，以海鮮飯和火節吸引世人目光，漫步塔拉戈納的羅馬遺址，則能深刻感受到古羅馬帝國對加泰隆尼亞地區的影響。

自12世紀開始，加泰隆尼亞地區就因為海洋貿易而發達富庶，18世紀初因自治權遭剝奪而衰退，所幸隨著紡織業在19世紀的興起，進入另一個發展巔峰。

加泰隆尼亞地區自古就是政治經濟中心，深受早期羅馬帝國影響，由於偏居西班牙國土的東北隅，伊斯蘭教政權的手很晚才伸進此處，再加上法國的援助，9世紀就回到天主教政權的懷抱，發展出迥異於西班牙其他地區的文化。

這一區至今保留自己的語言和文字，宗教習俗也與其他地區不同，再加上當地人口僅為全西班牙的1/10，卻貢獻20%的全國經濟收入，是西班牙最富裕的地區之一，因此加泰隆尼亞區的獨立聲浪從未停歇，2017年10月甚至舉辦公投通過獨立自決，但未被西班牙政府及國際承認，居民也出現兩極意見，雖然後來獨立未果，但此議題仍是西班牙的隱憂。

巴塞隆納及東部海岸之最Top Highlights of Barcelona &East Coast

聖家堂
Sagrada Família
建築大師高第傾畢生心血投入，猶如巴塞隆納市區中的大型雕塑，從內到外、從上到下，每一吋空間都是藝術，是全世界唯一未完工就被指定為世界遺產的建築。(P.134)

感恩大道
Passeig de Gràcia
不只是巴塞隆納的精品大道，更是現代主義建築大師的競技場。如童話裡的巨龍的巴特婁之家、被稱為採石場的米拉之家、階梯式牆的阿瑪特勒之家、以及綴滿花卉植物雕飾的莫雷拉之家，各色建築令人目不暇給。(P.159)

蒙瑟瑞特山
Montserrat
猶如許多根指頭黏在一起，與其說是座怪山，更像一塊巨岩，因山上的聖母修道院和黑面聖母雕像，成為巴塞隆納的「聖山」，其自然景觀是高第設計聖家堂的靈感來源。(P.164)

馬約卡島
Isla de Mallorca
清澈湛藍的海灣、滿山遍野的柑橘和橄欖、純樸安靜的小山城，讓馬約卡島成為歐洲人的度假勝地，為音樂家蕭邦、女作家喬治桑和藝術大師米羅提供許多創作動力。(P.183)

How to Explore Barcelona & East Coast
如何玩巴塞隆納及東部海岸

加泰隆尼亞自治區以巴塞隆納為首府，語言、文化和風俗皆迴異於西班牙其他地區，重點城市沿地中海沿岸散置，地中海型氣候溫暖怡人，吸引不少歐洲人前來度假。本單元以地圖搭配各城市的精華景點，讓你秒抓重點，快速規畫行程。

塔拉戈納Tarragona

塔拉戈納是加泰隆尼亞第二大港，是昔日羅馬人征服伊比利半島的基地。舊城區保留的古羅馬遺址，是名列世界文化遺產的主要原因。

代表景點：圓形競技場、考古學步道

©Mike Water

瓦倫西亞Valencia

曾是光芒四射的文化及經貿中心，現以海鮮飯和每年3月舉辦的火節吸引世人目光，集現代與傳統於一身，列為世界文化遺產的絲綢交易中心和西班牙首座現代美術館也值得參觀。

代表景點：絲綢交易中心、塞拉諾城樓、大教堂

巴塞隆納及周邊
Barcelona and Around Area

巴塞隆納是西班牙時髦、前衛與藝術的代表，再加上高第、畢卡索、米羅等藝術大師的加持，讓它充滿魅力。以加泰隆尼亞廣場為核心，用雙腳慢慢探訪南邊舊城區、蘭布拉大道和充滿活力的市場，利用地鐵深入新展區的高第建築，城市西邊的猶太丘則展現主辦世界級活動的大器風範。

離開巴塞隆納市區，鄰近景點也不容錯過，被視為「聖山」的蒙瑟瑞特山、加泰隆尼亞王室長眠的波布列特修道院、或超現實主義大師達利一手打造的劇院美術館，都是半日遊的好選擇。

代表景點：聖家堂、加泰隆尼亞音樂廳、米拉之家、米羅美術館、達利劇院美術館、蒙瑟瑞特山、波布列特修道院

馬約卡島Mallorca

巴利亞利群島中最大的島，以土耳其藍的海水、翠綠的山峰和特殊的石灰岩地形著稱，古今多位文學大師和藝術家在此流連忘返，甚至定居此地，是歐洲的度假勝地。

代表景點：帕馬大教堂、貝爾維古堡、波顏撒、瓦得摩莎

巴塞隆納及
東部海岸

巴塞隆納
Barcelona

巴塞隆納坐落在海岸旁的緩丘平原上，擁有廣闊的視野和哥德式的古老建築，當然，還有全世界最奇特的立體藝術作品。

巴塞隆納是加泰隆尼亞自治區的首府，加泰隆尼亞西元9世紀脫離伊斯蘭教政權統治後，便有自己的獨立王國政體，由於語言、文化風情與生活態度，和西班牙其他地區差異太大，即使在佛朗哥政權之後，於1977年成為自治區，爭取獨立的聲音仍然未歇。

對於鍾情藝術的人來說，巴塞隆納無疑是一處必訪的重點城市，不同於馬德里強調西班牙帝國和古典大師著重繪畫技巧的藝術氛圍，這座瀰漫著活潑氣氛的海港城市，成就了西班牙現代藝術家米羅、畢卡索和達利，在他們的美術館中，能親眼目睹這些國寶大師的創作。而古色古香的哥德區、悠閒歡樂的海港邊、流行時尚的購物大道…加上鄰近法國南部邊界，不只西班牙人，就連許多歐洲人都常到此歡度週末，瘋狂一下！

巴塞隆納捷運

加泰隆尼亞鐵路 ⫽FGC

地鐵 Transports Metropolitans de Barcelona

近郊鐵路 R Rodalies de Catalunya

電車 ⊿TRAM

Edició febrer 2019

© Ferrocarril Metropolità de Barcelona, SA
Tots els drets reservats.

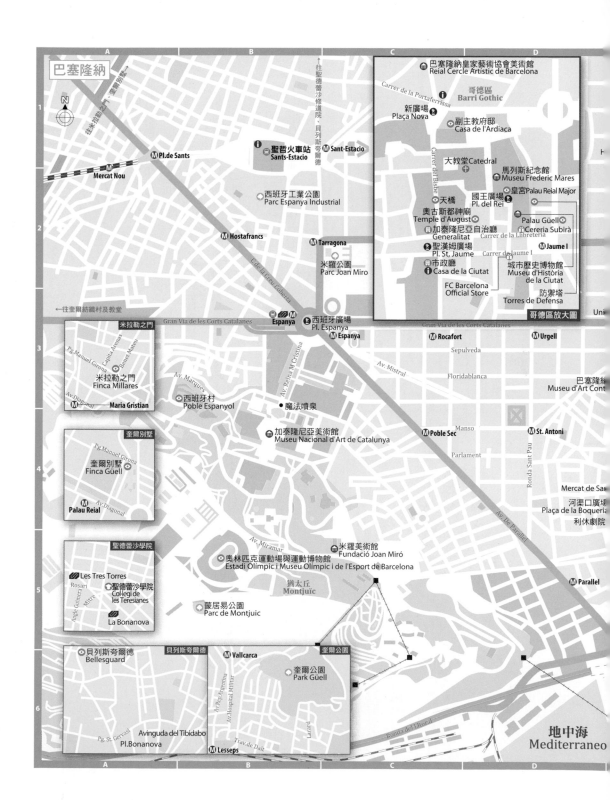

巴塞隆納

N

往米拉勒之門、塞爾別墅→

往聖德蕾沙修道院、貝列斯夸爾德

Ⓜ Pl. de Sants

Ⓜ Mercat Nou

ℹ 聖哲火車站
Sants-Estacio

Ⓜ Sant-Estacio

西班牙工業公園
Parc Espanya Industrial

Ⓜ Hostafrancs

Ⓜ Tarragona

米羅公園
Parc Joan Miro

C. de la Gran Cobertera

←往奎爾紡織村及教堂

Gran Via de les Corts Catalanes

Ⓜ 🚋 Ⓜ
Espanya

西班牙廣場
Pl. Espanya

Ⓜ Espanya

Gran Via de les Corts Catalanes

Uni

米拉勒之門

Pg. Manuel Girona
Capita Arenas
Bonet Mateu

米拉勒之門
Finca Millares

Av. Diagonal
Ⓜ Maria Gristian

Av. Reina M Cristina

Ⓜ Rocafort

Ⓜ Urgell

Sepulveda

Floridablanca

Av. Mistral

巴塞隆納
Museu d'Art Cont

奎爾別墅

Pg. Manuel Girona

奎爾別墅
Finca Güell

Av. Diagonal

Ⓜ Palau Reial

Av. Marques

西班牙村
Poble Espanyol

魔法噴泉

加泰隆尼亞美術館
Museu Nacional d'Art de Catalunya

Manso

Ⓜ Poble Sec

Parlament

Ⓜ St. Antoni

Ronda Sant Pau

Mercat de Sa

河渠口廣場
Plaça de la Boqueria

利休劇院

聖德蕾沙學院

🚋 Les Tres Torres

Rosari

Angle Guimera
Mitre

聖德蕾沙學院
Col·legi de
les Teresianes

🚋 La Bonanova

Av. Miramar

蒙居易公園
Parc de Montjuic

奧林匹克運動場與運動博物館
Estadi Olímpic i Museu Olímpic i de l'Esport de Barcelona

米羅美術館
Fundació Joan Miró

猶太丘
Montjuïc

Ⓜ Parallel

貝列斯夸爾德

貝列斯夸爾德
Bellesguard

貝列斯夸爾德

Ⓜ Vallcarca

奎爾公園

奎爾公園
Park Güell

Av. Rgt. Argentia
Av. Hospital Militar

Pg. St. Gervasi

Avinguda del Tibidabo
Pl. Bonanova

Trav. de Dalt

Lacard

Ⓜ Lesseps

Ronda del Litoral

地中海
Mediterraneo

巴塞隆納皇家藝術協會美術館
Reial Cercle Artistic de Barcelona

Carrer de la Portaferrissa

哥德區
Barri Gothic

新廣場
Plaça Nova

副主教府邸
Casa de l'Ardiaca

Carrer del Bisbe

大教堂Catedral

馬列斯紀念館
Museu Frederic Mares

天橋

國王廣場
Pl. del Rei

皇宮Palau Reial Major

奧古斯都神廟
Temple d'August

加泰隆尼亞自治廳
Generalitat

Palau Güell

Cereria Subirà

Carrer de la Llibreteria

聖漢姆廣場
Pl. St. Jaume

Carrer de Jaume I

Ⓜ Jaume I

市政廳

ℹ Casa de la Ciutat

城市歷史博物館
Museu d'Història
de la Ciutat

FC Barcelona
Official Store

防禦塔
Torres de Defensa

哥德區放大圖

126

恩典區
Gràcia

Corsega

Rosello

往聖十字聖保羅醫院
La Roca Village

Diagonal Ⓜ

Provença

el Granados 83 Ⓗ

Carrer de Provença

米拉之家Casa Milà

Josef Font

Ⓜ Verdauger

Provença

Lupo Barcelona

Carrer de Mallorca

Mallorca

Ⓗ 聖家堂
Sagrada Família

Ⓜ Sagrada Família

安東尼・達比埃斯美術館
Fundació Antoni Tàpies

Valencia

Casa Vives 不協調街區

La Rita

新展區
L'Eixample

C d'Aragó

C d'Aragó

Enric Granados

Muntaner

Ⓜ Pg. de Gracia
Illa de la
Discòrdia

巴特婁之家Casa Batlló
阿瑪特勒之家Casa Amatller
Tapa Tapa
莫雷拉之家Casa Morera

Bruc

Girona

Bailen

Ⓜ Girona

Cibsekk de Cent

Hotel San Antoni

Charrito restaurant

巴塞隆納大學
ersitat de Barcelona

Napols

Sicilia

Diputacio

Ⓜ Monumental

Gran Via de les Corts Catalanes

Gran Via de les Corts Catalanes

Sardenya

Universitat

Ronda de la Universitat

巴塞隆納東方文華
Mandarin Oriental Barcelona

Ⓜ Tetuan

Casp

Ⓗ Hotel Vincci Maritimo

Pelai

Tallers

加泰隆尼亞廣場
Pl. Catalunya

卡佛之家Casa Calvet
(卡佛咖啡館Cafe Calvet)

Ausias Marc

Tanger Ribes

Av. Meridiana

當代美術館
mporani de
Barcelona

Ⓜ Catalunya

巴塞隆納當代文化中心
Centre de Culutra Contemporania de Barcelona

Arc de Triomf

Ⓜ Marina

Casa Camper Ⓗ

Urquinaona Ⓜ
四隻貓餐廳
Els Quatre Gats

加泰隆尼亞音樂廳
Palau de la Musica Catalana

勝利門
Parc de la Ciutadella

Av. Vilanova

Hotel Bagués

Custo
Barcelona

Fresc Co

見左上放大圖

哥德區
Barri Gòtic

大教堂
Cathedral

加泰隆尼亞自治廳
Generalitat

Buenaventura Munoz

Ⓜ Marina

Hospital
t Josep de la Boqueria

Bar Pinotxo

OroLíquido

Pg. Pujades

文生之家 Ⓜ Lesseps

Hotel Peninsular
Gran Teatre del Liceu

Ⓜ Liceu

Carrer de Ferran
Jaume I Ⓜ
市政廳
Casa de la Ciutat

Carrer de la Princesa
Taperia Princesa
畢卡索美術館Museu Picasso
El Xampanyet

Ramon Turro

Gran de Gracia

La Cure Gourmande
Hotel Oriente

Nou de la Rambla

奎爾宮
Palau Güell

皇家廣場
Pl. de Reial
Escudellers

La Manual Alpargatera

海上聖母教堂
Iglesia de Santa Maria del Mar
Lonja de Tapas

公園
Parc de la Ciutadella

Doctor Trueta

文生之家
Casa Vicens

Ⓜ Fontana

Le Quinze Nits

聖摩尼卡美術館
Centre d'Art Santa Mònica

Ⓜ Drassanes

Pg. de Colom

7扇門
7 Portes

法蘭莎火車站
Estació de França

Ciutadella-Vila
Olimpica

聖十字暨聖保羅醫院

St.Antoni Maria Claret

哥倫布紀念柱
Monument a Colom

Casa Vives

Barceloneta Ⓜ

Av. de Gaudi

Indus tria

聖十字暨
聖保羅醫院
Hospital dela
Sta.Creui Sant Pau

海事博物館
Museu Maritim

汽艇碼頭
Golondrinas

Corsego

Ⓜ Hospital de
Sant Rau

貝爾港
Port Vell

圖例 ◎景點 🛍購物 ▣廣場 ▣公園 Ⓜ地鐵 🍴餐廳 🚉火車站 ✚教堂 🏛博物館 ⓘ遊客服務中心

INFO

基本資訊

人口：約163萬人　**面積**：101.4平方公里
區碼：(0)93

如何前往

飛機

　　台灣目前無直飛巴塞隆納的航班，可以在蘇黎世、日內瓦、慕尼黑、羅馬、土耳其等歐洲都市，轉搭歐洲主要的航空公司，輾轉抵達巴塞隆納。

　　巴塞隆納的普拉特國際機場（Aeropuerto de Barcelona El Prat，機場代號BCN），位於市區西南方約14公里處，有T1和T2兩座航廈，其中T2分為A、B、C三區，視航空公司停靠不同區域，T2做為歐洲廉價航空及貨運使用。

　　從亞洲起飛的航班一般停靠於T1航廈，T1和T2航廈相距約4公里，可搭免費接駁巴士，平均6至7分鐘一班，車程約10～15分鐘，可多加利用。

普拉特國際機場
🌐www.barcelona-airport.com
西班牙機場與航行區域查詢(Aeropuertos Españoles y Navegación Aérea)
🌐www.aena.es

火車

　　巴塞隆納有2個主要火車站，分別是城市西邊的聖哲火車站(Estació Sants)，及位於市中心、靠近城堡公園(Parc de la Ciutadella)的法蘭莎火車站(Estació de França)。

　　聖哲火車站是巴塞隆納最大的火車站，為來自巴黎、馬賽、里昂等國際列車的終點站，另往來西班牙各地的高速火車AVE、特快列車，甚至近郊火車也在此停靠。

　　在車站可搭3號和5號地鐵或近郊火車，前往加泰隆尼亞廣場。車站內有遊客服務中心、寄物櫃、餐廳等設施。

　　鄰近貝爾港的法蘭莎火車站，是國內特快車ALVIA和加泰隆尼亞地區火車的停靠站。在法蘭莎火車站可轉搭地鐵4號線或近郊火車，前往加泰隆尼亞廣場或轉往聖哲火車站。詳細火車時刻表可上西班牙國鐵網站或至火車站查詢。

西班牙國鐵
🌐www.renfe.com
歐洲國鐵
🌐www.raileurope.com

長途巴士

　　兩處巴士中繼站，一是哥德區以東的北巴士總站(Estaciód'Autobusos Barcelona Nord)，是巴塞隆納最大的巴士中繼站，除了往返西班牙各城市，來自安道爾、法國、義大利、葡萄牙、北非摩洛哥等國際巴士也停靠於此，可步行至附近的1號線地鐵站Arc de Triomf。

　　另一處是聖哲火車站旁的聖哲巴士總站(Estaciód'Autobusos de Sants)，為西班牙巴士公司的辦公室所在，巴士往返鄰近區域及西班牙各地，最近的地鐵站是Sants Estació，可搭乘3、5號線前往巴塞隆納各地，或就近搭乘近郊火車。

北巴士總站
🌐www.barcelonanord.cat
聖哲巴士總站
🌐www.adif.es

機場至市區交通

地鐵Metro

　　從T1、T2出發的地鐵L9 Sud線可前往市區，另可在Torrassa站轉乘L1、Collblanc 站轉乘L5、Zona Universitària站轉乘L3。

巴塞隆納大都會交通公司(TMB)
🔽週一至四、週日和假日05:00～00:00、週五和假日前夕至02:00、週六24小時。約每7分鐘一班，至終點Zona Universitària需32分鐘。
💲單程€5.15
🌐www.tmb.cat

機場巴士Aerobús

　　從普拉特機場前往巴塞隆納市區，若攜帶大型行李，最方便的是搭乘機場巴士。巴士往來機場和市中心的加泰隆尼亞廣場，分T1航廈和T2航廈兩條路線，沿途經過西班牙廣場(Pl. Espanya)、Urgell地鐵站和巴塞隆納大學(Pl. Universitat)；回程同樣從加泰隆尼亞廣場發車，經Sepúlveda-Urgell和Pl. Espanya兩站後抵達機場。詳細時刻表及搭車地點可上官網查詢。

🎫在巴士站、售票機、官網，或車上直接購票
🔽T1航廈至市區：05:35～01:05；市區到T1航廈：05:00～00:35。平均10分鐘一班，車程約35分鐘。
💲單程€5.9、來回€10.2
🌐www.aerobusbarcelona.es

近郊火車Cercanías

　　機場的火車站(Aeropuerto)位於T2航廈的A區與B區之間，走過天橋即可抵達火車站。搭Line R2 North，可至市區的聖哲火車站或感恩大道(Passeig de Gràcia)站，至聖哲火車站約18分鐘，感恩大道站

約25分鐘，之後可就近轉搭地鐵前往目的地。

　　若預計搭火車前往機場，建議預留充足的交通時間，因為火車經常誤點，且步行至T2的航空公司櫃台約需10至15分鐘。

西班牙國鐵renfe
🕒06:00～23:00。約每30分鐘一班
💲單程€4.6
🌐www.renfe.com

計程車Taxi
　　計程車採跳表計費，平日、假日和夜間的收費計價均不同。從機場至市中心約20至30分鐘車程，車資約€25～35，另外需支付€4.3的機場接送費。當地計程車的品質參差不齊，建議一定要在機場的計程車招呼站叫車。

🌐www.taxibarcelona.cat

市區交通
　　公共交通非常方便，中心地段有地鐵、巴士、近郊火車等，部分地區還有地面電車、纜車等。

　　巴塞隆納大都會交通公司(TMB)發行的票卡，可通用地鐵、巴士、電車及纜車，轉乘不須另外加價，除了機場線需另外購票。

　　一般遊客的活動範圍主要在Zone 1，可以購買單程票(Billete Zenzill)或十次卡(T-casual)，進站時刷卡，可多人同時使用，75分鐘內可自由轉乘；亦可購買Hola Barcelona Travel Card，有效期限內無限搭乘各種大眾交通工具。

巴塞隆納大都會交通公司(TMB)
💲Zone 1：成人單程€2.4、十次卡(T-10)€11.35
🌐www.tmb.cat

地鐵Metro
　　地鐵快速、標示清楚，是最方便的大眾交通工具，市區共有8條線，以數字和顏色畫分。3號線往來於感恩大道的Passeig de Gràcia站、加泰隆尼亞廣場的Catalunya站、蘭布拉大道的Liceu站，是遊客搭乘頻率最高的路線。

　　其他常用的路線，像前往聖家堂的2號線、奧運選手村的4號線等。L6、L7、和L8則是來往郊區的通勤路線，由加泰隆尼亞鐵路(FGC)經營。

🕒週一至四、週日和假日05:00～00:00，週五和假日前一天為05:00～2:00，週六24小時，重要節日的時間請見官網

市區巴士City Bus
　　巴塞隆納有多達80條的巴士路線，以及17線夜間公車，網絡四通八達，但若不熟悉當地路名，也搞不清楚路線，建議搭配Google Map，以免搭錯車下錯站。

　　市區巴士營運時間大多介於05:00～23:00之間，其

他時段必須搭乘夜間公車。你可以事先購買好票券，插入司機旁的剪票機，或準備好零錢，跟司機買票。

計程車Taxi
　　想搭計程車，除招呼站外，也可在路旁招車，起跳€2.3，之後每公里加€1.21，若往返機場，則另需支付單程€4.3歐元。

🌐taxi.amb.cat

觀光行程
巴塞隆納觀光巴士Barcelona Bus Turístic
　　對首次造訪的旅客而言，搭乘雙層觀光巴士遊覽相當方便，在車票效期內隨時上下車，車上提供華語在內的多語言的導覽耳機。

　　觀光巴士分紅、藍、綠3條路線，囊括感恩大道、聖家堂、奎爾公園、西班牙廣場、貝爾港、猶太丘等重要景點，紅線及藍線繞一圈約2小時，綠線約40分鐘。

🎫向旅遊諮詢中心買票，或上車向司機購票
🕒約09:00～19:00，平均20至30分鐘一班
💲1日券：全票€30、半票€16；2日券：全票€40、半票€21。官網購票九折優惠
🌐www.barcelonabusturistic.cat

優惠票券
歐啦！巴塞隆納Hola Barcelona Travel Card
　　如果在巴塞隆納停留超過2天，且頻繁使用交通工具，不妨購買專為旅客設計的交通周遊券，分為2至5天4種，可在限定的區域範圍和時間內，無限次搭乘上述所有交通工具、Zone 1內的近郊鐵路、機場線和猶太丘纜車。

🎫在地鐵站自動售票機或官網購買
💲2日券€16.4、3日券€23.8、4日券€31、5日券€38.2。官網購買9折優惠
🌐www.tmb.cat/barcelona-fares-metro-bus/

tickets-visit-barcelona

巴塞隆納卡Barcelona Card

　　持卡參觀巴塞隆納多處博物館與景點可免費或打折，參加城市導覽、搭乘觀光巴士、參觀佛朗明哥舞表演等也有折扣，有效期限內還可無限搭乘地鐵、巴士、電車等大眾交通工具。最大好處是參觀景點時，不用排隊購票，節省不少時間。

🚶在遊客中心或官網購買
🎫Express Card （2日）：全票€22；3日：全票€48、優待票€26；4日：全票€58、優待票€35；5日：全票€63、優待票€40。網路購票另享5%折扣
🌐www.barcelonacard.com

巴塞隆納博物館卡Articket Barcelona

　　這張Articket可以通行6家博物館，約能省下45%的門票費用，包含畢卡索美術館、米羅美術館、安東尼達比埃斯美術館(Fundació Antoni Tàpies)、加泰隆尼亞美術館、巴塞隆納當代美術館(MACBA)，及巴塞隆納當代文化中心(CCCB)的常設站與特展。

🚶遊客中心、上述6家美術館，或官網購票
💲€35　🌐articketbcn.org

旅遊諮詢

加泰隆尼亞廣場遊客中心

🚶P.127F3
📍Plaça de Catalunya 17-S
☎285-3834
🕐08:30～20:30
🌐www.barcelonaturisme.com

機場遊客中心

📍T1和T2
🕐T1：週一至五08:00～20:30，週六日08:30～20:30；T2：週一至六08:00～20:30，週日08:30～20:30

聖漢姆廣場遊客中心

🚶P.127F5
📍Plaça Sant Jaume，Ciutat 2（市政廳一樓）
🕐暫時關閉

聖哲火車站遊客中心

🚶P.126B1
📍Estació de Sants，Plaça dels Països Catalans s/n
🕐暫時關閉

蘭布拉大道遊客中心

🚶P.126C1
📍La Rambla, 51-59
🕐09:00～15:00

哥倫布紀念柱遊客中心

🚶P.127E5
📍哥倫布紀念柱一樓　🕐08:30～14:30

城市概略City Guideline

　　每座城市都有一個用來辨別方位的主廣場，而巴塞隆納的心臟正是加泰隆尼亞廣場。廣場分隔新舊城區，蘭布拉大道往南延伸至貝爾港，是最有活力的商業區，觀光客絡繹不絕，咖啡館、餐廳和各式商店林立；蘭布拉大道東側是城市起源的哥德區(Barri Gòtic)，穿梭中世紀巷弄間，參觀大教堂和古羅馬遺蹟、前往畢卡索美術館向大師致敬。

　　加泰隆尼亞廣場往北，感恩大道貫穿19世紀時因都市計畫擴建的新展區(L'Eixample)，多棟現代主義藝術建築將此區妝點得衝突又時髦，而滿街精品店則媲美巴黎香榭麗舍大道。對角線大道(Avinguda Diagonal)東西向橫越新城，北邊的恩典區(Gràcia)地

勢緩緩上升，街巷藏著許多獨特的設計小店，文森之家和奎爾公園都在這一區。

市區西邊的廣大綠地是猶太丘(Montjuïc)，這裏曾是1929年世界博覽會、1992年奧運的辦場地，現在則座落著不少家美術館，也是俯瞰城市的好地方。

巴塞隆納行程建議
Itineraries in Barcelona

這座城市散發著濃厚的加泰隆尼亞色彩，迥異於馬德里及其他西班牙城市，再加上高第、畢卡索、米羅等大師加持，讓巴塞隆納的全球知名度超級響亮。高第建築自然是參觀重點，其它如哥德區的古建築、熱鬧的蘭布拉大道、停滿遊艇的海港等，都有其獨特的魅力。

第一天建議以哥德區為出發點，探索舊城與海港。以大教堂高高的尖塔為地標，就不怕在錯綜複雜的石板街道中迷路，一定要參觀畢卡索美術館，再至哥德區西側的蘭布拉大道消磨一下午，再加入從聖荷西市場到貝爾港的人潮逛街去。

第二天深入高第的異想世界，要認識這位巴塞隆納的驕傲，得從聖家堂開始。精品店林立的感恩大道上，巴特婁之家、莫雷拉之家、阿瑪特勒之家並肩而立，組成無與倫比的「不協調街區」，再走進米拉之家，看藝術家如何落實馳騁的想像力。

第三天，前往稍遠的奎爾公園和市區西方的猶太丘。以加泰隆尼亞美術館為背景的西班牙廣場，猶如猶太丘的大門，從這裡可搭車前往米羅美術館和西班牙村。

如果還有時間，別錯過離巴塞隆納大約2小時車程的達利劇院美術館；而想看看大自然與人文景觀相融合的，蒙瑟瑞特山與瑪麗亞修道院是不錯的選擇。

巴塞隆納散步路線
Walking Route in Barcelona

距離：約2.5公里　　**時間**：約2小時

跟著路線走，可以瞭解巴塞隆納的城市發展歷史，代表景點也一併收入其間。

從新展區的現代藝術建築開始，欣賞高第等大師傑作與城市更新計畫帶來的面貌，**米拉之家**①是高第

巴塞隆納散步路線

落實自然主義最成熟的作品，從裡到外全無直線的設計，營造出無窮的空間流動感。**沿著感恩大道**②往港口方向前進，不遠處的**巴特婁之家**③是一棟童話屋，繽紛的彩色磁磚和龍骨般的建築結構令人驚艷，鄰居是同樣美輪美奐的莫雷拉之家與阿瑪特勒之家。

經過城市心臟**加泰隆尼亞廣場**④，前往人潮熙來攘往的**蘭布拉大道**⑤，走逛綠蔭下的攤位，觀賞街頭藝人的表演。在**聖荷西市場**⑥買些新鮮水果或果汁、餅乾等零食，欣賞**河渠口廣場**⑦米羅的馬賽克鑲嵌畫和洋溢濃厚東洋風情的傘店後，轉往隱身巷弄中的**皇家廣場**⑧，這裡有高第年輕時設計的街燈，是他第一件公共藝術品。

沿著蜿蜒的街道前進，前往巴塞隆納最古老的哥德區。三面環繞著哥德式建築的**國王廣場**⑨，曾是巴塞隆納的權力中心，如今分別聳立著總督府、阿拉崗國王的皇宮及聖亞佳塔皇室禮拜堂。不遠處的**大教堂**⑩，供奉著巴塞隆納守護聖人聖尤拉莉亞，主祭壇下方的地下聖堂還供奉著這位聖人的石棺。

無法超越的經典—
高第建築
直線屬於人類，曲線屬於上帝

這位建築鬼才的作品，見過就保證你畢生難忘！

安東尼·高第·柯爾內特(Antoni Gaudil Cornet，1852～1926)出身自西班牙工業小村雷烏斯(Reus)的鑄鐵匠之家，自幼習得一手傑出的鍛鐵技術，當過短期的打鐵工人，但從小立志學習建築的他，終在1869年前往巴塞隆納學習建築，1873年取得巴塞隆納省立建築學校的入學許可，於1878年取得建築師執照，此後幾乎都在巴塞隆納工作生活。他是不折不扣的加泰隆尼亞人，總是精力充沛、孜孜不倦地工作，一直到1926年6月車禍身亡以前，可說從未休息，在巴塞隆納留下眾多建築，其中被列為世界文化遺產的作品就有7座，為城市創造出獨一無二的特色，而至今仍未完成的曠世巨作－聖家堂，更是為巴塞隆納創造驚人的觀光收益！

高第深受英國美術大師羅斯金(John Ruskin，1819～1900)的自然主義學說和新藝術風格(Art Nouveau)的影響，以心中那股濃烈的加泰隆尼亞民族意識，和對蒙特瑟瑞(Montserrat)聖石山的觀察，做為創作時的靈感泉源。他打破對直線的「迷思」，回歸上帝的創作，認為大自然界不存在絕對的直線，他說：「藝術必須出自於大自然，因為大自然已為人們創造出最獨特美麗的造型。」。

他的作品使用大批陶瓷、磚瓦和石材，結合傳統與當代的多元建築風格之中，同時保有獨特的原創力，從建材、型式，到門、角、窗、牆等任何一處細部都獨一無二。其作品幾乎難以歸類，既是

建築、大型雕塑、也是藝術，而獲得「建築史的但丁」、「上帝的建築師」等稱號。

擁有獨特的創意與精湛的技藝，這位大師更因有伯樂賞識而得以發揮長才，1878年巴黎萬國博覽會時，高第以一只玻璃展示櫃參展，讓奎爾公爵(Eusebi Güell，1846～1918)大為激賞。隨後數十年，在公爵的支持下，高第設計了奎爾宮、奎爾教堂、奎爾酒窖、奎爾公園等私人建築，奎爾公爵的慷慨財力和全然信任，讓高第得以盡情揮灑創意，不受金錢、時間等限制，淬鍊出益加成熟的作品。

高第建築作品年表

（依起建時間排列）

1883~2026(預計)

聖家堂Sagrada Família
(1984年列為世界文化
遺產)

1883~1885

文生之家Casa Vicens
(1984年列為世界文化
遺產)

1883~1887

奎爾別墅
Pavellons de la Finca
Güell

1886~1890

奎爾宮Palau
Güell(1984年列為世
界文化遺產)

什麼！沒有許可證

　　聖家堂早在1882年動工，高第雖然早在
1885年向市府申請建築變更許可，但卻從未
取得政府核發的建築執照。巴塞隆納市政府
和聖家堂在近期進行將近3年的協商，2018年
達成協議，聖家堂支付460萬歐元給市政府，
並於10年內支付3,600萬歐元，以改善周圍交
通、興建公共設施。所以，等了137年，聖家
堂終於在2019年6月取得效期至2026年
的施工許可。

1888~1890

聖德蕾沙學院
Collegi de les
Teresianes

1891~1892

波提內之家
Casa Botines

1895~1897

奎爾倉庫
Bodegas Güell

1898~1999

卡佛之家Casa Calvet

1890~1917

奎爾紡織村及教堂
Colonia Güell (教堂地
下室1984年列為世界
文化遺產)

1900~1909

貝列斯夸爾德
Bellesguard 1902?

1900~1914

奎爾公園Park Güell
(1984年列為世界文化
遺產)

1901~1902

米拉勒之門
Puerta de la Finca
Miralles

1904~1906

巴特婁之家Casa
Batlló(1984年列為世
界文化遺產)

1906~1912

米拉之家Casa Milà
(1984年列為世界文化
遺產)

新展區周邊

MAP ▶ P.127H2

聖家堂
Sagrada Família

世界文化
遺產

掃地圖

🚇地鐵2或5號線Sagrada Família站，步行約1分鐘 🏠Carrer de Mallorca 401 📞208-0414 🕐4至9月：週一至六09:00～20:00；3月、10月：週一至六09:00～

19:00；11至2月：週一至六09:00～18:00；週日10:30開放參觀，1/1、1/6、12/25～26：09:00～14:00 💰聖家堂＋中文語音導覽，全票€26；聖家堂＋塔樓＋語音，全票€36；聖家堂＋高第之家博物館＋語音導覽，全票€30 🌐www.sagradafamilia.org ❗為避免排隊等候，建議提前上網購票並預約參觀時段，此外，選擇搭電梯上塔的人，記得需按塔上的梯次時間前往。上塔人數有上限，建議網路購票的同時預約。

聖家堂既不受教皇統御，也不屬於天主教的財產，這間舉世聞名的教堂其實是一間私人出資的宗教建築，資金完全仰賴個人捐款及門票收入。

身兼聖約瑟奉獻協會主席的書店老闆柏卡貝勒

134

(Josep Ma Bocabella)有個夢想，希望能建造一間可以禮拜耶穌、聖約瑟、聖母瑪麗亞等聖家族的教堂，他在市區找到一塊便宜又足夠的土地，1882年委託建築師維拉(Frrancisco de Villar)興建，不過，才一年的時間，雙方即因意見不合而拆夥，柏卡貝勒於是找了當時才30幾歲的高第接手。

高第投入聖家堂工程的第二年起，便一改趾高氣昂的態度，每天從奎爾公園的理想屋走十幾公里到聖家堂工作。聖家堂的建體龐大且雕工繁複精細，遲遲無法完工，高第解釋：「我的客戶天主不趕時間，而且天使會看到。」

這裡成了他貢獻畢生心血的家，1925年更直接住進工地，全心全意投入，甚至因為工程經費不足，而親自捧著奉獻箱蹲坐在工地邊，希望路人施捨！1926年6月7日下午，當高第一如往常完成聖家堂的工作，正要走到市中心的St. Philip Neri做禮拜時，被一輛路面電車撞倒。

當時的他衣衫破舊，路人誤以為是流浪漢，送至聖十字聖保羅醫院，三天後去世。當高第去世的消息傳出後，巴塞隆納市民湧向街道，伴隨著靈柩一路走到聖家堂，高第最後安葬於他工作了數十年的聖家堂的地下墓室。

聖家堂平面結構為拉丁十字形，由18座尖塔和東西南3個立面組成。每個立面各有4座高達94公尺的尖塔，代表耶穌的12門徒，內圈的4座107公尺高塔，代表四位傳福音者，最高的2座則設於中央區，代表至高無上的聖母瑪麗亞以及

設計靈感來源

蒙瑟瑞特山因聖母修道院坐落於此而被稱為「聖山」，其鬼斧神工的天然地貌，據說為高第帶來不少設計聖家堂時的靈感。他將觀察大自然得到的靈感，結合深厚的宗教知識和美學素養，以嚴謹的科學、力學理論，做出模型測試其可行性，希望創作出一座外觀結合動植物形體、內部有如森林結構般的建築。

如何拍到全景

上午9點之前的光線柔和，是拍誕生立面的最佳時機。若要拍攝誕生立面的全景，可到馬路對面的小公園，站在水池邊的石頭上拍攝。下午5點以後，則是拍復活立面的最佳時機，要拍攝復活立面的全景，同樣需跨過馬路，用24mm以下的廣角貼地拍攝。

耶穌，一旦完工，最高的尖塔將達172公尺，讓聖家堂成為全世界最高的教堂。高第投入43年的歲月，但在意外去世之前，只完成一個立面和一座尖塔。

聖家堂的三個立面，分為基督誕生和成長的「誕生立面」(Fachada del Nacimiento)、耶穌受難和死亡的「受難立面」(Fachada de la Pasión)，以及描寫死亡、審判、地獄、最後榮光的「榮耀立面」(Fachada de la Gloria)，這也將是聖家堂最大、最豪華的立面和正門所在。

聖家堂的工程從19世紀持續推進至21世紀，是全世界唯一一座列入世界文化遺產的未完工建築。旅客每次前往都可以看到有點不一樣，教堂內部的主要結構大致完成，剩下還有細部裝飾與塔樓等，建築師正力拼在高第逝世百年的2026年完工，至於是不是不可能的任務，就請大家拭目以待！

誕生立面Fachada del Nacimient

誕生立面正對著太陽升起的東方，代表生生不息。高第用雕刻述説著耶穌誕生和成長的聖經故事，以及加泰隆尼亞人的信仰，創作出「石頭書寫的聖經」，立面的每一吋都有故事，這也是高第最嘔心瀝血的設計。

誕生立面共有3扇門，由右到左分別代表天主教最重要的精神「信、愛、望」—「信仰之門」 (Pórtico de la Fe)、「基督之愛門」(Pórtico de la Caridad)，以及「希望之門」 (Pórtico de la Esperanza)。中間長著一棵連接天堂與人間的橋樑及門檻的生命之樹，群繞著柏樹的鴿子則象徵著等待著進入天堂的純潔靈魂。

在高第原本的設計中，這個立面要塗上飽滿且搶眼的色彩，中間的基督之愛門應該是耶誕午夜的藍色，左邊的希望之門是象徵埃及尼羅河的綠色，至於右邊的信仰之門則是象徵巴勒斯坦地區(Palestine)的赭石濃黃。可惜的是，在他去世後才完成的誕生立面，最後決定不上顏色。

高第希望以逼真且猶如身旁朋友的雕塑來吸引信眾，所以在設計時，皆是以真實的民眾做為雕像的模特兒，就連出現其中的動物也不例外。除了人像及動植物，文字在聖家堂也占有重要的地位，誕生立面有著聖家族所有人的名字以及榮耀神的話語，每一座高塔的塔身則刻著所代表的使徒名字，並馬賽克拼出「讚美上帝」等字樣等，宣揚福音不遺餘力。

受難立面Fachada de la Pasión

高第説過，若從耶穌死亡的受難立面開始蓋起，人們就會退卻，因此先從誕生立面著手，但在他去世前15年（1911年），其實已繪製好受難立面的草圖，只是來不及在有生之年動工。

史巴奇斯(Joseph Maria Subirachs)接手設計的受難立面，和高第的1911年草圖有約一半以上的相似度，均由六根傾斜的立柱支樓入口的天幕，以倒S的順序來排列群像，運用3層的群像，來述説耶穌殉難前一週的故事，起於左下方最後的晚餐，終結於右上角的安放耶穌於新墓。

要在不世出的天才大師之後，延續其未竟志業，不難想見史巴奇斯得承受多大的壓力及批評，但他從一開始的爭議不斷，到最後得以成功傳達出耶穌受難過程中的悲壯情懷。史巴奇斯發展出一種新的人像雕塑語言，混合外在的形式與抽象的意念，用簡單的線條勾勒出形體，卻能營造出豐富的情緒張力，得以呈現積極與消極、滿溢與空虛等對立元素。

❶猶大出賣耶穌給祭司長，告訴士兵説，待會他親吻誰，誰就是耶穌。猶大的後方牆上刻有一條蛇，代表魔鬼的化身，暗喻猶大受了魔鬼的驅使，作出違背良心的事。耶穌身後方格裡的數字，不論橫、直、斜，加起來都是33，代表耶穌受難時的年齡。

❷受鞭刑的耶穌被綁在一根裂成四塊的圓柱上，斷裂的圓柱代表十字架的四支，也代表古世界的分裂，而通往圓柱的三個石階，暗喻耶穌受難三日以及死後三日復活。

❸史巴奇斯在兩扇青銅大門上，放上福音書裡耶穌殉難的記載，在正在受刑的耶穌雕像兩側展開的「大聖經」，有如圖說般用文字述說著耶穌所受的苦難。

❹耶穌預言聖徒彼得會在雞鳴兩聲前，對外三次不認主。史巴奇斯刻了一隻公雞，再刻了三個詢問彼得是否認識耶穌的使女和僕人，以及低頭滿臉歉容的彼得。

❺落寞不語、頭戴荊棘、手拿蘆葦的耶穌，旁邊坐著的是苦惱的彼拉多，因為不知道該判耶穌什麼罪，又不想觸犯眾怒而發愁。

❻扛著十字架的耶穌，後方是圍觀的群眾和羅馬士兵，中間的女子展示著耶穌的裹頭巾，耶穌面容採凹形的陰刻雕法，暗示此人已不存在。
史巴奇斯為紀念高第的貢獻，特地讓高第化為衛兵左邊的人物，另衛兵的頭盔外形模仿米拉之家的頂樓煙囪，這個用心設計也是在向高第致敬。

❼史巴奇斯顛覆傳統地將十字架水平放置，讓耶穌只有雙手釘在十字架上，身體彷彿懸浮在空中。

❽高第原本的設計是在天幕的上方又有一重天幕，支柱採骨頭外形，意謂著「殉難是需要付出鮮血的事業」，史巴奇斯則採用比較抽象的形式來呈現骨頭。視線再向上移，十字架上方是金色的耶穌正俯視世人。

西側迴廊與博物館

　　受難立面的內部是西側迴廊，現在展示高第為聖家堂設計的椅子和櫃子等，走到底是小巧的聖器室，從這裡可以進入地下室。

　　地下室目前做為博物館和工作室使用，陳列與設計聖家堂相關的照片、草圖、模型，另放置一些高第研究自然界現象和力學的模型，遊客有機會動手操作。想向高第致意的，可以從相隔的玻璃小窗，看見在古典哥德式地窖內的高第基室。

高塔

每一座高塔代表著一位使徒，柱子上刻著他們的雕像和名字，而在高塔的頂端，高第則集結戒指、權杖、主教冠、十字架等意象，代表12使徒的繼任者，也就是大主教的代表物品。

塔頂的圓形體就是主教冠，兩面中空，每面中間有一個十字，周圍鑲著15顆白球，3大12小；主教冠下方是一根往上彎曲的短柱，綴滿金字塔般的錐狀物，象徵主教的權杖；權杖之下的中空圓環，就是主教的戒指。戒指中間的空間及其他留著的小洞，在教堂完工後，都會裝上反射鏡，讓人從遠處就能清楚看見頂端的裝飾。

誕生立面和受難立面各有電梯可登上高塔，塔內不論從上往下或由下往上看都很驚人，可以近距離欣賞塔頂的馬賽克磁磚。兩座立面的高塔之間不相通，購票時需決定要上哪座塔，下塔則會經過令人頭暈的渦旋狀螺旋梯。

側禮拜堂

高第按照原建築師維拉的計畫，完成哥德式的地窖之後，開始設計半圓形的側禮拜堂，以兩座迴旋梯通往地窖。側禮拜堂裡裝飾了許多天使頭像及成串眼淚，是為了提醒世人耶穌所受的苦難。

側禮拜堂的屋外，牆頭刻有青蛙、龍、蜥蜴、蛇和蠑螈等不准進入聖殿的動物，尖頂則飾以麥穗等農作物。側禮拜堂僅對做禮拜的教徒開放，地窖可於彌撒時間進入。

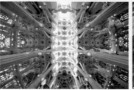

教堂內部

高第希望聖家堂的內部像座森林，柱子就是樹幹，拱頂是樹葉，藉由向四周展開的樹枝撐起整座空間，樹幹的分叉處是置入燈光的橢圓形「樹瘤」，拱頂部份則設計了葉子般的效果。

為了營造出陽光灑落及緩步移動的效果，設計師遵循高第生前指示願，在頂棚開了一個個圓洞，引進巴塞隆納耀眼的陽光，另透過四散的旋轉紋路將陽光折射到室內各處，再加上馬賽克拼貼、金色的葉子，處處閃著光芒。東西兩面的大面積彩繪玻璃，也有引入自然光線的作用，東面的藍綠色調象徵旭日東昇，西面的紅黃色調代表日暮將落，為教堂內部帶來隨著太陽起落的不同色調。

5條通道勾勒出教堂的拉丁十字平面，中央主殿拱頂高達45公尺，足足比側殿高出15公尺。側廊有3條通道，廊柱呈格狀排列，不過，東面的半圓形室維持1882年第一位設計師維拉的規畫，此區的廊柱排列不是格狀，而是採馬蹄狀。

中央十字區立著4根粗大的斑岩支柱，撐起大面積的拱肋，兩翼多達12座的雙曲面結構。高第希望讓站在主要大門的參觀者，能夠一眼看到主殿拱頂、中央的十字區以及半圓形室，因此創造出這種逐漸墊高的拱頂效果。

學校

在受難立面的旁邊，是一棟較為矮小的屋子，這是高第設計的學校。這棟看來樸實的紅磚屋舍，乍看簡簡單單、毫無裝飾，其實應用了許多物理原理。例如像葉子般起伏的屋頂、如波浪般彎曲的壁面，都提供給這棟建築穩固的支撐力。

新展區周邊

MAP ▶ P.127H5

文生之家
Casa Vicens

世界文化
遺產

🚇 地鐵3號線Fontana站，步行約8分鐘　📍Carrer les Carolines 20-26　📞271-1064　🕐4至10月：10:00～20:00；11至3月：週一10:00～15:00、週二至日10:00～19:00。閉館前1小時停止入場　💰全票€20、優待票€18　🌐casavicens.org

掃地圖

　　初見到花花綠綠的文生之家，那種彷彿看見糖果屋般的愉悅心情，讓人打從心底佩服屋主與建築師的大膽與創意！這座瓷磚製造商Manuel Vicens的私人宅邸，正是年輕的高第成為建築師之後，初試啼聲的處女作。

　　這時的高第尚未揚棄直線，正在嘗試走出自己的特色，例如棕櫚葉鑄鐵大門和萬壽菊磁磚，是運用自然元素的開端；令人歎為觀止的窗台欄杆設計，預告了鑄鐵在高第建築中所占的份量；鋪滿馬賽克的摩爾式高塔，則正是各種彩色煙囪的前身。

　　由於屋主是瓷磚製造商，高第在裡裡外外鑲砌了許多磁磚，當時他受到地中海植物的啟發，以鑄鐵、壁畫、陶器、木雕和磁磚拼貼，在房舍內外呈現出非洲萬壽菊、棕櫚樹、爬藤植物等樣貌，並配合在花園栽種同樣植物，搭配精心配置的噴泉造景，為這座夏季別墅帶來清涼感。室內設計洋溢著摩爾風情，尤其是一樓交誼廳的牆壁、天花板，以及半露天吸菸室。

　　文生之家內，目前已無原本的傢俱，主要參觀的是高第的建築細節，二樓則展示文生之家歷年的整修過程及位於此街區的變化。

蘭布拉大道周邊

MAP ▶ P.127E5

奎爾宮
Palau Güell

世界文化
遺產

🚇地鐵3號線Liceu或Drassanes站，步行約7分鐘　🏠Carrer Nou de la Rambla 3-5　📞472-5775　🕐4至9月：週二至日10:00～20:00；10至3月：週二至日10:00～17:30　🚫週一（假日除外）　💰全票€12、優待票€9　📱inici.palauguell.cat　特色：每月第一個週日、2/12、4/23、6/10、9/11、9/24、12/15免費。免費票的數量有限，需於前一週的週一上官網申請

　　奎爾公爵一則不想荒廢家族產業，其次想挽救自己在蘭布拉大道西區的名聲，同時又很欣賞高第的才華，決定聘請高第設計一棟華美絕倫的豪宅，且預算及工期皆未設限，讓高第得以盡情發揮。

　　這棟豪宅足足蓋了6年（1886～1891年），花掉奎爾公爵大部分的財產，但高第卻因這個作品聲名大噪。奎爾宮在1969年被西班牙政府列為國家級史蹟，1984年指定為世界文化遺產。

隱喻深意的鳳凰

　　在兩扇氣派無比的大門之間是一個鍛鐵打造的加泰隆尼亞紋章裝飾，這是高第為同是加泰隆尼亞人的奎爾所設計，不是當時常見的龍或蝙蝠，而是象徵浴火重生的鳳凰，隱喻支持當時19世紀加泰隆尼亞文化的語言復興運動。

　　窄巷之中，很難窺見奎爾宮的全貌，不過，拋物線形的鍛鐵大門、花樣繁複的窗櫺欄杆、以及鳳凰立體徽紋，都展現了有如皇宮般的奢華。兩座大門分別讓運貨及馬車通進，其中，馬車可從大門直達馬廄，並可經蜿蜒的螺旋形斜坡到地下室，這種空間運用手法在當時是一大創舉。

　　內部空間以跨樓層的挑高大廳為中心，周圍安排客廳、餐廳、娛樂室等共用空間。中央大廳有著特殊的環繞設計，讓音樂聲得以迴盪每個角落，是最佳音樂表演場所，天花板、樑柱都有精巧雕刻，就連陽台欄干也別出心裁，有螺旋如繩、或方正如柵等設設，繁複卻不見雜亂是其高明之處。

　　最能彰顯高第風格的是屋頂，15公尺高的尖頂四周是20根彩色煙囪包圍，以馬賽克彩磚拼貼鑲嵌，煙囪頂蓋或是樹木、或是冰淇淋，還有摩爾帽等造型，有如萬花筒般繽紛閃爍。

MAP ▶ P.127F2

巴特婁之家

世界文化遺產

Casa Batlló

🚇地鐵2、3、4號線Passeig de Gràcia站，步行約2分鐘　🏠 Passeig de Gràcia 43　☎216-0306　🕐09:00～20:15　💲全票：Blue€35、Silver€43、Gold Priority€45（含客廳、拍攝復古風照片、免排隊優先通道）；早安票€45（限線上購票），可於08:30前入場參觀，避開人潮。現場購票需加收€4　🌐www.casabatllo.es

掃地圖

　　高第不是這棟建築的建築師，他接手的是改建工程，將房子從裡到外大變身。巴特婁之家的屋主，和奎爾同為紡織業鉅子，他買下這棟1877年的建築之後，看到隔壁這棟1900年落成的阿馬特勒之家(Casa Amatller)裝飾得美輪美奐，於是輸人不輸陣地找來高第替他的「舊宅」改頭換面一番。

　　身為虔誠的教徒，高第對聖喬治屠龍的故事非常著迷，在多件作品裡都可以看見相關的元素。隔壁的阿馬特勒之家偏偏也參雜了聖喬治屠龍的元素，這從其殘留的浮雕可略見一二，高第於是決定以同樣的主題一決高下，形塑出巴特婁之家今日的面貌。

　　惡龍鱗片是上釉的波狀鱗片瓷磚、聖喬治的利刃是插刺在龍脊的十字架、受難者以面具般的窗飾代表、惡龍的腹部則是一樓的骨頭…意象看似殘忍，卻因為以繽紛的彩色瓷磚拼貼，反而營造出童話般的氛圍。

　　屋子內部同樣令人驚奇。樓梯是巨龍的脊椎骨，穿越蘑菇形的壁爐，到一樓的寬敞會客廳，橡木門像有機體般無限往上延伸，連接波浪設計的天花板，大面彩繪玻璃窗框住感恩大道流動的街景，活動式隔間方便空間靈活運用，相當符合現代需求。

　　中央天井是房子最重要的結構，為了讓每個樓層享受均勻的自然光，高第利用五種深淺不同的藍色瓷磚，拼貼出如深海中的天井。光線穿透不平整的玻璃，散射柔美的水波紋，所展現的「海洋」主題，象徵加泰隆尼亞人與海為伍，冒險犯難、追尋自由和樂觀進取的民族精神。

　　閣樓的60道白色拱門，則令人聯想到動物的肋骨。流線造型的柚木家具、樓梯扶手、窗框、書桌、椅子等，不但華麗且符合人體工學，令人對高第的用心感到驚艷。

　　巴特婁之家目前僅開放頂樓、底層、一樓與後院，參觀者可以藉由結合多媒體和AR擴充實境的個人導覽機，從各種角度深入認識這棟建築。建議停留個半天時間，好好仔細欣賞，最好在黃昏前1～2小時前來，可以欣賞到白天與夜晚兩種截然不同的風情，入夜後的建築在溫暖燈光的照射下顯得更加夢幻。

新展區周邊

MAP ▶ P.127F1

米拉之家

世界文化遺產

Casa Milà

🚇 地鐵3號線Diagonal站，步行約3分鐘 🏠Passeig de Gràcia 92 ☎214-2576 ⏰3至10月：09:00～18:30、夜間導覽20:30～23:00；11至2月：09:00～18:30、夜間導覽19:00～21:00 💲全票€25、Premium全票（不需指定參觀日期）€32、夜間導覽全票€35。門票含中文語音導覽 🌐www.lapedrera.com

興建於1906至1912年，佔地1萬1,000平方公尺的米拉之家，不僅是棟建築，也是件大型雕塑！整個結構從裡到外無稜也無角，全無直線的設計創造出無窮的空間流動感，連達利都認可是超現實主義在現實空間的具象，盛讚其為「石化的海洋」。堪稱是高第落實自然主義最成熟的作品。

米拉之家採用乳白原色的石材，且在陽台之外幾乎不見任何裝飾，因此被巴塞隆納人暱稱為採石場（La Pedrera）。這棟白色波浪形建築，外觀

拼貼著看似厚重、其實非常薄的石材板，整體看來宏偉大器，點綴著精雕細琢的鍛鐵陽台，可以看出高第的鐵匠家庭背景，可以將鐵材發揮得淋漓盡致。

改建後的米拉之家命運坎坷，原為紡織業鉅子的豪宅，後來卻淪為賭場，也曾做為補習班和分租公寓。聯合國教科文組織在1984年指定為世界文化遺產之後，1986年由加泰隆尼亞儲蓄銀行文化中心（Centre Calture Caixa Catalunya）買下整修，重現其令人驚艷的往日風采。

米拉之家目前只開放頂樓、高第展覽廳、高第設計的一間公寓，和做為藝術展覽廳的2樓，管理單位已設定好參觀路線，只要照著箭頭前進，肯定不會迷路！

屋頂天台

屋頂上十幾個造型前衛的「外星悍客」令人莞爾，這些的作用是排煙管或水塔，在高第的巧手美化下，成為一處遊憩場地。除了可欣賞巴塞隆納的市景、眺望聖家堂，夜晚還有相當特別的燈光秀演出。

眾人都嫌棄的設計！

佩雷‧米拉(Pere Milà)是巴特婁的好友，因欣賞巴特婁之家的設計，聘請高第為自己建造新宅，做為住家及分租公寓，但成品完工落成後，並不受當地居民青睞，甚至稱其為「地表最醜陋的房子」。在眾人一致嫌醜的情況下，耗費鉅資的米拉也大為不滿，一位入住房客抱怨這些沒一處方正的房間，根本無法放置她的鋼琴，不過，高第仍然堅持他的設計理念，成就了今日的傑作！

天井

高第為米拉之家設計了兩座天井，讓每一戶都能雙面採光。天井立面和通往二樓的階梯造型有如一隻正要展翅飛翔的蝴蝶，搭配綠色植物、淡彩花卉和有機體形狀的鍛鐵，宛如一座都市中的森林。

閣樓

這是米拉之家最具特色的空間，372道紅磚砌成的鏈狀拱門，有如舊約聖經裡描述的鯨魚身體，當時規畫是做為住戶共用的洗衣和曬衣間，現在是高第建築作品的展示廳，以縮小的建築物模型、多媒體等方式，解析高第運用的力學原理和設計元素。

分租公寓

為了讓米拉之家內部更寬敞，高第想盡方法節省空間和運用結構學，讓內部的任何一面牆都可以拆除，每層樓可以互相串連，走道空間更節省，即便在今日，都算得上大膽且前衛的設計。在開放參觀的5樓，可以清楚看見室內佈局、高第擅長的裝飾元素、以及20世紀初資產階級家庭的生活。

新展區周邊

MAP ▶ P.126B6

奎爾公園
Park Güell

世界文化
遺產

🚇 地鐵3號線Lesseps站或Vallcarca站，步行約20分鐘；或搭地鐵4號線至Alfons X站，轉搭接駁車Bus Güell，車程約15分鐘，車費包在入園門票裡。 🏠 Carrer D'Olot s/n ☎ 902-200302 🕐 管制區：11至1月09:30～18:30，2至3月09:30～19:00，4至6月和9至10月09:30～20:30，7至8月09:00～20:30；博物館：10至3月10:00～18:00，4至9月09:30～20:00；紀念公園：05:00～凌晨 💲 公園全票€10、優待票€7；博物館€5.5 🌐 公園：parkguell.barcelona/en；博物館：www.casamuseugaudi.org ❗ 管制區域每時段的入場人數有上限，購票後請於指定時間的30分鐘內進場，進場後無參觀時間限制。旺季人潮眾多，建議先於網站或遊客中心購票。

掃地圖

奎爾公園建於1900～1914年，原本設計成擁有60戶別墅的英式花園，因此名字採用的是英文的「Park」，而非西班牙文的「Parc」，最後卻因為案子失敗而變更成公園。

高第運用高低起伏的地形，搭配蘑菇、糖果屋和七彩大蜥蜴等童話趣味，創造出他最多采多姿的作品之一，雖然最後未能真正落成，仍廣受遊客歡迎。

公園分為需購票進入的管制區，及佔地廣闊的外圍紀念公園，高第的創作主要集中在管制區，最受歡迎的是中央階梯上那隻彩陶拼貼的大蜥蜴，這也是奎爾公園的代表象徵，想和這個大明星拍照得乖乖排隊。

警衛室The Porter's Lodge

　　兩座糖果屋般的建築分立入口兩側，飾以波浪形陶瓷片的拱形屋頂、細高的螺旋塔樓、十字架標誌，邀請旅客走入高第的童話世界。正如其名，這裡原本是警衛工作和住宿的地方，現在一是紀念品店，另一則是巴塞隆納歷史博物館，持城市歷史博物館（P.XX）門票可入內參觀，內以多媒體方式展示高第在巴塞隆納的作品。

希臘劇場The Greek Theatre(Nature Square)

　　希臘劇場又稱「自然廣場」，84根圓柱支撐起這座大平台，下方柱廊的回音效果極佳，是街頭藝人的最愛，上方平台則是劇場兼廣場，由高第和另一位建築師Josep Maria Jujol共同規畫。

　　蜿蜒似長蛇般的女兒牆，營造出極佳的視覺效果，一長排鑲嵌著彩色陶瓷的石椅，彎曲的設計成為可容納三五人聊天的獨立座位，頗具巧思，就連歌手張惠妹都曾遠赴此地為MV取景。

拱廊Portico

　　園內有3座特殊的拱廊，跟聖家堂一樣，靈感來源都是蒙瑟瑞特山，以當地石塊層疊堆砌而成，奇異的原始感交織著厚重的體積感，除了外側廊柱之外不見任何支撐，更見大師的大膽與巧思。

高第之家博物館Casa-Museu Gaudí

　　高第為自己在公園裡設計了一棟房子，1906年短暫入住，現為高第之家博物館，展示高第私人生活的那一面，包含臥室、宗教信仰工具、使用過的傢俱和私人物件，還有高第設計的傢具。博物館位於紀念公園區，需要另外購票參觀。

新展區周邊

MAP ▶ P.127F3

卡佛之家
Casa Calvet

🚇地鐵1、4號線Urquinaona站,步行約8分鐘 🏠Carrer de Casp 48 ☎412-4012

掃地圖

高第有生之年唯一獲得的建築獎項,就是1900年以卡佛之家拿到巴塞隆納市議會的「最佳巴塞隆納建築獎」,這是高第的早期作品,咸認是他最保守的建築。

卡佛之家是紡織實業家卡佛(D. Pedro Martir Calvet)的居所及辦公室,高第在地面樓層規畫了倉庫與一間辦公室。原本預計1898年開工,然而高第設計的5樓建築超過當時的建築高度規定,所以遲遲拿不到動工許可,直至1899年,市政府看在卡佛先生對於巴塞隆納的巨大貢獻上才批准了建案。

由於卡佛先生另一個身分是研究真菌的學者,高第將把這項元素融入建築之中,在大門上方的凸形立窗周圍,設有許多真菌形狀的石雕,另把卡佛先生家鄉的守護神Vilasar de Mar刻在外牆上,十足地量身訂製。

卡佛之家的山牆由兩個拱形組成,貼心的高第還掛上兩個美麗的鑄鐵滑輪,方便住戶運送大型傢俱和貨物上樓。很可惜地,卡佛之家屬於私人產業,內部不開放參觀。

其他區域

MAP ▶ P.126A5

聖德蕾沙學院
Col·legi de les Teresianes

🚆FGC鐵路列車Les Tres Torres站,步行約5分鐘 🏠 Carrer de Ganduxer 85-103 ☎212-3354 🌐ganduxer. escolateresiana.com ⛔內部不對外開放

掃地圖

高第在1889年接手這間私立天主教女子學校,在這棟建築上,可以看到高第不但接受已完工的地基和一樓,在有限的預算,禁慾不張揚的校規等框架下,還能保有自己獨特與富於想像力的風格。

高第運用許多拱形結構來取代樑柱,而外牆及屋頂的細瘦尖拱,相當符合教會的保守作風,是極為聰明的設計。女校和奎爾別墅一樣以紅磚為主要建材,運用磚材的排列變化來裝飾,散發著濃濃的摩爾建築風味,但仍能從建築外側一角的耶穌縮寫「JHS」及繁複的鑄鐵門扉,辨識出高第的設計特徵。

其他區域

MAP ▶ P.126A3

米拉勒之門
Portal i Tanca Finca Miralles

🚇地鐵3號線Maria Cristina站，步行約13分鐘　🏠Passeig Manuel Girona 55　💲免費

掃地圖

　　米拉勒這個社區是奎爾的好朋友Hermenegild Miralles Anglès所有，他邀請高第設計社區的圍牆和大門，高第於是設計了36段的圍牆，如今只保留下通道入口和附近的圍牆

　　如波浪起伏的灰泥圍牆，牆身拼貼著白色馬賽克，沿著牆頂是架高鐵欄杆，有如鎖鍊的鐵柱之間張著鐵網，欄杆還頂著一排排尖刺。

　　入口通道上方架有遮陽棚，原先的遮陽棚是在金屬骨架上，填以如龜殼形狀的瓷磚，現已換成複製品，在頂端的則是罕見的鏤空聖十字。通道在2000年時進行整修工程時，同步放上真人大小的高第雕像和簽名，以紀念這位建築師。

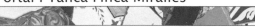

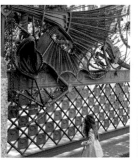

其他區域

MAP ▶ P.126A4

奎爾別墅
Pavellons de Finca Güell

🚇地鐵3號線Palau Reial站，步行約15分鐘；或搭T1、T2、T3電車至Pius XII站　🏠Av. Pedralbes 7　☎256-2504　🕐週六、日10:15和12:15各一場英語導覽，需事先電話預約　💲全票€5、優待票€2.5　❗門房關閉整修中

掃地圖

　　奎爾公爵1883年委託高第為其別墅設計馬廄及門房，高第為配合別墅的樣貌，設計出數棟風格不一的建築，紅磚是高第當時最常用的主要建材，他採用多道拱肋支撐，讓偌大的馬廄不需架設大根樑柱。奎爾別墅現為加泰隆尼亞建築學院的高第協會所在，平日不對外開放，週末有專人導覽行程。

　　以鍛鐵製成的龍之門是奎爾別墅的參觀重點，高第以1877年J. Verdaguer寫的長篇史詩Atlàntida為創作靈感，龍張大口彷彿就要衝出的模樣讓人驚嘆，這座龍之門還隱藏了一個機關，當門打開時，門上鐵鍊會拉動龍爪往上伸出，讓龍更活靈活現！

　　門房及圍牆是用瓷磚、陶瓷和紅磚堆疊砌成，色彩鮮艷的馬賽克則點綴其中。大門右上方，是高第的標誌「G」，這就像他的署名，柱頂的橘子樹則是根據希臘神話「海絲佩拉蒂的果園」來設計，值得細細欣賞。

其他區域
MAP ▶ P.126A6

貝列斯夸爾德
Torre Bellesguard

🚉 在加泰隆尼亞廣場搭FGC鐵路列車至Av. Tibidabo，轉搭巴士123或196號至Bellesguard站。 🏠Carrer de Bellesguard 16-20 ☎250-4093 🕐週二至日10:00～15:00 ㊑週一 💲全票€9、優待票€7.2。門票含語音導覽 🌐bellesguardgaudi.com

「貝列斯夸爾德」一名的意思是「美麗的景色」，在這塊土地上，曾建有加泰隆尼亞末代國王的夏宮，Doña María Sagués女士後來取得產權，但已經不見任何昔日的建築。Doña María Sagués相當仰慕高第的才華，於是委請高第幫忙設計這棟別墅。

別墅建材多取自當地的石材和磚塊，外表是柔和的土黃色，讓人隱然回想起曾存在此處的中世紀行宮，並和周圍環境相呼應。高第也因為從中世紀城堡來發想，因此這裡可以看到其作品少見的直線跟稜角，他同時設計了多扇併排的哥德式瘦長窗戶，讓建物看起來更高，還能提供內部充足的採光。

此外，高第每棟建築頂端出現的聖十字，這次放在塔樓頂端，十字鑲嵌著馬賽克，在陽光照射下閃閃發光。高第將石材切割成各種大小尺寸，運用排列組合，堆砌出多種樣貌窗櫺和陽台，讓每一處都有獨特的表情。

萊昂
MAP ▶ P.252B1

波提內之家
Casa Botines

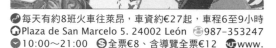

🚉 每天有約8班火車往萊昂，車資約€27起，車程6至9小時 🏠Plaza de San Marcelo 5. 24002 León ☎987-353247 🕐10:00～21:00 💲全票€8、含導覽全票€12 🌐www.casabotines.es

高第迷別錯過這座位於Plaza de San Marcelo的波提內之家，這可是大師少數幾件在加泰隆尼亞區之外的作品。在奎爾公爵的牽線之下，高第接受從事紡織品買賣的Fernandez 和Mariano Andres邀約，為他們擁有的波提內公司設計這棟內設倉庫的住宅。

此棟建築曾改成銀行辦公室，內部裝潢也重新翻修過，現在則是高第博物館和藝廊。四層高的建築包括地下室、四個樓層和一個閣樓，並在每個角落皆設有塔樓，為了改進照明和地下室的通風，四周挖有壕溝，這技術也用於聖家堂和阿斯托佳(Astorga)主教宮。

這棟新哥德式的作品，在快完成之際，曾遭到市民的噓聲，甚至預言遲早會倒塌，然而在1892年啟用後至今日，在上百年的歲月裡仍然堅固如新，簡潔卻不失莊重的風采依舊，顯現大師的遠見與不凡。

巴塞隆納近郊

MAP ▶ P.126A3

奎爾紡織村

世界文化遺產

Colonia Güell

🚆在Pl. Espanya火車站，搭S3、S4、S8、S9線FGC鐵路列車至Colonia Güell站，車程約20分鐘，沿藍色腳印的路標步行，路程約15分鐘。 🏠Colonia Güell S.A, 08690 Santa Coloma de Cervelló, Barcelona ☎630-5807 ⌚10:00～15:00 🈺1/1、1/6、12/25、12/26 💰教堂全票€8.5、教堂+語音導覽€9.5 🌐www.gaudicoloniaguell.org

掃地圖

除了私人住宅，最忠實的高第粉絲奎爾也請高第為其經營的紡織廠和織工宿舍規畫一座小城鎮，包括紡織工廠、小教堂及住宿區，住宅區則有宿舍、劇院、學校、商店與花園，這是西班牙村鎮計畫保留最完整的古蹟之一。

整座城鎮工程開始於1890年，但高第親自完成的部分只有小教堂的地窖，其餘則由高第的兩位徒弟F. Berenguer和J. Rubió i Bellver負責，整座村鎮整齊畫一的建築風格，令人印象深刻。

這座地窖的規模雖小，卻是最常被研究與景仰的高第作品之一，因為高第就是在這裡開始進行多項力學實驗，像用吊砂袋的線繩來計算每一座肋拱的承重量，並運用鏡子的反射原理，安排柱子的位置、傾斜度等，奠定後來聖家堂的技術基礎。

奎爾村小教堂最主要的支柱只有4根，就在禮拜堂內，其餘則搭配不規則的磚拱加以協助。禮拜堂外是一個小迴廊，同樣以不規則的仿樹狀磚石柱、肋拱，支撐不規則的天花板。

這些有如樹枝般的支柱，配上小小的馬賽克花紋，及禮拜堂內粗獷的玫瑰花窗，營造出一種自然原生的氛圍，不同於其他歐洲教堂的人造聖潔感。禮拜堂內以木頭和鑄鐵打造的椅子，同樣出自高第的設計

沿著禮拜堂右側的樓梯，往上至地窖禮拜堂的屋頂，這裡原本應該是教堂的地面建築開始之處，然而至今仍是一片平地，地面上的圓點和線

條，標示出當初設想的梁柱所在地及支撐點。

除了小教堂之外，住宅區的民宅以紅磚、石頭為建材，有著繁複的紅磚排列與堆砌法，讓人不得不佩服高第等人對磚石、幾何學的高超運用，許多磚石堆砌法甚至和中國的閩式建築有著異曲同工之妙！

MAP ▶ P.127E4

蘭布拉大道
La Rambla
繁華行人徒步街

🚇地鐵1或3號線Catalunya、Liceu、Drassanes等站

「蘭布拉」一名是阿拉伯語裡的「沙」，這裡曾是雨季時的河川流 經之處，乾季時的乾涸河床被當成往來交通的道路，到了14世紀，填上了碎石，鋪成了路面，正式成為往來舊城和港口之間的通道，現在是巴塞隆納最熱鬧的商業街，連接加泰隆尼亞廣場和哥倫布紀念柱。

今日梧桐樹林立的徒步大道，是19世紀時改建的結果，大道靠近加泰隆尼亞廣場的地區主

要是花鳥市集，往港口方向則可見紀念品攤位，週日時還有露天藝術市集。

MAP ▶ P.127E3

加泰隆尼亞廣場
Plaça de Catalunya
巴塞隆納的心臟

🚇地鐵1或3號線Catalunya站

位於新、舊兩城中央的加泰隆尼亞廣場，是巴塞隆納的蛋黃區，匯聚著巴士、地鐵、遊客中心、百貨公司與商店，是當地最重要的地標之一。這裡也是巴塞隆納遊行、聚會的主要場所，更是跨年活動的重要地點。

北接感恩大道、南鄰蘭布拉大道，這座大廣場今日的規模奠定於1920年代，四周圍繞著雕像、噴泉與拱門，其中，值得注意的是蘭布拉大道頂端轉角的Francesc Macià紀念碑，該碑建於1933年，是獻給下方青銅塑像的主角－左派共和黨領袖及巴塞隆納議員代表。

MAP ▶ P.127E4

河渠口廣場
Plaça de la Boqueria
特色建築比肩而立

🚇地鐵3號線Liceu站

河渠口廣場位於蘭布拉大道的中心區，中央是米羅設計的馬賽克人行磚，增添了活潑的氣氛；旁邊是一棟外觀裝飾著日本浮世繪般彩繪圖案、雨傘和摺扇的建築，昔日是家雨傘店，同樣出自米羅的設計。

隔著廣場對望的利休劇院(Gran Teatre del Liceu)，創立於19世紀中葉，後因火災和炸彈攻擊受損，1994至1999年整修後，成為擁有最新設備的劇場，另一特別之處是由於並非由皇室出資興建，因此劇院內未設有皇室包廂。

蘭布拉大道周邊

MAP ▶ P.127E4

聖荷西市場
Mercat de Sant Josepde la Boqueria
地方美食琳瑯滿目

🚇地鐵3號線Liceu站,步行約3分鐘　🏠La Rambla 91　☎318-2017　🕐週一至六08:00~20:30　🈲週日　🌐www.boqueria.info

掃地圖

　　這處巴塞隆納最著名的市集,當地人多叫它「La Boqueria」,坐落於蘭布拉大道旁,歷史可追溯至西元1217年在舊城門旁的肉攤市集,1470年發展成豬肉市場,後來政府決定在蘭布拉大道上興建一座容納魚販和肉販的獨立市場,建築師Mas Vilà於是在1840年完成今日建築的雛型,之後歷經多次改建,現在的金屬屋頂是在1914年落成。

　　聖荷西市場是遊客和當地人的廚房,水果、蔬菜、火腿、麵包、家常Pasta等一應俱全,口味道地且價格便宜,市場內還有好幾家小酒館,可以用便宜的價格品嘗到道地的Tapas。

　　市場的營業時間雖然很長,最熱鬧的時段還是集中在上午,建議盡量於午餐時間前到訪,不僅出來擺攤的比較多,販售的商品也較新鮮,逛完還能順道在市場裡吃頓道地的午餐,完整體會巴塞隆納大廚房的各種風情!

蘭布拉大道周邊

MAP ▶ P.127E5

皇家廣場
Plaça Reial
高第設計的街燈

🚇地鐵3號線Liceu站,步行約3分鐘

掃地圖

　　這座遍植棕櫚樹的廣場,位於蘭布拉大道旁的小巷弄內,中央有座頗具伊斯蘭風情的小噴泉,廣場四周是馬蹄形拱廊。一到夜晚,拱廊下的餐廳和酒館高朋滿座,街頭藝人表演雜耍、音樂或歌唱,洋溢歡樂氣氛。

　　這座廣場因為兩盞街燈而小有名氣,這可是高第年輕時接受巴塞隆納市政府的委託,所設

計的第一件公共藝術品。此外,電影《香水》中,男主角在街上被香味吸引的畫面,也在此取景,而香味來源的場景則為廣場旁的百年藥草店Herboristeria del Rei,店裡裝潢保持著近200年前的樣貌。

©Flickr Francis Lenn

聖喬治節 La Diada de Sant Jordi

加泰隆尼亞在每年4月23日慶祝聖喬治節，以前男人會在這天送玫瑰花給心愛的女人，女人則回贈一本書，因此賣花和賣書的小攤在當天會擠滿蘭布拉大道，也有很多作者會就地開辦簽書會。

4月23日也是西國作家塞萬提斯與英國作家莎士比亞的忌日，送書的傳統當年會流行起來，就是書商為紀念這兩大文豪而大力鼓吹，讓這項傳統廣為人知，聯合國教科文組織1995年遂把這天訂為「世界讀書日」。

蘭布拉大道周邊

MAP ▶ P.127E5

哥倫布紀念柱

Mirador de Colom

航海家發現新大陸

🚇 地鐵3號線Drassanes站，步行約2分鐘 🏠 Plaça Portal de la Pau s/n
☎ 285-3832 🕐 8:30～14:30（最後入場13:30）💲 全票€6、優待票€4
🌐 www.barcelonaturisme.com

掃地圖

高達60公尺的哥倫布紀念柱，於1882年奠基，歷經6年工程，於1888年落成，成為巴塞隆納萬國博覽會的重要地標，紀念美洲與加泰隆尼亞之間的貿易。紀念柱的所在位置，是哥倫布第一次從美洲歸來時的上岸處。

紀念碑下半部的青銅淺浮雕，記述哥倫布這趟旅行的重要紀事，上方兩層分別是西班牙四大地區的擬人雕像及與哥倫布相關的人物。高7.2公尺的哥倫布雕像站在柱子上，右手指著美洲大陸的方向，左手拿著來自美洲的煙斗。柱頂內設一座觀景台，遊客可以搭電梯登頂，俯瞰巴塞隆納。

蘭布拉大道周邊

MAP ▶ P.127E6

貝爾港

Port Vell

海濱廣闊休閒天地

🚇 地鐵3號線Drassanes站，步行約3分鐘 🏠 Port Vell

掃地圖

貝爾港緊鄰哥倫布紀念柱，這座舊港口原本逐漸沒落，1992年時因舉辦奧運，重獲新生，閒置多時的倉庫、鐵路和工廠，搖身一變成為每年吸引成千上萬名遊客的複合式休閒場所。

橫跨過波浪狀木橋，趣味雕塑和造型椅在水面漂浮，搭配汽艇碼頭(Golondrinas)整齊排列的上千艘帆船與汽艇，形成獨特的港口風情。碼頭邊有一座結合商店、餐廳及舞廳的購物中心Maremàgnum，後方還有IMAX電影院，及全歐最大的水族館，光在這裡就能消磨一整天的時間。

聖摩尼卡美術館

Arts Santa Mònica

修道院變身藝術先鋒

📍 地鐵3號線Drassanes站 🏠 La Rambla 7 📞 567-1110 ⏰ 週二至日、假日11:00〜20:30 休 週一，及1/1、1/6、4/15（復活節前一個星期五）、5/1、12/25〜26 💲免費 ⓜ
www.artssantamonica.cat

創立於1988年，前身為17世紀的修道院，一度被當成稻草倉庫、憲兵營和軍事指揮中心，1984年接受建築師Helio Piñon和Albert Viaplana的改造，成為蘭布拉大道上既古老又現代的象徵。

聖摩尼卡美術館在2003年擴建，昔日的修道院圓拱，成為今日建築地上第二層樓，擁有極佳的視野，可以盡攬蘭布拉大道上的風光；連接室內與戶外的迴廊，則架構出極具特色的展覽空間。展覽以加泰隆尼亞的多媒體文化為主，涵蓋建築、表演藝術、視覺藝術等。

掃地圖

加泰隆尼亞的便便人偶

很多外國遊客都知道，巴塞隆納耶誕市集的亮點不是耶誕樹等飾品，而是紅帽白衣、半蹲脫褲、正要大便的農夫人偶，稱為Caganers。18世紀的加泰隆尼亞人認為，排泄物讓土地更肥沃，因此在農業社會裡，大便此舉象徵著豐收，於是在布置耶穌誕生的馬廄場景中，自行加入便便人偶。

某一家製作人偶的廠商近來更突發奇想，把便便的農夫換成政治人物、明星、足球隊員或卡通主角，於是瑪丹娜、自由女神、川普、美國隊長、凱蒂貓等無一倖免，全遭廠商惡搞，大家一起排排站脫褲子。

Tió de Nadal 是另一個與便便有關的耶誕人偶，外形是長腳的木頭。加泰隆尼亞地區的小孩以前會從柴火裡選一段頭，從聖母純潔受孕日（12月8日）開始，每天「供養」麵包或餅乾，直到耶誕夜，一家人圍著Tió de Nadal，邊唱歌邊用木棍敲打，逼迫Tió de Nadal 排出禮物，其實就是父母預先藏好的糖果餅乾。

新廣場

Plaça Nova

巴塞隆納的城市緣起

📍 地鐵4號線Jaume I站，步行約6分鐘

地處蘭布拉大道東側的哥德區，新廣場舊稱Barcino，自古即是歷史和政治的中心，咸認為是城市發展的啟始點。廣場的存在，最早可追溯至西元4世紀，四周曾環繞著城牆，如今僅保留下防禦城門的兩座半圓形塔樓及一條橫向通道。

掃地圖

今日的新廣場，林立著咖啡館、飯店和餐廳，每週四舉辦骨董市集，並是巴塞隆納傳統節慶的舉辦場所，上演著加泰隆尼亞的傳統舞蹈Sardanas，12月則舉辦傳承200年的耶誕市集。廣場旁的加泰隆尼亞裝飾藝術中心（Col·legi d'Arquitectes de Catalunya），外牆醒目的壁畫取自畢卡索的創作，展現畫家心目中的巴塞隆納。

哥德區周邊

MAP ▶ P.126C1

大教堂

Catedralde Barcelona

舊城的跨世紀地標

🚇地鐵4號線Jaume I站，步行約4分鐘　📍Plaça de la Seu
📞342-8262　🕐週一至週五09:30～18:30；週六與假日前
夕09:30～17:15；週日和假日14:00～17:00，上午限定禮拜
信眾進入　💲遊客捐獻票€9（包含參觀大教堂、迴廊、唱詩班
席和屋頂電梯）　🌐www.catedralbcn.org　❗女性不得穿短
褲、短裙、背心，男性不能穿膝蓋以上的短褲及背心

掃地圖

當地人暱稱巴塞隆納大教堂為
「La Seu」，是取自巴塞隆納的守
護聖人聖尤拉莉亞(Saint Eulalia)。
古羅馬人於西元4世紀中葉在此設立大教堂，但
早在西元985年遭受入侵的摩爾人摧毀，1298
年時漢姆二世(Jaume II)下令，重新為大教堂奠
定基石。

興建途中，由於歷經戰爭和黑死病，大教堂的
工程進度嚴重落後，直至1460年才完成主體建
築，而高達70公尺的中央尖塔，要到450年後的
1913年，才出現在眾人面前，這也是這座哥德
式大教堂最後的工程。

教堂內部有一座主殿和28間側禮拜堂，最早的
古羅馬結構多數拆除，僅保留主祭壇下方的地下
聖堂—聖尤拉莉亞禮拜堂，裡頭供奉著這位聖人
的石棺。

除了彩繪玻璃和唱詩班席，沿著教堂東北側的
電梯，可以通往教堂的屋頂，俯瞰哥德區的建築
錯落景致。教堂一旁的迴廊，有著綠意盎然的庭
園，中庭的噴泉旁飼養著13隻天鵝，13代表聖
尤拉莉亞受難時的年紀。

從側門離開大教堂之後，別忘了回頭看那座跨
越巷子的主教橋(El Pont del Bisbe)，這是哥德
區最具代表性的經典之作。

主教橋的詛咒傳説

連接著自治區首長官
邸Cases dels Canonges
和加泰隆尼亞政府宮邸
Palau de la Generalitat
de Catalunya，主教橋
是由高第的助手、也是
知名建築師Joan Rubió y
Bellver所設計。

他原本希望能接手哥德
區的大型重建案，但提
案被駁回，最後唯一完
成的項目只有這座橋，傳説他因此在橋中央位置
下放了一個骷髏頭，骷髏頭一邊戴著皇冠、一邊
被匕首貫穿。經過橋底時，若抬頭直視骷髏頭，
就會遭受厄運，更有人説若移除骷髏頭上的匕
首，巴塞隆納將會消失，解除詛咒的方式是到副
主教府邸，摸摸門口信箱上的烏龜！

哥德區周邊

MAP ▶ P.126D2

國王廣場
Plaça del Rei
輝煌時期皇宮所在

🚇 地鐵4號線Jaume I站，步行約3分鐘

國王廣場三面環繞著哥德式建築，這裡曾是巴塞隆納的權力中心。廣場正中央是昔日巴塞隆納公爵的府邸，14至15世紀轉做阿拉崗國王的皇宮使用。皇宮前有一道半圓弧形的階梯，通往宮內的堤內爾大廳(Saló del Tinell)，1492年滿載而歸的哥倫布就是在這裡向天主教雙王費南度國王和伊莎貝爾女王獻上他的「戰利品」－奇珍異獸和6位南美洲的原住民，現為歷史博物館的出口。

面對皇宮，左側是總督府(Palau del Llotinent)，興建於16世紀，1853年改建為阿拉崗王國的檔案館，收藏西元9至18世紀的西班牙史料。總督府一樓的中庭開放參觀，沿著樓梯往上爬，可以抬頭欣賞穆德哈爾式的木雕天花板。

皇宮右側是興建於14世紀的聖亞佳塔皇室禮拜堂(Capilla Real de Santa Ágata)，緊鄰的是一座高達18公尺的防禦塔，為古羅馬城Barcino於4世紀所興建的城牆一部分，和新廣場上的城門屬於同一個建築體。聳立於防禦塔前方，是11～12世紀巴塞隆納公爵Ramon Berenguer El Gran的騎馬雕像。

哥德區周邊

MAP ▶ P.126D2

城市歷史博物館
Museu d'Història de la Ciutat
地下世界回到古羅馬時代

🚇 地鐵4號線Jaume I站，步行約3分鐘　⬆Plaça del Rei s/n 📞256-2100 🕙週二至六10:00～19:00，週日與假日10:00～20:00 休週一、1/1、5/1、6/24、12/25 💲全票€5 🌐www.museuhistoria.bcn.cat

❗每月第一個週日全天、其它週日15:00後，可免費參觀

想要一探古羅馬城Barcino樣貌，絕對不能錯過這裡，隱藏於國王廣場及大教堂的下方，時間跨度從西元前1世紀至西元6世紀，帶領參觀者回到過去親炙歷史！

搭電梯往地下隧道，廣達4,000平方公尺的地下世界裡，有著古羅馬城牆、染坊、大眾澡堂、葡萄酒窖、建築遺跡…搭配模型、馬賽克鑲嵌和出土文物，遊客得以勾勒出千年前的生活面貌。此外，還可以參觀一旁的堤內爾大廳和聖亞佳塔皇室禮拜堂，及俯瞰哥德區街景的瞭望塔。

國王廣場是城市歷史博物館其中一個據點，博物館共有MUHBA等15處歷史遺跡，一張門票就能通行各處。

哥德區周邊

MAP ▶ P.126C1

副主教府邸
Casa de l'Ardiaca

龜速官僚自古皆然

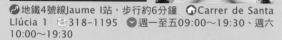

🚇 地鐵4號線Jaume I站，步行約6分鐘　🏠Carrer de Santa Llúcia 1　☎318-1195　🕐週一至五09:00～19:30、週六10:00～19:30

新廣場另一側的副主教府邸，從12世紀開始就是教會負責人的住所，歷經多次翻修，融合哥德式、文藝復興式等各個時期的風格，用途也一再變更，現在為巴塞隆納歷史檔案館。

最值得一提的是門口的信箱，1895年，這裡是律師協會Col·legi d'Advocats，協會委託建築師Lluís Domènech i Montaner設計這個有著烏龜與燕子圖案的信箱，3隻燕子象徵司法自由，烏龜則代表官僚政治的程序。

掃地圖

哥德區周邊

MAP ▶ P.127F5

海上聖母教堂
Basílica de Santa María del Mar

加泰隆尼亞的媽祖廟

🚇 地鐵4號線Jaume I站，步行約5分鐘　🏠Plaçade Santa María 1　☎310-2390　🕐週一至日10:00～20:30；付費參觀：週一至六10:00～18:00，週日13:30～17:00　💰價錢：教堂＋博物館＋地下室全票€5；教堂＋博物館＋地下室＋塔樓＋屋頂全票€10　🌐www.santamariadelmarbarcelona.org

掃地圖

歷經55年建造工程的海上聖母教堂，始建於14世紀，當時是巴塞隆納海上貿易最繁盛的年代，國王漢姆二世下令在海洋與大陸的交界處興建教堂，日後每位水手或遊人出航前多會到此處向聖母祈求平安。

完完全全採用加泰隆尼亞哥德式風格興建，海上聖母教堂有非常高大的主殿，陽光透過彩繪玻璃窗灑進室內，主殿明亮寬敞，裝飾卻是異常簡樸，只有一根根八角形的柱子撐起高聳的肋拱。在教堂的大門上，雕刻著興建教堂的運石工，模樣相當可愛。

哥德區周邊

MAP ▶ P.126D2

奧古斯都神廟
Temple d'August

西元前的市民廣場

🚇 地鐵4號線Jaume I站，步行約5分鐘　🏠Carrer del Paradís 10　☎256-2122　🕐週一10:00～14:00、週二至六10:00～19:00、週日10:00～20:00　🚫1/1、5/1、6/24、12/25　💰免費　🌐museuhistoria.bcn.cat

大教堂後方巷子裡，一棟哥德式建築，在其低矮的拱門裡，竟藏著一座高大的羅馬神廟遺址！奧古斯都神廟原是本土信仰的宗教中心，做為Barcino古城的市民廣場，長達4個世紀，後來逐漸失去功能，並歷經多次改建。儘管如今只見3根科林斯式石柱，從石柱的大小，可想像這座神廟在西元前1世紀時的規模何其龐大。

神殿四方的建築建於中古世紀，由於現今的建築師和業主決定保留原貌，不加以破壞，遂形成今日這獨特的面貌。20世紀下半葉時，一度有是否需將神廟遷往公共空間的爭議，不過，最後神廟還是留在原地。

掃地圖

哥德區周邊

MAP ▶ P.127F5

畢卡索美術館

Museu Picasso

西班牙最豐富的畢卡索收藏

🚇地鐵4號線Jaume I站，步行約5分鐘　🏠Calle Montcada 15-23　☎256-3030　🕐週二至日、假日10:00～19:00　休週一、1/1、5/1、6/24、12/25；1/5提早至17:00休館；12/24和12/31提早到14:00休館　💲常設展全票€12、優待票€7；常設展＋特展全票€12、優待票€7　🌐www.museupicasso.bcn.es　❗每月第一個週日、每週四16:00～19:00、2/12、2/13、5/18和9/24免費。展覽禁止拍照

掃地圖

　　這位啟蒙現代藝術的大師，在巴塞隆納度過他的「藍色時期」，儘管出生於馬拉加，畢卡索(Pablo Picasso，1881～1973)一直以加泰隆尼亞人自居，即使後來去了巴黎，仍和這座城市保持著密切的關係。

　　美術館由五座建於13至15世紀的宮殿組成，館藏以畢卡索早期創作為主，依時間順序展示，包括《初領聖體》(La Primera Comunío)、《科學與慈愛》(Ciència i Caritat)、《侍女》(Las Meninas)、《母親肖像》和《父親肖像》(Retrat de la Mare de l'Artista y El Padre del Artista)等。

　　在4,000多幅館藏作品中，可以看到這位畫家如何從青澀邁向成熟、最後走出自己風格的畫風

轉變，並得以透過素描、版畫、陶藝品、油畫等作品型態，看到畢卡索早年在巴塞隆納和後期在巴黎時期的創作，及晚年師法委拉斯蓋茲等大師名畫的解構畫作，一次見識到他悠游現代藝術各流派的驚人才華。

《初領聖體》
La Primera Comuníon
1896年

　　畢卡索15歲的作品，也是他在藝術界正式出道的處女作。畫中的女孩是畢卡索的妹妹Lola，「領聖禮」是天主教的重要儀式，代表孩子正式被教會接受，與成年禮有異曲同工的寓意。畫中呈現複雜的細節，如白紗和桌布的紋路，可以看出少年畢卡索的畫功已和經驗豐富的藝術家不分高下。

《侍女》Las Meninas
1957年

　　畢卡索非常敬仰委拉斯奎茲，決定用立體派畫風重新詮釋《仕女圖》，而且畫了44個版本，這是畢卡索畫的第一幅《仕女圖》。

　　委拉斯奎茲的《仕女圖》是以公主為中心，而畢卡索的版本卻有兩個主角，除了公主，另一個是身形巨大至不成比例的畫家，畢卡索藉此傳達，在藝術的產生過程中，畫家本人是最重要的，右下角的小狗則是畢加索的愛犬Lump。

©Palau de la Música Catalana

哥德區周邊

MAP ▶ P.127F4

加泰隆尼亞音樂廳

Palau de la Música Catalana

新藝術的建築地標

🚇 地鐵1、4號線Urquinaona站，步行約3分鐘　🏠 C/ Palau de la Música 4-6　☎ 295-7200、90-247-5485　🕐 自由參觀；英語導覽：9至6月10:00～15:30，復活節和7月10:00～18:00，8月09:00～18:00，每半小時一梯次，行程約55分鐘　💲 表演視演出和座位而異；導覽行程全票€20；自由參觀+語音導覽€15　🌐 www.palaumusica.org　❗ 導覽行程有人數限制，建議預先購票或上網預訂

掃地圖

　　聳立於狹窄巷弄間，這座造型奇特的音樂廳，建於1905～1908年，原本是當地合唱團Orfeo Català的專屬表演場所，現在則成為巴塞隆納市立管弦樂團常駐表演的音樂廳。

　　與高第同時期的現代主義建築大師多明尼克(Lluís Domènech i Montaner)為音樂廳的主要設計師，打造出洋溢著加泰隆尼亞現代主義(modernismo catalán)色彩的建築，結合加泰隆尼亞在地的傳統建築工法與新藝術的技術，大量運用紅磚、雕刻、馬賽克、彩繪玻璃、鑄鐵等元素，於1997年與多明尼克另一個作品—聖保羅醫院，合併列入世界文化遺產。

　　建築外觀是裸露的紅磚，裝飾著色彩繽紛的馬賽克，三根粗大的柱子猶如象腿般支撐著立面，下方是昔日的售票口。立面上方的三座半身雕像，分別是帕萊斯特里納(Giovanni Pierluigi da Palestrina)、巴赫、貝多芬；轉角處的浮雕出自Miquel Blay之手，以加泰隆尼亞民謠為主題，上方的寓言人物受到聖人Sant Jordi的保護。

　　音樂廳的外觀就讓人眼花撩亂，內部更是燦爛華麗，特別是表演廳上方圓頂，鑲嵌著水滴形彩繪玻璃，代表著太陽和天空，每當陽光灑落穿透，圓頂就猶如一顆大珠寶般光彩奪目，這也是歐洲唯一一間採用白天自然光線的表演廳。舞台後方的繆思女神雕像，則令人聯想起中國神話的飛天仙女。

新展區周邊

MAP ▶ P.127F2

感恩大道與不協調街區

Passeig de Gràcia&Manzana de la Discòrdia

建築奇才同街競技

🚇 地鐵2、3、4號線Passeig de Gràcia站

掃地圖

　　和蘭布拉大道交會於加泰隆尼亞廣場，感恩大道散發出來的魅力，與嘉年華般熱鬧氣氛的蘭布拉大道迥然不同，比較像是《羅馬假期》裡的奧黛莉赫本，是位高貴且天真的公主，它是巴塞隆納的精品大街，並有著當地最漂亮的建築群。

　　19世紀初，感恩大道是一條名叫「耶穌路(Camí de Jesús)」的郊區道路，連接巴塞隆納和「感恩」(Gràcia)小鎮的新展區。一直到1827年的都市更新計畫，這條郊區道路才拓建成寬達42公尺的新道路。

　　建築師Pere Falqués i Urpí在20世紀初為它設計了街燈與長椅，高第等新藝術建築師則陸續替它增添新的元素，像是人行道地磚就是出自高第之手，讓今日的感恩大道化身成為巴塞隆納最時髦的地方。

　　出「感恩大道」地鐵站，就是不協調街區，這個奇特的名稱，據說和緊鄰的3棟建築有關，分別是莫雷拉之家(Casa Lleó-Morera)、阿瑪特勒之家(Casa Amatller)和巴特婁之家(Casa Batlló)。這三棟分別由有「現代主義建築三傑」之稱的高第、多明尼克及普意居設計，呈現出來的風格各異，撞擊出不協調的「衝突感」。

　　莫雷拉之家是加泰隆尼亞音樂廳的建築師多明尼克的另一件作品，建築線條柔和，滿布著各式各樣的花卉植物雕飾，不但讓外觀顯得明亮，同時充滿清新的少女氣息。

　　有著階梯式山牆的阿瑪特勒之家，則是普意居(Josep Puig i Cadafalch)的作品，閃閃發亮的山牆上，妝點著粉紅色圖案，由於這位建築師熱愛中世紀的羅馬藝術，常常可以在建築細節上看到類似中世紀羅馬的風格。

新展區周邊

MAP ▶ P.127F2

安東尼・達比埃斯美術館

Fundació Antoni Tàpies

裡外一致現代主義

🚇 地鐵2、3、4號線的Passeig de Gràcia站，步行約3分鐘
🏠 Carrer d'Aragó 255 ☎ 487-0315 ⏰ 週二至六10:00～19:00，週日提早至15:00休館 🈔 週一、1/1、1/6、12/25～26 💲 全票€8、優待票€6.4 🌐 www.fundaciotapies.org

　　屋頂纏繞著一團團糾結鐵絲，讓人對它是否還處於整修狀態摸不著頭緒。多明尼克設計的這棟現代主義建築，建於1880～1885年，原為Montaner i Simon出版社，1990年改成巴塞隆納最具創造力與吸引力的藝術中心，而展出的正是這位巴塞隆納出生的西班牙畫家Antoni Tàpies的作品。

掃地圖

MAP ▶ P.127H3

阿格巴塔
Torre Agbar
市區東側新地標

🚇地鐵1號線，Glòries站 🏠Avinguda Diagonal 211 ⊙ www.barcelonaturisme.com

加泰隆尼亞光榮廣場(Plaça de les Glòries Catalanes)旁，2005年出現一座子彈造型的阿格巴塔，為巴塞隆納再添一幢稀奇古怪的建築。

共有38層樓的阿格巴塔，地面上有34層樓，高145公尺，開幕時是巴塞隆納第3高建築物，由阿格巴集團委任法國建築師尚˙努維爾(Jean Nouvel)設計，他以蒙瑟瑞特山(Montserrat)為創作靈感，建築外形模擬的是間歇泉噴到空中的景象，但其詭異造型引來不少聯想，而有「手榴彈」、「膠囊」等綽號。

阿格巴塔其實是辦公大樓，外層的透明玻璃，凸顯建物本身的色彩，充滿前衛的科技感，在陽光下分外耀眼；太陽下山後，待建築裡的燈光放射出來，又是另一番風情。

MAP ▶ P.127H1

聖十字暨聖保羅醫院
Sant Pau Recinte Modernista Barcelona
世界上最美的醫院

🚇地鐵5號線Sant Pau Dos de Maig站，步行約5分鐘 🏠Carrer de Sant Antoni Maria Claret 167 ☎533-7145 ⊙4至10月：週一至日10:00～18:30；11至3月：週一至日10:00～17:00 💰全票€16、門票＋語音導覽€20、導覽行程€20 www.santpaubarcelona.org/es ⊙每月第一個週日免費

如果說一間醫院是否美麗，會影響到病人的康復速度，那麼，住在聖十字暨聖保羅醫院裡的病人，應該很快就會康復出院了！

創立於1401年，聖十字醫院原是貧民區裡的老舊醫院，稱為「窮人的醫院」。20世紀初，銀行家Pau Gil i Serra捐獻土地，醫院才有機會重新改建，並由加泰隆尼亞音樂廳的建築師多明尼克設計規畫，於1930年完工。

多明尼克堅信最佳醫療環境必須擁有分棟式病房、新鮮空氣、環繞綠意、豐富的色彩和藝術，這些都有助於病人痊癒，因此他在設計醫院時，

規畫了一座擁有26棟建築的花園，每棟都像是座小小的馬賽克城堡，洋溢了摩爾風情，不但園內花團錦簇，進門的大廳內還有美麗的壁畫，難怪會被列名世界遺產。

值得一提的是，高第被電車撞倒後，就是送進這家醫院急救，然而最後還是回天乏術。目前開放遊客參觀的新藝術建築和中庭花園已規畫為博物館，展示先前的病房、醫療設備和藝術展覽，北邊的現代建築則仍做為醫院使用。

猶太丘周邊

MAP ▶ P.126B4

加泰隆尼亞美術館

Museu Nacional d'Art de Catalunya

中古世紀藝術珍藏

地鐵1、3號線Espanya站，徒步10分鐘或搭公車50號 Palau Nacional, Parc de Montjuïc ☎622-0360 ◷5至9月：週二至六10:00～20:00；10至4月：週二至六10:00～18:00；全年：週日與假日10:00～15:00 週一（假日除外）、1/1、5/1、12/25 全票€12（兩日券）、屋頂€2。與西班牙村聯票全票€20。優待票皆7折 www.museunacional.cat 每週六15:00以後、每月第一個週日、5/18、9/11免費

考古學家在20世紀初期於加泰隆尼亞地區發現大批中世紀的遺跡與藝術作品，文化組織和教會此時遂一併將同時期的教堂壁畫和聖物，統一搬運至中央作研究，因此催生了日後的加泰隆尼亞美術館，其館藏就是以11至13世紀羅馬藝術品為主。

以宏偉的西班牙廣場為前景，1927年落成的現址，原是為了1929年巴塞隆納世界博覽會所

絢麗魔法噴泉
Font Màgica de Montjuïc

美術館正前方的噴泉，白天看起來和一般噴泉無異，一到晚上就好像被施了魔法，有多達7千萬種水舞燈光組合，並搭配各種音樂表演，每年吸引近250萬人觀看！每次表演搭配的音樂都不一樣，建議上網查詢當日「演奏曲目」是不是你喜歡的音樂類型！

Plaza Carles Buïgas 1 週二至六11:00～13:00、16:00～18:00，週日11:00～15:00，每場約15～20分鐘 www.barcelona.cat/en/what-to-do-in-bcn/magic-fountain 2022年10月11日至12月21日維修，這段期間沒有演出

興建的宮殿，在博覽會結束後，改建成美術館。

在館內，可以細細欣賞來自庇里牛斯山附近教堂的中古世紀壁畫，尤其是聖克里蒙特教堂(Iglesia de San Clemente)的《全能的基督》(El Pantocrátor)，其他還包括祭壇畫、宗教雕像，及哥德時期的作品，若對中古藝術感興趣，不可錯過到此處參觀。

掃地圖

MAP ▶ P.126B3

西班牙村

Poble Espanyol

一日走遍全西班牙

🚇 地鐵1、3號線Espanya站，轉搭公車13、150號　🏠 Francesc Ferrer i Gurardia Avennu 13　☎ 508-6300　週一10:00～20:00、週二至日10:00～00:00　💲 全票€14、優待票€10，20:00以後進場€7；與加泰隆尼亞美術館聯票€20。網路購票另有折扣　🌐 www.poble-espanyol.com

同樣為了1929年的世界博覽會而打造，這座主題樂園集結西班牙境內17個地區最有特色的建築，包括阿維拉的城牆、安達魯西亞的中庭與白色房舍、塞哥維亞的伊莎貝爾式建築，以及卡薩雷斯的15世紀豪宅，就像一處建築博物館，遊客不需耗時費工，就能一次深入西班牙各處。

在博覽會結束後，這些建築便轉為供應各地料理的餐廳及工坊，旅客不但可以大啖西班牙各區美食，還能近距離欣賞工匠的精湛手藝，是看熱鬧與購買紀念品的好地方。如果你沒有太多時間遊覽西班牙，不妨安排幾個小時走一趟西班牙村！

把握免費時段！

巴塞隆納是座藝術之城，博物館、美術館和特色建築林立，若認真逛起來，三兩下就會掏空荷包，而且門票價格年年上漲。幸好，多家博物館規畫有每週或每月一次的免費參觀時段，有些還會在博物館日、宗教節日、或特殊節日免費開放，好好把握，能省下一大筆旅費！

館所名稱	免費時段	介紹頁面
奎爾宮Palau Güell	每月第一個週日、4/23、6/10、9/11、9/24、12/15	P.140
城市歷史博物館 Museu d'Història de la Ciutat	每月第一個週日、每週日15:00後	P.155
畢卡索美術館 Museu Picasso	每月第一個週日、每週四18:00以後、2/12、5/18、9/24	P.157
聖十字暨聖保羅醫院 Sant Pau Recinte Modernista Barcelona	每月第一個週日、4/23、9/24	P.160

猶太丘周邊

MAP ▶ P.126C5

米羅美術館

Fundació Joan Miró

米羅的奇幻世界

🚇地鐵1、3號線Espanya站，步行約30分鐘，或轉搭55、150號公車；也可搭地鐵2、3號線至Paral-lel站，轉搭蒙居易纜車(Funicular de Montjuïc)上山 🏠Parc de Montjuïc s/n ☎443-9470 🕐4至10月：週二至六10:00～20:00，週日與假日10:00～18:00；11至3月：週二至日及假日10:00～18:00 🚫週一 💲常設展＋特展：全票€13、優待票€7 📱www.fundaciomiro-bcn.org

米羅的好友Josep Luis Sert設計的這座美術館，位居巴塞隆納的高處，是俯瞰巴塞隆納的絕佳之處，原本做為基金會使用，1975年改為博物館。館內有著偌大的窗戶，完美結合室內光線與窗外景色，而一如米羅的創作，館內有著輕鬆又富現代感的氣氛！

這裡可說是米羅作品收藏得最完整的地方，包括雕塑、版畫、繪畫、素描等上千件作品，像是大型雕塑《女人與鳥(Mujer y Pájaro)》的模型、《星座(Constellations)》系列等。館內另闢有展覽室，展出馬蒂斯、Max Ernst以及Richard

掃地圖

編輯筆記

米羅的超現實異想

米羅(Joan Miró，1893-1984)出生於巴塞隆納，曾在家人的要求下，擔任藥局的出納人員，卻讓這位從小立志做畫家的年輕人精神衰弱，必須待在鄉間休養，後來終於說服父親，而有機會進入美術學校就讀。

接受後印象派、野獸派及立體派的影響，加上自己的創意，米羅成為超現實主義運動的重要成員。他和畢卡索是終生好友，兩人創意互相激盪，讓西班牙藝術家在20世紀初的畫壇占有重要地位。

幻想、非理性、童趣，這三者是米羅創作的主軸，而夢、宇宙和性，則是他創作的題材；單純的色彩和個人獨有的語言符號，組成屬於米羅自己個人的世界，深深影響了抽象主義。米羅晚年放棄繪畫，改用大型雕塑來表達他的藝術主張，並嘗試許多實驗性方法，包括撕紙等，讓人不得不佩服他的創作精力，足以媲美他的好友畢卡索。

Serra等藝術家向米羅致敬的作品。

米羅美術館也舉辦現代藝術展覽，以及一些現代音樂會、座談會等活動。離館前別忘了看看天台上的雕像，創作概念來自米羅的幻想，從這裡也能眺望巴塞隆納市區。

蒙瑟瑞特山

Montserrat

聖石山上靈氣修道院

在巴塞隆納市區的PlaçaEspanya火車站，搭往Montserrat的FGC火車，或R5往Manresa方向，於Montserrat Aeri 站下車，車程約70分鐘，每日8:32開始，每小時1班車(www.fgc.cat)，轉搭纜車Aeri(www.aerideMontserrat.com)上山，車程約5分鐘，平均每15分鐘一班車；或搭乘FGC火車至Monistrol Enllaç 站，轉搭登山列車Cremallera(www.cremalleraDemontserrat.cat)前往，車程約15分鐘，每20分鐘一班 ☎877-7777 ◗聖母修道院附設教堂07:00～20:00；黑面聖母寶座：平日08:00～10:30、12:00～18:25，週末07:30～20:00；男童合唱團公開演出◗週一至六13:00，週日及假日12:00、18:45 ◗價錢：Aeri纜車：單程€8、來回€12；登山列車Cremallera：單程€7.8、來回€13；另有巴塞隆納地鐵、FGC火車、登山列車、山頂台車、午餐、蒙瑟瑞特博物館、影音互動展覽館的各種組合套票，詳見官網及Cremallera網站 ◗www.montserratvisita.com；聖母修道院www.abadiamontserrat.net

距巴塞隆納38公里，陡然凸出大地約1,236公尺高，與其說蒙瑟瑞特山是座山，其實更像是一塊巨石。外形猶如多根指頭黏在一起，經過數千萬年的造山運動及沈積、下沈等作用，形成長10公里、寬5公里的壯觀山頭，而被命名為「鋸齒山」。

早在新石器時代就有人類蹤跡，西元9世紀時，山上出現4座修道院，今日的聖母修道院(Monestir)即為其一，當時只是一座小小的羅馬式建築。11世紀時，修道院的聖母神蹟，在修士的傳播下，聲名大噪，吸引許多來朝聖與參觀的

人潮，因此在12世紀翻新改建後，聖母修道院很快成為加泰隆尼亞最具威望的修道院。

19世紀時，拿破崙軍隊入侵，燒毀所有建築、賣光寶物，幸好修士將院裡最珍貴的黑面聖母雕像（La Mare de Déu，或稱La Moreneta）藏在山洞裡，才倖免於難。這尊膝上坐著嬰兒耶穌的聖母像，出自12世紀末、13世紀初的木匠之手，有著祥和、樸實的美感。聖母與嬰兒耶穌雕像的臉部和手部，因釉藥產生化學變化，加上長期煙燻，而有「黑面聖母」之稱。

一般相信，只要瞻仰黑面聖母的面容，並摸摸她右手上的球，就能得到平安與祝福，因此瞻仰的人龍往往長達數十公尺，至少要排30分鐘以上才能如願！而經過漫長的重建，蒙瑟瑞特山今日再度成為加泰隆尼亞的神聖光環之一。

若想欣賞蒙瑟瑞特山，可以搭小台車上Sant Joan峰頂，感受居高臨下的視野以及自然景觀。另一趟約1小時來回的徒步之旅，也是先搭小台車到Santa Cova站，再步行前往找到黑面聖母的山洞，該處現已是一座小教堂，沿途除了一塊塊巨岩盤踞天際，還有高第等名家的雕刻、鑄鐵作品，像極一座露天藝廊！

此外，修道院附設的宗教音樂學校(Escolania)，是歐洲最古老的音樂學校之一，起源於12世紀至13世紀。此校只收男童，遵循古法教學，除了聲樂，還教授社會、人文及科學教育，並且得專精一樣樂器。該校每天有1至2場演出，是參觀重點之一。

巴塞隆納近郊

MAP ▶ P.7G2

波布列特修道院

Monestir de Poblet

加泰隆尼亞皇室長眠地

🚃 從Passeig de Gràcia火車站，搭往塔拉戈納(Tarragona)的地方列車，至L'Espluga de Francolí站，車程約2小時25分鐘（時刻表查詢www.renfe.com），再轉搭計程車，修道院距火車站約4公里 ☎977-870089 ⏰週一至六10:00～12:30、15:00～18:30，週日和假日10:30～12:30、15:00～18:30。9/15至6/14的下午關門時間提前半小時。 💲全票€8.5、優待票€6.5 🌐www.poblet.cat

始建於12世紀，直到13世紀才完工，這是西班牙最大的修道院之一，建築形式介於羅馬式與哥德式，19世紀遭法軍掠奪破壞，但因結構堅固且擁有防禦城牆，修復後的樣貌幾乎沒有改變太多。樸實龐大的修院建築和皇室陵寢非常壯觀，1991年被指定為世界文化遺產。

波布列特修道院的興建工程，從中庭迴廊和噴水池開始動工，參觀路線也自此開始。拱形迴廊圍起的四方中庭，在高聳的柏樹相伴下，顯得安靜內斂。看似簡單的迴廊，有著細緻的柱頭雕刻與渦形花紋，僧侶洗手用的六角形噴水池，為中庭帶來一絲變化。

沿著迴廊，可參觀修士的廚房、餐廳、圖書館等，交織著弧拱和明亮採光，每一處看來都清新脫俗。

精於釀酒的修道士

波布列特修道院隸屬於天主教「熙篤會」教派，律己嚴格、清貧樸實且一律吃素，強調自給自足與勞力工作。修道院的經濟來源主要是農業耕作，他們研究葡萄品種並加以改良，讓葡萄酒的釀造技術大為精進，在歐洲各地的熙篤會修士幾乎都是釀葡萄酒的專家！

這座修道院向來接受王室和貴族的捐助，因此自1196年起，加泰隆尼亞王室成員選擇於此長眠，波布列特修道也被指定為皇室陵寢。主祭壇前的十字穿廊上，有兩座彷彿空橋的雕刻，是雕刻家馬列斯(Frederic Mares)在1950重建的皇帝陵寢。

和皇帝陵寢相匹敵的是16世紀初的主祭壇屏風，環抱著聖子的聖母雕像特別慈愛，衣飾紋路細膩如真，是加泰隆尼亞文藝復興的早期作品，曾因此引發爭論，讓修道院和雕刻家Damia Forment打了很久的官司！

巴塞隆納近郊

MAP ▶ P.7G2

達利劇院美術館
Teatre-Museu Dali
達利的異想世界

🚇Estació Sants或Passeig de Gràcia火車站，搭往菲格列斯(Figueres)的火車，至Figueres站的車程約1.5至2.5小時，火車平均30至60分鐘一班。從火車站前往，步行約15～20分鐘，也可在火車站門口搭巴士至Figueres市中心 📍Plaça Gala-Salvador Dalí 5 ☎97-2677500 ⏰11至2月：10:30～18:00；3至6月、10月：09:30～18:00；7至9月：09:00～20:00；8月22:00～01:00，夜間特別開放 ❌10至6月的每週一、1/1、12/25，每年休日略有異動 💲全票€20、優待票€13，價格因不同日期而有變動 🌐www.salvador-dali.org

掃地圖

超現實主義大師達利在1904年出生於巴塞隆納以北130多公里處的菲格列斯(Figueres)，他15歲就舉行個展。1974年，達利將家鄉的老劇場改建成達利劇院美術館，「我希望我的博物館成為一座獨一無二的超現實迷宮，所有來參觀過的人，當走出我的作品後，將被一股戲劇般的夢幻情緒環繞。」。

達利花了13年的心血參與打造美術館，從建築到展出內容，都是嘔心瀝血之作。達利將劇院美術館視為一整件藝術作品，希望每一步都能顛覆觀賞者的想像。從排隊買票開始，你就進入他的世界。

例如建築上的雕像，分別是3位希臘神話中掌

薩爾瓦多·達利
（Salvador Dali,1904~1989）

達利的怪誕行為讓人驚訝，創作及畫風則教人折服，很難想像他在馬德里美術學院時，是個天天泡在普拉多美術館看畫、習畫的人。

從古典出發，卻顛覆古典，達利著迷於佛洛伊德對夢及潛意識的著作及理論，他基於佛洛伊德的學說，發展出混合著記憶、夢境、心理及病理的表達方式。達利帶領的超現實主義毫無保留地揭露自我，將自己的性幻想及恐懼，全盤表現在畫布及創作上，而正因為如此，吸引了全世界無數的崇拜者。

達利的裝置藝術作品更是怪異有趣，富含深刻哲理，唯有拋開日常邏輯及理性，才能走進他的世界。妻子加拉(Gala)是他的繆思女神，達利極為迷戀

她，如神話故事《麗達天鵝》等多幅畫作都以她為模特兒。另一個常出現在達利作品中的是西班牙風景，特別是他的出生地菲格列斯，在《性的光譜》一作中，可以看到在美麗的海岸線上，達利正做著奇夢。

管命運的女神和白色士兵，但卻頭頂著長麵包，對達利而言，麵包是種超越自由想像的象徵；整棟建築物的頂端，環繞著一個個小金人和白色巨蛋，像是童話裡的城堡；屋外空地上，是加泰隆尼亞作家Francesc Pujols的雕像，他是達利眼中的大師和先驅者。

　進到館內，常態展出的1,500多件作品，包含少年時期的手稿，及成年後的印象派、未來派、立體派和超現實主義等創作，表現方式跨越油畫、版畫、素描、雕塑、空間裝置、3D攝影等素材，搭配其他同領域的藝術家作品，讓此處成為最重要的超現實主義美術館之一。

大廳
　像是天文台的玻璃穹頂下，是可以看到中庭的挑高展覽廳，舞台後方是達利為在紐約大都會歌劇院上演的芭蕾舞劇《迷宮》創作的佈景畫，右側高懸一幅充滿玄機的馬賽克畫作，近景是加拉的背影，但往後退20公尺，就會看到林肯的頭像！

梅・韋斯房間
Mae West Hall
　達利自從在報紙上看到美國艷星梅・韋斯的照片，便想設計一個房間「看起來像梅・韋斯小姐的臉」，他請設計師製作出唇形椅、鼻狀壁爐，再到巴黎訂製了兩幅以點描法繪製的黑白風景畫，及猶如真人頭髮般的窗簾，成功地將平面照片具像化，再邀請觀者來挑戰，如何「將立體世界變成平面（例如拍照）」。

畫迷不可錯過「達利金三角」
(El triangle dalinià)

© flickr claire rowland

5-1225

　「達利金三角」是菲格列斯、Portlligat及Púbol這三個城鎮所圈出的三角區域，菲格列斯是達利的出生地及安息的地方，Portlligat是達利長期生活和工作的處所，而Púbol則是妻子加拉的私人居所，達利在這裡買了座城堡送他，且連達利也得拿到妻子的書面邀請才可以前往拜訪。

　這三處目前皆有對大眾開放的博物館—菲格列斯的「達利劇院美術館」、Portlligat的「達利故居」，及Púbol的「加拉達利城堡」。

●達利故居Casa Salvador Dalí
🏠Portlligat, Cadaqués ☎97- 2251015 🕐9月中至1月上旬、2至6月中：10:30～18:00；6月中至9月中：09:30～20:30 ❌每年不一，請參考官網 💲全票€18、優待票€11，價格隨日期異動 ❗須事先訂票，每十分鐘分批入內參觀

●加拉達利城堡Castillo Gala Dalí
🏠Plaza Gala Dalí, Púbol-la Pera ☎97-2488655 🕐11月至1月初：10:30～17:00；3月中至6月中、9月中至10月：10:30～18:00；6月中至9月中：10:00至19:00 ❌每年不一，請參考官網 💲全票€10、優待票€7（不含導覽），價格隨日期異動

風之宮Palau del vent
　這是達利想像中的藝術家生活空間：客廳、畫室及臥室。在客廳裡，最值得細細觀賞的是上方壁畫，達利以安靜、明亮、豐富的筆觸，描述他與妻子加拉有如升天般踏入天堂的景象。

珠寶展覽館
　除了繪畫、雕塑、戲劇等創作，達利設計的珠寶也堪稱一絕！達利模擬口、眼、心臟、眼淚等人體器官，及植物、昆蟲等形狀，設計出的珠寶繁複擬真，眼角的淚珠看似正緩緩落下！

Where to Eat in Barcelona
吃在巴塞隆納

MAP ▶ P.127F5　七扇門Restaurant 7 Portes

🚇地鐵4號線Barceloneta站，步行約4分鐘　🏠Passeig Isabel II 14　☎319-3033　🕐13:00～00:00　ⓤwww.7portes.com

1836年開幕，至今有將近180年歷史，是巴塞隆納最老的餐廳，由於維護得宜，外表完全看不出來老舊，天天高朋滿座，每到用餐時間，門外就大排長龍，建議最好事先訂位。

七扇門位於舊市區的南端，靠近海岸的一側，創辦人當年是加泰隆尼亞的首富，他仰慕巴黎Rivoli路上的樓房格局，於是親手策畫了這幢建築，原本做為住家與辦公室，後來決定開一家奢華咖啡廳，因開有七扇大門而得其名。

七扇門運用當季食材，提供道地的加泰隆尼亞及地中海風味料理，火候拿捏得宜，招牌的米飯料理料多味美，口味選擇眾多，其他菜色亦頗受推崇。酒單上的選擇琳瑯滿目，甚至有長期合作的酒商協助出產有著七扇門商標的餐酒。

顧客留言本非常風光，米羅、多位國王與皇后、伍迪艾倫、麥可道格拉斯等名人都曾是座上客。

（掃地圖）

MAP ▶ P.127F5　Taperia Princesa

🚇地鐵4號線Jaume I站，步行約5分鐘　🏠Carrer de la Princesa 20　☎227-2392　🕐12:00～01:00

鄰近畢卡索美術館，小小店面能容納的客人不多，吧台與各式各樣的酒就佔了一半空間，才剛到用餐時間，就

（掃地圖）

湧進鬧哄哄的人潮，桌上擺滿一個個Tapas。想來點主食，海鮮飯不會讓人失望，小鐵鍋現點現煮，用料新鮮、份量十足，搭配桑格莉亞水果酒最對味。

MAP ▶ P.127F5　Lonja de Tapas

🚇地鐵4號線Jaume I站，步行約7分鐘　🏠Carrer de Jaume I 8-10　☎667-0706　🕐12:00～00:00　ⓤwww.familialonja.com

海上聖母教堂附近的巷弄是小酒館一級戰區，能夠座無虛席的，都有點過人之處。Lonja de Tapas是Familia Lonja餐飲集團的一家分店，翻開菜單，光是Tapas的種類就多達20樣，菜色以傳統與經典為主。

固定合作的供應商每日送來新鮮食材，海鮮僅以橄欖油、辣椒、蒜頭拌炒，彈牙的伊比利豬肉直接香煎，自家熬出飽滿香氣的番茄醬汁，淋在炸肉丸上、或塗抹麵包，

（掃地圖）

因為做法簡單，所以食材講究，若你難以抉擇，建議選餐廳配好的套餐。

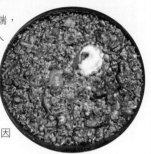

MAP ▶ P.127F5　El Xampanyet

🚇地鐵4號線Jaume I站，步行約7分鐘　🏠Carrer de Montcada 22　☎319-7003　🕐週二至五12:00～15:00、19:00～23:00；週一晚上和週六下午營業　🚫週日

在海上聖母教堂附近，這家小酒館常常高朋滿座，小小空間裡擠滿了當地人，以吧台為中心，朝外圍成了好幾圈，連想看看吧台上有哪些Tapas都困難重重。

店內供應的Tapas琳瑯滿目，由於沒有菜單，若不知從何點起或擠不進吧台，可以請服務人員代為搭配，記得千萬別錯過鯷魚。El Xampanyet是店裡的招牌酒，是種加上碳酸飲料的白酒，喝起來甜甜的，讓人忍不住一杯接著一杯。

從1930年代開始，酒吧便由同一個家族經營，酒館裡裝飾著色彩繽紛的瓷磚與酒桶，洋溢著老酒館的熱絡氣氛。

（掃地圖）

哥德區周邊

MAP ▶ P.127F4 **四隻貓Els Quatre Gats**

🚇地鐵1、4號線Urquinaona站，步行約5分鐘 🏠Carrer de Montsió 3 ☎302-4140 ⏰週二和日11:00～17:00（週日延至12:00營業），週三至六11:00～00:00（週六延至12:00營業） ⊗週一 ⓦwww.4gats.com

這家在購物區Portal d'Angel一條小巷內的餐廳，由著名建築師卡達法（Josep Puig i Cadafalch）設計，鑄鐵打造的招牌與路燈，室內牆壁裝飾的彩色磁磚，玻璃窗上彩繪著圓圈…洋溢著巴塞隆納現代主義的獨特風情。

20世紀初期，這裡是崇尚自由的波希米亞人與藝術家的聚會場所，餐廳名取自加泰隆尼亞文「quatre gats」，意思是「幾乎無人」！今日稱為「四隻貓」，創立於19世紀末，第一份菜單還是由年輕的畢卡索設計的！

餐廳內的陳設，讓人回想起巴塞隆納的文化與藝術的精華時期，這裡的下午茶點十分出名，若錯過午茶時間，也可前來享用晚餐！

蘭布拉大道周邊

MAP ▶ P.127E4 **Bar Pinotxo**

🚇地鐵3號線Liceu站，步行約3分鐘 🏠Mercat de la Boqueria 466-470 ☎317-1731 ⏰06:30～16:00 ⊗週日 ⓦpinotxobar.com

從聖荷西市場的正門走進去，右手邊的酒吧從早餐開始就坐滿了客人，服務人員這邊倒生啤酒、那邊遞食物，即使忙得不可開交，仍不會忽略掉任何一位走近的顧客，幫著瞻前顧後挪座位。

這間傳統市場裡的老字號酒吧，長長的吧台後面就是料理台，處理當天運送到的最新鮮食材，尤其是鄰近海域捕獲的生猛海鮮，以最直接的手法，現場烹調出一道道美味料理，主要顧客是本地居民，價格實惠又充滿在地的生活趣味。

蘭布拉大道周邊

MAP ▶ P.127E5 **Le Quinze Nits**

🚇地鐵3號線Liceu站，步行約3分鐘 🏠Plaça Reial 6 ☎317-3075 ⏰10:00～23:30 ⓦwww.andilana.com/locales/les-quinze-nits/

坐落於皇家廣場，Le Quinze Nits是La Rita的姊妹店，也是蘭布拉大道附近最熱門的餐廳之一，大排長龍是它的日常，經常在還沒開門前，就已經有人在外等著用餐。料理以地中海風味為主，搭配時尚的氣氛和現代的呈現手法。

新展區周邊

MAP ▶ P.127F2 **La Rita**

🚇地鐵2、3、4號線Passeig de Gràcia站，步行約2分鐘 🏠Carrer d'Aragón 279 ☎487-2376 ⏰週一至日13:00～16:00、20:00～23:30 ⓦwww.andilana.com/locales/la-rita/

午餐期間要到La Rita用餐，得做好排隊的準備，不過保證值回票價。在感恩大道附近的這家時髦餐廳，是參觀米拉之家或巴特婁之家時的最棒用餐選擇，平日中午推出€10上下的套餐，連當地人也喜歡到此大快朵頤。

套餐包含前菜、主菜和甜點，以及飲料、麵包，價格儘管便宜，內容一點也不馬虎，每道都有3種左右的選擇，前菜包括沙拉、湯品或義大利麵，主菜有多種肉類選擇，就連甜點也不例外，CP值超高，難怪往往排上半個小時的隊伍。餐廳晚上和週末採單點制，預算會比中午套餐多上一倍左右。

新展區周邊

MAP ▶ P.127E3　Charrito restaurant

🚇地鐵2、3、4號線Passeig de Gràcia站，步行約5分鐘 🏠Carrer de la Diputació 233 ☎487-6034 ⏰週一至五06:00～02:30（週五延後至03:00休息），週六日08:00～02:30（週日延後至03:00休息）🌐www.charritobarcelona.com/la-carta

大學附近一定會有幾間師生們熱愛的聚會場所，價格平易近人，餐點也有一定水準，巴塞隆納大學旁的Charrito restaurant就是這樣的餐廳，提供聚餐與併桌的彈性空間。

從早餐、正餐、Tapas賣到宵夜喝酒場，洋溢著青春歡樂的氣息。19:00以前還可以選擇€10左右的三道式餐點，適合重視CP值的旅人。

MAP ▶ P.127F2　Tapa Tapa

🚇地鐵2、3、4號線Passeig de Gràcia站，徒步約2分鐘 🏠Passeig de Gràcia 44 ☎488-3369 ⏰週一至五07:30～00:00（週五延後至00:30休息）、週六日09:00～00:30（週日提早至00:00休息）🌐www.tapataparestaurant.cat

天氣晴朗時，Tapa Tapa會在感恩大道上擺設露天座位，讓客人可以邊用餐邊欣賞大道上的風光。

光從店名就不難得知，餐廳主要提供Tapas，每天端出多達50種的下酒小菜，除了傳統的可樂餅、炸花枝圈、馬鈴薯煎餅，還有一些創新口味，遊客可以直接看菜單上的圖片挑選。

MAP ▶ P.127F2　銀行家酒吧Banker's Bar

🚇地鐵2、3、4號線Passeig de Gràcia站，徒步約2分鐘 🏠Passeig de Gràcia 38-40 ☎151-8782 ⏰17:00～01:00（週五、六延後至02:00休息）🌐www.mandarinoriental.com/barcelona

東方文華飯店所在建築的前身是銀行，在改建過程中，刻意保留下一些細節，像是銀行家酒吧的牆壁上可以看到保險箱，饒富另類趣味。

銀行家酒吧的酒單相當豐富，除了各式葡萄酒、氣泡酒、烈酒，更有眾多雞尾酒，不少還是特地為了這間酒吧而研發調製的。

新展區周邊

MAP ▶ P.127F2　Moments

🚇地鐵2、3、4號線Passeig de Gràcia站，徒步約2分鐘 🏠Passeig de Gràcia 38-40 ☎151-8781 ⏰週三至五20:00～23:00；週六13:00～14:00、20:00～23:00；週日13:00～14:00 🈳週一、二 🌐www.mandarinoriental.com/barcelona

巴塞隆納東方文華飯店的另一家餐廳Moments，是由米其林主廚Carme Ruscalleda和其子Raül Balam共同主持，拿下米其林二星，是巴塞隆納最頂級的餐廳之一。Carme Ruscalleda曾摘下7顆米其林星星，是全球擁有最多米其林星星的女生大廚之一。

她的廚藝無師自通，以加泰隆尼亞傳統料理為主，1988年的第一家餐廳Sant Pau開在家鄉加泰隆尼亞的濱海城市Sant Pol de Mar，2004年開始獲獎連連，2006年獲得米其林三星殊榮。

Moments以高雅的金色和琥珀色為主調，廚房設有大面玻璃牆，顧客可清楚看見美食烹調的過程。

MAP ▶ P.127F2　Blanc Brasserie & Gastrobar

🚇地鐵2、3、4號線Passeig de Gràcia站，徒步約2分鐘 🏠Passeig de Gràcia 38-40 B1 ☎151-8783 ⏰07:30～23:00 🌐www.mandarinoriental.com/barcelona

巴塞隆納東方文華飯店的主要餐廳，位於地下樓層，餐廳以「白色」為名，整體就是以「白」為主色調，雕鏤的花紋有如摩爾式宮殿裡的雕飾，搭配穿過玻璃屋頂直瀉而下的陽光、或夜間的燈光照射，很有西班牙宮殿的情調。

餐廳裡擺放著各種不同風格的家具，包括高背扶手椅、慵懶的沙發、東方的屏風等，放在一起居然非常協調，就像這個國家融合不同文化後，發展出自己的特色一般。開放式的廚房，提供各種口味的餐點，包括傳統地中海菜色，以及東方國家的佳餚。

Where to Buy in Barcelona
買在巴塞隆納

新展區周邊
MAP ▶ P.127F2 **Lupo Barcelona**

🚇地鐵3或5號線Diagonal站，步行約2分鐘 🏠Carrer de Mallorca 257 ☎611-538042 🕐10:00～20:00 🌐 www.lupobarcelona.com

José María Morenote家族早在1920年代就開始從事皮件與手工皮箱等設計，1988年於巴塞隆納正式創立了Lupo品牌，是西班牙皮件裡的佼佼者，特色是簡潔的線條和精美的做工。

該品牌每季推出8款設計系列，兼具都會優雅與實用性，還會發表皮帶和皮件等商品。感恩大道上有兩間專賣店。在義大利皮包博覽會拿下大獎的Abanico系列，是Lupo聞名國際的代表作。

新展區周邊
MAP ▶ P.127E2 **Casa Vives**

🚇地鐵2、3、4號線Passeig de Gràcia站，步行約4分鐘 🏠Rambla de Catalunya 58 ☎216-0269 🕐週一至六08:30～20:30，週日09:00～15:00（參考google營業時間） 🌐casavives.com

別以為感恩大道附近只有精品和潮牌店，在安東尼·達比埃斯美術館斜對面的街頭轉角，坐落著一家四代傳承、歷史超過50年的糕餅糖果店，以美味的甜點吸引眾人的目光。

店面的大面櫥窗中，展示著各式各樣的手工巧克力、柑橘造型的糖果裹上巧克力、裹著櫻桃和威士忌的巧克力球、比手指還長的巧克力棒…店裡的選擇更多，就連空氣裡都飄著巧克力的濃郁香味。

哥德區周邊
MAP ▶ P.127E5 **La Cure Gourmande**

🚇地鐵3號線Liceu站，步行約3分鐘 🏠Carrer de Ferran 14 ☎412-5152 🕐10:30～21:00（週四、五、日延後至21:30，週六延後至22:00休息） 🌐curegourmande.fr

餅乾和糖果人人愛，特別是以色彩繽紛的姿態、精心包裝的擺設出現時，在法國和比利時等地掀起熱潮的La Cure Gourmande，是家結合糕餅、果醬、糖果和巧克力的甜食

蘭布拉大道周邊
MAP ▶ P.127E4 **Custo Barcelona**

🚇地鐵3號線Liceu站，步行約4分鐘 🏠Plaça del Pi 2 ☎984-813930 🕐週一至六10:00～20:00（參考google營業時間） 🌐custo.com

曾引進台灣的Custo Barcelona，是西班牙當地知名的潮牌，創辦人Custo Dalmau在巴塞隆納度過童年與青少年時期，他本來也在這裡研讀建築，卻因一趟橫越美國的摩托車之旅，讓他和他的兄弟David兩人在1981年創立了這個服裝品牌。

或許是因為同樣舒適的氣候，兩兄弟深受南加州陽光的影響，最初以色彩繽紛的T恤起家，隨著品牌愈見成熟，設計師遂將他們大膽的創意，應用在所有服飾與配件，演員安東尼奧班德拉斯和歌手夏奇拉，都是該品牌的愛用者。

哥德區周邊
MAP ▶ P.126D2 **FC Barcelona Official Store**

🚇地鐵4號線Jaume I站，步行約1分鐘 🏠La Rambla 124 ☎902-189900 🕐10:00～21:00 🌐store. fcbarcelona.com

西班牙人對足球的狂熱舉世聞名，FC Barcelona身為多次歐洲聯賽、西班牙超級盃的常勝軍，更擁有廣大球迷，如果你也為足球場上的球員風采著迷，走進大教堂旁這家專賣店一定會瘋狂！

各式各樣的球衣、外套、帽子、襪子、圍巾、背包、足球、明信片和周邊商品一應俱全，最受歡迎的當然是當紅的明星球員的球衣，先入手一件，再買張票到球場為偶像加油！

專賣店，就連牛軋糖都有多達十種口味。

最吸引人的是，店內提供多樣產品的試吃服務，另有多款紙盒包裝，方便搭配送禮，也因此一旦踏進店裡，幾乎無人能空手出來。

哥德區周邊

MAP ▶ P.126D2 **Cereria Subirà**

🚇 地鐵4號線Jaume I站,步行約2分鐘 📍 Baixada de llibreteria 7 ☎ 315-2606 🕐 週一至六10:00～20:00 ⊗ 週日 🌐 cereriasubira.cat

哥德區附近的巷弄裡,坐落著幾家老店,大多販售手工製作的商品,像是Jaume I地鐵站旁的蠟燭店,開店歷史可追溯至1716年,在那個還沒供應電力的年代,Cereria Subirà出售的蠟燭,就為家家戶戶提供每日照明。

隨著時代演進,店家堅持手工製作的蠟燭,現在做為宗教活動中用於慶典或還願時的「供品」,此外,還有多種造型蠟燭及精油蠟燭、進口蠟燭等,另外也生產火把和油燈等相關產品。值得一提的是,店中央的扶手階梯,自1847年遷店至此時就已存在。

哥德區周邊

MAP ▶ P.127E5 **La Manual Alpargatera**

🚇 地鐵3號線Liceu站,步行約4分鐘 📍 Carrer d'Avinyó 7 ☎ 301-0172 🕐 週一至六10:00～14:00、16:00～20:00 ⊗ 週日 🌐 lamanual.com

Alpargatera是一種流傳於地中海一帶的草編涼鞋,最常見的就是厚厚的船形底上繫著一條可綁到腳踝上的長鞋帶。

這家手工涼鞋專賣店,創立於西班牙內戰後的1951年,老店因應時代演進,運用傳統手工技術,發展各式新鞋款,今日可以看到有扣環、各種鞋口的涼鞋。店內有一整面牆,牆上的壁櫃放滿各種尺寸的素面涼鞋,可以依照客人的喜好刻上花色,後方的工作室中,則能看見師傅縫製涼鞋的工作。

哥德區周邊

MAP ▶ P.127E4 **OroLíquido**

🚇 地鐵3號線Liceu站,步行約4分鐘 📍 Carrer de la Palla 8 ☎ 606-243137 🕐 週一至六11:00～19:00,週日預約開放 🌐 www.oroliquido.es

喜歡橄欖油的,千萬別錯過,位於Plaça del Pi旁的巷子裡,不算小的店面裡,擺滿各種與橄欖相關的產品,從吃的橄欖油到用的橄欖產品一應俱全。

產品產地包括西班牙在內的全世界,各種等級一字排開,

難怪店員非常得意地説他們不但是全西班牙、應該是全世界最獨一無二的橄欖用品專賣店。店內的美容用品選擇眾多,原料都是橄欖,令人愛不釋手。

巴塞隆納近郊

MAP ▶ P.127H1 **La Roca Village**

🚇 在加泰尼亞廣場附近的感恩大道6號(Passeig de Gràcia, 6),可搭乘購物專車,車程約30分鐘,去程的開車時間為10:00、12:00、14:00、17:00、19:00,回程時間則為11:00、13:00、16:00、18:00、20:00,來回票價€20。週一至五可在地鐵1號線Fabra i Puig站出口附近的巴士總站,搭每日三班的502公車,票價比較便宜,車程55分鐘。📍 Santa Agnès de Malanyanes (La Roca del Vallès) ☎ 842-3939 🕐 10:00～22:00 🌐 www.larocavillage.com

這家暢貨中心位於巴塞隆納東北方約30公里處,聚集多家西班牙與國際品牌,包括Loewe、Camper、Custo Barcelona、Adolfo Dominíguez、TOUS、Burberry、Escada、Hackett、Hugo Boss、The North Face等,折扣超實惠,例如70歐元就可以買兩雙Camper

經典鞋款,也有機會便宜「撿」到Loewe空氣包,建議至少要規畫3個小時以上的購物時間。

H Where to Stay in Barcelona
住在巴塞隆納

新展區周邊

MAP ▶ P.127F2

巴塞隆納東方文華
Mandarin Oriental Barcelona

🚇地鐵2、3、4號線Passeig de Gràcia站，徒步約2分鐘
📍Passeig de Gràcia 38-40　📞151-8888　💲雙人房約
€625起　🌐www.mandarinoriental.com/barcelona

　飯店地處感恩大道，離地鐵站不遠，附近不是名牌精品，就是露天咖啡廳，佔盡地利之便。身為東方文華飯店，豪華舒適的客房、高品質的餐飲、完善的健身中心與水療服務等是標準備備，成為巴塞隆納最完美的住宿點。

　中庭仿造安達魯西亞式的四壁圍繞，牆上開著一個個長方形小窗，室內則由西班牙設計師Patricia Urquiola親自操刀，有的有舒適的大浴缸、有的戶外陽台關成一處私人花園，讓人一時忘了自己置身在城市鬧區之中。頂樓有露天游泳池，還可俯瞰感恩大道的「不協調街區」。

新展區周邊

MAP ▶ P.127H3 **Hotel Vincci Marítimo**

🚇地鐵4號線在Selva de Mar站下，步行約3分鐘　📍Carrer de Llull 340　📞356-2600　💲雙人房€195起
🌐www.vinccimaritimo.com

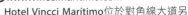

　Hotel Vincci Marítimo位於對角線大道另一端的金融商業區，此處多大型飯店，鄰近Mar Bella海灘，雖然遠離市中心，但離地鐵站不遠，且附近有營業至凌晨的大型購物中心，跟市中心同樣四星飯店相比，有更超值的價格與舒適寬闊的空間，相當受商務旅客的喜愛。

　挑高的大廳相當明亮，採用土耳其藍為主色調，搭配松木、玻璃、金屬等材質，營造出清新的設計感，餐廳區交錯安排著舒適的沙發與藤椅，提供豐盛的自助早餐，開啟一天的愉悅心情。房間裡沒有過多的裝飾，現代感的俐落簡潔，選用深紫或深藍色的織品，並用海洋意象的床頭燈箱，營造出海邊氣氛。

新展區周邊

MAP ▶ P.127E1 **Granados 83 Hotel Barcelona**

🚇地鐵3號線Diagonal站，步行約5分鐘　📍Carrera d'Enric Granados 83　📞492-9670　💲雙人房€160起　🌐www.derbyhotels.com/en/hotels/granados-83-hotel/

　這間四星飯店屬於Derby Hotel系列之一，Derby Hotel善於打造中小型精品飯店，光巴塞隆納就有10家風格各異的飯店。

　Granados 83距離安東尼·達比埃斯美術館和感恩大道的不協調區僅幾步之遙，以新藝術風格裝飾，搭配鑄鐵結構及石材、玻璃打造的外觀，讓人聯想起此區最引以為傲的現代主義建築。

　Granados 83還融合了紐約蘇活區特有的挑高閣樓，並在中庭搭建一座壯觀的玻璃罩，讓整體空間顯得既明亮又優雅。內部採用皮革、鑄鐵、羅望子木、大理石等材質，隱約有點禪風的意味。除了餐廳和酒吧，其他設施還包括露天游泳池、日光浴室和健身房等。

新展區周邊

MAP ▶ P.127G2　Hotel San Antoni

🚇地鐵2號線Monumental站，步行約3分鐘　🏠Carrer del Consell de Cent 476　☎244-4415　💲雙人房€135起　🌐www.hotelbcnsantantoni.com

步行至聖家堂約10分鐘，地鐵站也在咫尺之間，這裡沒有蘭布拉大道或感恩大道的喧囂，附近卻有許多餐廳、酒吧、超市和蔬果店，生活機能相當便利。

飯店內只有一家簡單的咖啡廳，提供的自助早餐卻相當美味，雖然不如五星飯店品項豐富，穀片、水果、火腿、熱狗、起司、麵包等也是樣樣俱全。

蘭布拉大道周邊

MAP ▶ P.127E4　Casa Camper

🚇地鐵3號線Liceu站，步行約8分鐘　🏠Carrer d' Elisabets 11　☎342-6280　💲雙人房€297起　🌐www.casacamper.com

來到巴塞隆納除了可以買到便宜的Camper鞋，更能下榻Camper經營、設計的飯店！Camper在全世界現有兩家飯店，一家在柏林，一家則在巴塞隆納。西班牙的這家，坐落於蘭布拉大道附近巷弄裡，距離加泰隆尼亞廣場不過幾分鐘路程，隱身於一棟19世紀的哥德式建築。

Casa Camper外觀低調得彷彿害怕被人發現，入內之後可以看到整個空間幾乎都填滿著紅、白兩色，房間裡裝飾雖然不多，卻充滿著巧思，像是吊床或面對庭院的浴室等。

蘭布拉大道周邊

MAP ▶ P.127E4　Hotel Peninsular

🚇地鐵3號線在Liceu站，步行約3分鐘　🏠Carrer de Sant Pau 34　☎302-3138　💲雙人房旺季€150、淡季€70起（參考booking.com）

位於蘭布拉大道旁的巷子裡，外觀看起來小小的，內部空間卻相當廣闊，客房包圍的中庭裡擺滿盆栽，陽光從屋頂上灑下來，很有安達魯西亞的風味。這家1星旅宿，房間尚稱乾淨舒適，最重要的是對外交通方便，對於住宿預算較低的旅客是不錯的選擇。

蘭布拉大道周邊

MAP ▶ P.127E4　Oriente Atiram

🚇地鐵3號線Liceu站，步行約2分鐘　🏠La Rambla 45　☎302-2558　💲雙人房€125起　🌐www.orienteatiramhotels.com

緊鄰河渠口廣場的利休劇院，這裡在1843年開幕時是巴塞隆納的高級飯店，現在雖只是三星飯店，仍然充滿歷史韻味。

改建自17世紀的修道院，飯店的建築本身被列為國家古蹟，從內部的挑高大廳可以想見其昔日面貌，不過，飯店客房皆已改裝且配備最新的設備，打開窗可以面對蘭布拉大道或昔日的修道院迴廊，各有不同的觀景樂趣。

蘭布拉大道周邊

MAP ▶ P.127E4　Hotel Bagués

🚇地鐵3號線Liceu站，步行約3分鐘　🏠La Rambla 105　☎343-5000　💲雙人房€290起　🌐www.derbyhotels.com/en/hotel-bagues

跟Granados 83一樣，這家五星飯店隸屬Derby Hotel飯店系列，同時是「Small Luxury Hotel」一員。Hotel Bagués位於熱鬧的蘭布拉大道上、聖荷西市場旁的轉角，無論是購物、用餐或前往哥德區的景點均非常便利。

飯店有31間客房，包括3間閣樓客房，飯店在許多細節上都十分用心，像是房間牆壁的馬賽克鑲嵌，上方勾勒出花朵般的圖案，淺色牆壁搭配木頭家具和皮製座椅，為客房營造出復古且文雅的氛圍，而高掛餐廳天花板的吊燈，更美麗得猶如一件藝術品。

塔拉戈納
Tarragona

塔拉戈納位於巴塞隆納的南邊，是今日黃金海岸的中心，也是昔日羅馬人征服伊比利半島的基地。西元前218年，羅馬派出Publius Cornelius Scipio南下攻打駐守西班牙的迦太基統帥漢尼拔，從那時開始，這座城市就在羅馬歷史裡扮演著舉足輕重的地位，之後更發展成羅馬帝國的度假勝地，光看城牆、塔樓、圓形劇場、競技場……不難想像昔日的盛況。

　　今日的塔拉戈納，以徒步大道新蘭布拉(Rambla Nova)區隔出上城(La Part Alta)和新城(Centre Urbà)。城牆圍繞的上城，是羅馬時期的舊城，瀰漫著中世紀的氛圍，已列為世界文化遺產；新城則是另一番車水馬龍的熱鬧景象，展現身為加泰隆尼亞第二大港的氣勢。

INFO

基本資訊
人口：約13.5萬人　**面積**：57.9平方公里
區碼：(0)977

如何前往
火車
　　從馬德里的阿托查火車站，搭乘高速火車AVE，車程約2小時40分鐘；或從巴塞隆納的聖哲火車站，搭AVE、ALVIA、EUROMED和ARCO等火車，車程約35至90分鐘，平均10至30分鐘一班車。
　　塔拉戈納有兩個火車站，一是鄰近舊城的塔拉戈納火車站(Estación Tren de Tarragona)，另一個則在城外10公里處的塔拉戈納郊區火車站(Camp de Tarragona)。

　　從巴塞隆納和瓦倫西亞出發的EUROMED和區域火車，會停靠塔拉戈納火車站，步行約10分鐘至舊城；從馬德里或巴塞隆納，搭高速火車AVE、快速列車ALVIA或ARCO，則在郊區火車站下車，得再搭Plana公司的巴士，才能至新城的巴士總站，巴士平均20至50分鐘一班。
西班牙國鐵 🔗www.renfe.com
Plana巴士 🔗www.autocarsplana.com
長途巴士
　　從巴塞隆納(Barcelona Nord)搭Alsa巴士，車程約1.5小時。
　　巴士總站(Estación de Autobuses de Tarragona)位於新城的塔拉戈帝國廣場(Plaça Imperial Tarraco)、新蘭布拉大道底端，步行前往舊城約20分鐘。
Alsa巴士 🔗www.alsa.es

市區交通
　　景點主要集中在上城，方便步行參觀。

旅遊諮詢
塔拉戈納遊客中心
⏱ P.P.175B1　🏠Calle Major 37(大教堂旁)　☎250-795　🕐週一至六10:00～14:00、15:00～18:00，週日和假日10:00～14:00
🚫1/1、1/6、4/5、12/24～26、12/31
🔗www.tarragonaturisme.cat

MAP ▶ P.175B2

圓形競技場
Amfiteatre Romà
依山傍海格鬥舞台

🚌 🚶 從塔拉戈納火車站步行約10分鐘 🏠 Parc de l'Amfiteatre ràmà 📞 242-579 🕐 4至9月：週二至六09:30～21:00（週六延至10:00開放）、週日10:00～15:00；10至3月：週二至六09:00～18:30（週六延至09:30開放）、週日09:30～14:30 🚫 週一、1/1、1/6、12/24～26、12/31 💲 全票€3.3，歷史博物館全古蹟聯票€11.05，任選4個古蹟€7.4 🌐 www.tarragona.cat

　　回溯至西元2世紀，位於山丘斜坡上的圓形競技場，在羅馬帝國的統治下，上演著熱血沸騰的格鬥士戰或驚心動魄的人獸戰，1萬4千名觀眾將這處長約110公尺、寬達86公尺的場地擠得水洩不通。

　　競技場除了舉辦賽事，也是執行死刑的場所。西元259年，迫害天主教徒的羅馬皇帝瓦勒良(Publius Licinius Valerianus)就在這裡，活生生地將塔拉戈納主教Fructuous和他的執事Augurius、Eulogius燒死。

　　不過，風水輪流轉，當天主教成為西班牙的國教後，這座競技場的部分石頭，被拿來興建紀念3位殉教者的教堂。

　　五月的古羅馬節(Tarraco Viva)，是造訪圓形競技場的最佳時機！在那段時間，當地洋溢著古羅馬時代的慶典氣氛，競技場也會再現當年的格鬥表演。

掃地圖

MAP ▶ P.175B1

大會堂廣場
Plaça del Fòrum
斷垣殘壁窺往昔

🚶 從塔拉戈納火車站，步行約15分鐘 🏠 Plaça del Fòrum 🕐 4至9月：週二至六09:30～21:00（週六延至10:00開放）、週日10:00～15:00；10至3月：週二至五09:00～15:00、週六日09:30～14:30 🚫 見圓形競技場 💲 見圓形競技場

掃地圖

　　塔拉戈納是羅馬帝國治理時期的行省首府，擁有兩座大會堂，一是Calle Lleida上的殖民地大會堂(Fòrum de la Colònia)，屬於地方性質，另一是舊城大會堂廣場的行省大會堂(Fòrum Provincial)。

　　行省大會堂是該行省的政治、經濟中樞，若逢重要的帝國節慶，或需列隊歡迎皇帝、選舉祭司等重要活動，都選在此進行。大會堂原本長294公尺、寬160公尺，但在中世紀時，逐漸淹沒在四周出現的房舍裡，如今只能從廣場上剩餘的一小段城牆追憶其歷史。

MAP ▶ P.175B1

統治者府邸與馬車競賽場
Pretori i Circ Romà
居高臨下固若金湯

🚶 從塔拉戈納火車站，步行約10分鐘 🏠 Pl. del Rei – Rambla Vella, 43003, Tarragona 📞 221-736 🕐 4至9月：週二至六09:30～21:00（週六延至10:00開放）、週日10:00～15:00；10至3月：週二至週六09:00～20:00（週六延至09:30開放）、週日09:30～14:30 🚫 見圓形競技場 💲 見圓形競技場 🌐 www.tarragona.cat

掃地圖

　　西元1世紀時，這裏是羅馬統治者的官邸，到了16世紀，搖身一變成為加泰隆尼亞－阿拉崗國王的皇宮，之後一度當監獄使用。在羅馬帝國時期，這座建物下方曾有一道階梯，可以連接大會堂和下城。

　　這條地下通道的上方是馬車競賽場。馬車競賽場位於塔樓前方，據推測可容納3萬人，由於許多部分掩蓋於四周的19世紀建築之下，或許無法一眼看出它實際的面積。

國立考古學博物館
Museu Nacional Arqueològic

收藏羅馬時期回憶

🚇 從塔拉戈納火車站，步行約15分鐘 🏠 Plaça del Rei 5 ☎ 251-515 ⏰ 11至2月：週二至六09:30~13:30、15:00~17:30（3至5月、10月的下午延後至18:00休館）；6至9月：週二至六10:00~13:30、16:00~20:00；週日和假日10:00~14:00 休 週一、1/1、5/1、12/25~26 💲 全票€4、優待票€2 🌐 www.mnat.cat

如果有什麼能佐證塔拉戈納昔日的文明榮耀，肯定非國立考古學博物館莫屬！Hernádez Sanahuja在1848年創立這座博物館，1960年後搬到今日的所在位置，館內收藏了塔拉戈納在羅馬時期的大量文物：古羅馬城牆、古建築遺跡、繪畫、織品、雕刻、碑文、陶器、珠寶和錢幣，

掃地圖

還有一系列西元1世紀時的黑白馬賽克鑲嵌，及從鄰近海域撈起的船錨，相當有趣。

大教堂
Catedral de Tarragona

珍藏羅馬時代藝術

🚇 從塔拉戈納火車站，步行約20分鐘 🏠 Pla de la Seu ☎ 226-935 ⏰ 大抵為10:00~14:00、15:00~17:00，3月下至4月中的下午延至18:00關門，4月下至6月中則延至19:00關門。6月下至9月初：10:00~20:00（週日延至15:00開放參觀），建議至官網確認當日開放時間 休 假日和9月中~6月中的週日 💲 全票€5、優待票€4 🌐 www.catedraldetarragona.com

掃地圖

這座獻給聖母的聖殿，從12世紀開始興建，起初為羅馬式風格，後歷經黑死病的波折，至1331年的教堂祝聖啟用時，仍然未全部完工，而如此漫長的工程期，也讓建築風格起了變化，最後融入哥德式建築特色，形成了今日的龐大結構。

塔拉戈納大教堂坐落於羅馬神廟的遺址上，如今仍有一部分羅馬神廟殘跡保存於大教堂的迴廊中。迴廊入口有間博物館和獻給塔拉戈納守護聖人Santa Tecla的祭壇，後者描繪該聖人的一生。迴廊上，還可以看到西元13世紀的雕刻作品，咸認是加泰隆尼亞地區最佳的羅馬藝術品之一。

考古學步道
MOOK Choice
Muralles(Passeig Arqueològic)

登高訪古眺海景

🚇 從塔拉戈納火車站，步行約20分鐘 🏠 Av. Catalunya s/n ☎ 245-796 ⏰ 見圓形競技場 💲 見圓形競技場 🌐 www.tarragona.cat

掃地圖

西元前2世紀的城牆殘垣，坐落於舊城最北邊，曾為塔拉戈納框出這座古羅馬城的四周邊界，這也是西方世界中，義大利之外的最古老羅馬建築。這些城牆歷經多次整建，16至18世紀曾以壁壘加

固，為了對抗當時的大砲，英國人還替它加了一道外牆保護，考古學步道就蜿蜒於兩者之間。

昔日總長約3,500公尺的城牆，如今剩下約1,100公尺，最值得一看的是兩座龐大的塔樓：中世紀時改建的主教塔，以及立有伊比利半島最古老的羅馬碑文的米納瓦塔。

瓦倫西亞
Valencia

瓦倫西亞緊鄰地中海，有度里亞河(Rio Turia)灌溉沃土，麗質天生，卻也注定受人覬覦。

西元前138年，羅馬人進駐，建城「瓦倫提亞」(Valentia)，迥異的文化和積極的開發，帶來第一波的民族混血和經濟發展；西元718年，摩爾人征服此地，戮力規劃河渠水道、開墾農地，瓦倫西亞因而躍升為人口達15,000的大城。阿拉伯政權隨後頻繁進出此地，注入文化交流及經貿改革的活水，為此地創造難得一見的繁榮與光彩。

如今的瓦倫西亞榮耀不再，但溫和氣候、廣袤綠野、悠長海景仍一如往昔，每年3月中旬的火節(Las Fallas)則喚醒人們的注意力。它或許不是遊客造訪西班牙的首站，但肯定不會在行程表上缺席，這座西班牙第三大城市，自始至終自信飽滿，魅力獨具。

INFO

基本資訊
人口：約80萬人
面積：134.65平方公里
區碼：(0)963

如何前往
火車
從馬德里，在阿托查火車站搭AVE或ALVIA，車程約1.5至3小時，平均30至60分鐘一班車；從巴塞隆納，在聖哲火車站搭長程特快列車EUROMED或ALARIS，車程約3至5.5小時，平均1至2小時一班車。

高速火車及長程列車皆停靠瓦倫西亞市區南邊的Joaquín Sorolla火車站，附近可搭地鐵L1或L5，或憑火車票搭往北火車站的免費接駁巴士，或步行約20分鐘至市政廳廣場。

地區火車則停靠北火車站(Estación del Nord)，往北沿Avenida Marqués de Sotelo走5分鐘，可以到市中心的市政廳廣場(Plaza del Ayuntamiento)。

西班牙國鐵 ⒲www.renfe.com
長途巴士
從馬德里，在南巴士總站搭Avanza巴士公司的車，車程約4至4.5小時，一天顛12至13班車；從巴塞隆納，在北巴士站(Barcelona Nord)搭Alsa巴士公司的車，車程約4小時，每天約發10班車。

巴士站位於市區西北方的Carrer Menendez Pidal，搭巴士8、79號或地鐵L1，可前往市區。

Avanza ⒲www.avanzabus.com
Alsa ⒲www.alsa.es

市區交通
參觀景點多集中在市中心，除了火節博物館之外，其他都可以步行前往。

瓦倫西亞

- Jardins del Turia
- C. Blanqueries
- 瓦倫西亞現代美術館 Institut Valencia d'Art Modern
- Plaza de los Fueros
- 往長途巴士站
- Plaza del Carmen
- 塞拉諾城樓 Torres de Serranos
- C. Ripalda
- C. Santo Tomás
- C. Pintor López
- C. Pintor Zariñena
- C. Landerer
- C. Caballeros
- 聖母廣場 Plaza de la Virgen
- 孤苦聖母教堂 Basilica de la Virgen de los Desamparados
- C. de Quart
- C. Juristas
- 大教堂 Catedral
- Plaza de Nápoles y Sicilia
- 絲綢交易中心 La Lonja
- Pl. de la Reina
- C. Guillam Sorolla
- Plaza del Mercado
- 中央市場 Mercat Central
- C. Mantas
- C. del Mar
- C. Guillem Sorolla
- Paz
- Colón
- 往火節博物館 Museo Fallero
- 市政廳廣場 Plaza del Ayuntamiento
- Xàtiva
- 北火車站
- 圖例 ◉景點 ✚教堂 ⌂商店 ▮城堡 ⬛火車站 ◼廣場 ⓘ遊客服務中心
- ↓往Joaquín Sorolla火車站

優惠票券

瓦倫西亞觀光卡Valencia Tourist Card

　　在效期內，可以任意搭乘巴士、地鐵、電車等大眾交通，及參觀各重要景點，還有旅遊行程的優惠。

遊客中心或官網購買

💲24小時€15、48小時€20、72小時€25，網上購買享10%折扣

🌐www.visitvalencia.com/valencia-tourist-card

觀光行程

瓦倫西亞觀光巴士Valencia Tourist Bus

　　繞行市區及郊區重要景點的雙層觀光巴士，依行駛路線分為歷史古蹟的綠色巴士和海洋路線的紅色巴士，繞行一圈約90分鐘，效期內可任意上下車及換路線搭乘，一天各10個班次。

🔺官網、遊客中心或上車購票

💲綠色：24小時的全票€16、優惠票€9，48小時的全票€18、優惠票€10；紅色：24小時的全票€19、優惠票€11，48小時的全票€20、優惠票€12。網站購票另

有優惠 🌐www.visitvalencia.com

旅遊諮詢

市政廳遊客中心

🔺P.179A3

🔺Plaza del Ayuntamiento，1　☎524-908

🔽11至2月：週一至六09:30～18:00、週日和假日10:00～14:00；3至10月：週一至六09:00～19:00、週日和假日10:00～14:00

🚫1/1、1/6、12/25 🌐www.visitvalencia.com

Paz遊客服務中心

🔺P.179B2 🔺Paz，48　☎986-422

🔽11至2月：週一至六09:30～18:00、週日和假日10:00～14:00；3至10月：週一至六09:00～19:00、週日和假日10:00～14:00 🚫1/1、1/6、12/25

Joaquín Sorolla火車站遊客中心

🔺San Vicente，171　☎803-623

🔽週一至五10:00～18:00，週六10:00～15:00

🚫週日、1/1、1/6、12/25

MAP ▶ P.179A2

絲綢交易中心

MOOK Choice

La Lonja de la Seda

城市繁榮的象徵

🚇從市政廳廣場，步行約10分鐘　🏠Plaza del Mercado s/n.
☎962-084-153　🕐週一至六10:00～19:00，週日和假日
10:00～14:00　🈳1/1、1/6、5/1、12/25　💲全票€2，週
日及假日免費入場　🌐www.visitvalencia.com

掃地圖

　　這座氣宇不凡的建築位於瓦倫西亞市中心，因應當時鼎盛的絲綢貿易，於1483年開始修建，其後歷經整建，今日以其精緻的哥德式建築，展現身為世界遺產的風采。

　　屋內正廳寬21.39公尺、長35.6公尺、高17.4公尺，室內8根巨大石柱呈螺旋狀，自大理石地板往上直至拱頂，象徵扭纏的船繩和絲絹。從建築的細節，看得出創意與實用的結合，例如自外牆伸出的28座出水口，仿自傳說中的魔怪，造型極盡誇張，但導水功能無懈可擊。

　　當年在這裡進行許多貿易商業行為，但除了簽訂許多關鍵性的經貿契約，這裡曾設立西班牙第一座貿易法庭，地下還建有地牢，欠債商人在審

判有罪後就會直接送入監獄，用來解決當時多如牛毛的貿易糾紛！

　　交易中心後曾轉做為麥倉、醫院使用，但仍不脫商賈氣息，每週日在正廳定時舉辦錢幣及郵票交易市集，不妨親臨參與。

MAP ▶ P.179A2

中央市場

Mercat Central

傳統熱鬧朝市

🚇從市政廳廣場，步行約10分鐘　🏠Plaça de la Ciutat de
Bruges s/n　☎829-100　🕐週一至六07:30～15:00　🈳週日
🌐www.mercadocentralvalencia.es

　　走一趟中央市場，就能了解瓦倫西亞人對待美食的態度。這座佔地廣達8,030平方公尺的圓頂建築物，1928年開門營業，有數千個攤位在此販賣著蔬果、魚肉、火腿，是歐洲數一數二的大型市場，

掃地圖

入口處可以看到磁磚鑲嵌著市場大名。

　　若想採買物資，或貼近當地民情，中央市場無疑是最好的選擇。這裡的物品齊全價廉，精力旺盛的小販尤其能讓你見識到西班牙式的熱情。

MAP ▶ P.179B2

大教堂
Catedral
見識最後晚餐的聖杯

🚶從市政廳廣場，步行約10分鐘 🏠Plaça de l'Almoina s/n ☎918-127 ⏰11至2月：10:30～17:30（11月的週日延至14:00開門）；3月至7月中、9月中至10月：10:30～18:30，週日14:00～17:00；7月中至9月中：10:30～18:30（週日延至14:00開放）ⓧ12至2月的週日 💲教堂與博物館：全票€8、優待票€5.5；鐘樓：全票€2、優待票€1.5 ⓣwww.catedraldevalencia.es

 　　大教堂有著漫長的工程期，始建於13世紀，直至1482年完工，建築型式因此混合了各個時期的流行風格，如立面的3座大門，Puerta del Palau採羅馬式風格，使徒門(Puerta de los Apóstoles)屬於哥德式，至於主大門則是巴洛克風格。

　　教堂內的主禮拜堂以金、銀、翡翠、藍寶等裝飾，極盡華麗之能事，毫不掩飾地展現大教堂的恢弘地位。附設的博物館藏有許多珍品，特別是南翼禮拜堂展示的瑪瑙杯，傳說是耶穌在最後晚餐時使用的聖杯。緊倚教堂左側的八角形鐘樓(Torre del Miguelete)是瓦倫西亞的地標，207級螺旋梯直通樓頂，考驗遊客的腳力，回饋是環視360度的市區全景。

　　每週四中午12點準時開庭的水利法庭(Tribunal de las Aguas)，在使徒門前舉行已有1,000多年歷史，8位穿著嚴謹肅穆的法官，在此為農民仲裁灌溉用水問題，擁有獨一無二的權威性。有意一睹開庭的遊客請提早前往，若逢風調雨順，無案可議，法庭當場會立即宣告散會。

MAP ▶ P.179B1

塞拉諾城樓

MOOK Choice

Torres de Serranos
既雄壯又柔雅的軍事要塞

🚶從市政廳廣場，步行約15分鐘，或搭5、19、27、79、80、94、98號巴士，至Torres de Serranos站 🏠Plaza de los Fueros s/n ☎919-070 ⏰週一至六10:00～19:00，週日和假日10:00～14:00 💲全票€2，週日及假日免費入場 ⓣwww.visitvalencia.com

 　　瓦倫西亞自古即為兵家必爭之地，早在11世紀，回教徒就以現今的大教堂為城中心，築起第一道城牆，也開啟了瓦倫西亞的黃金年代。1365年，King Pedro IV再築新城牆，12道厚實的城門打造出固若金湯的氣勢，並將城區往外拓展3倍，自此奠定瓦倫西亞獨霸一方的威望。

　　到了1865年，政府實施重劃整建計畫，城牆拆毀殆盡，僅留下塞拉諾城樓和奎爾特城樓(Torres de Quart)。Pere Balaguer建於1392至1398年的塞拉諾城樓，外觀威嚴，其間點綴著哥德式裝飾，這在當時是一大創舉，今日仍是全歐知名的範例。

孤苦聖母教堂

MAP ▶ P.179B1

Basílica de la Virgen de los Desamparados

當地市民信仰中心

🚶 從市政廳廣場,步行約12分鐘 🏠 Plaza de la Virgen , 6
☎ 919-214 ⏰ 07:30～14:00、16:30～21:00 💲 免費
🌐 www.basilicadesamparados.org

建於1652至1667年,面積不大的主禮拜堂呈橢圓形,Antoni Palomino在穹頂安置禮讚聖母塑像,典雅的聖母手持權杖、披著長袍,慈愛地懷抱著聖子,俯視眾生,立於兩側的Saint Vicent Martir及Saint Vicent Ferrer,則出自Esteve Bonet之手。這裡常見排隊人潮,是教堂一大特色。

每年有兩個時段,信徒可以向聖母表達崇敬之意,一是3月火節,聖母會被花海環抱;一是5月第二個週日,信徒當天會舉著聖母遶市遊行,這兩大節慶都有成千上萬的信徒參與。

掃地圖

瓦倫西亞現代美術館

MAP ▶ P.179A1

Institut Valencia d'Art Modern

西班牙現代藝術先鋒

🚶 從市政廳廣場,步行約20分;或搭公車5號至美術館門口 🏠 Guillem de Castro 118 ☎ 176-600 ⏰ 週二至日10:00～19:00,週五延後至21:00休息 休 週一 💲 全票€6、優待票€3 🌐 www.ivam.es 🎫 週五19:00～21:00、週六15:00～19:00、週日全天免費入場

掃地圖

瓦倫西亞建築師Emilio Giménez和Garlos Salvadores聯手打造,這座西班牙首座現代藝術館於1989年2月開幕,展覽空間明亮寬敞,長期展出當地雕刻家Julio González和畫家Ignacio Pinazo Camarlench的作品,另搭配前衛創新的現代藝術特展,提供新興藝術家一個嶄露頭角的機會。

火節博物館

MAP ▶ P.179B3

Museo Fallero

市井藝術深植人心

🚌 公車15、95號,至Alcalde Reig站 🏠 Plaza Monteolivete 4 ☎ 525-478 ⏰ 週二至六10:00～19:00、週日及假日10:00～14:00 休 週一、1/1、1/6、5/1、12/25 💲 全票€2、優待票€1。週日及假日免費 🌐 www.fallas.com

掃地圖

如果可以,最好選在3月13日至3月19日造訪瓦倫西亞,參與火節盛會,見識烈焰奇景,但如果錯過了,別遺憾,你還可以參觀火節博物館。

關於火節的照片、資料、海報,及塑像等,都收藏在火節博物館。而且,除了第一名,其他參與遊行的塑像都會在3月19日午夜獻身火海,因此,火節博物館裡的全都是歷年來最棒的作品!

馬約卡島
Mallorca

馬約卡島是巴利亞利群島(Illes Balears)的最大島，隔海遙望巴塞隆納和瓦倫西亞，面積約3,640平方公里，東西長100公里，南北長75公里。以土耳其藍的海水、翠綠的山峰和特殊的石灰岩地形著稱。

音樂家蕭邦和法國女作家喬治桑皆選在馬約卡島度假養病；作家彼得·科爾(Peter Kerr)以全家人在馬約卡島生活的點滴創作出《夏日農莊》；藝術大師米羅則於1956年在這裡打造大畫室，並從巴塞隆納遷居至此，你或許不知道，潮鞋品牌Camper也是來自馬約卡島！

INFO

基本資訊
人口：約86萬人 **面積**：3,640平方公里 **區號**：(0)971

如何前往
航空

國際機場(Aeroport de Palma)位於帕馬以東8公里處，西班牙各大城市都有班機飛往此地，從馬德里出發，航程約1小時15分鐘，從巴塞隆納則約50分鐘。

從機場可以搭乘1號巴士前往帕馬市區北邊的西班牙廣場(Plaça d'Espanya)，平均每30分鐘一班車，車程約20分鐘，巴士營運時間為06:00～01:50（冬季末班車提早至01:10）。

渡輪

從巴塞隆納、瓦倫西亞，皆可搭船至帕馬港，從巴塞隆納出發，船程約6至7.5小時，從瓦倫西亞則需7.5小時至9.5小時。

帕馬港位於市中心以西4公里處，在第二碼頭前，可搭1號巴士前往市中心的西班牙廣場。

Balearia渡輪 www.balearia.net
Trasmediterranea渡輪 www.trasmediterranea.es

市區交通

帕馬市區的巴士路線眾多，另可搭乘帕馬觀光巴士，沿途經過西班牙廣場、貝爾維古堡(Castell de Bellver)和港口等，相當方便。
帕馬觀光巴士 www.city-ss.es

島上交通
巴士

從帕馬火車站附近的巴士總站(Estació d'Autobusos)，可搭巴士往返島上各個城市。往波顏撒的車程約1小時，往索耶約30分鐘，至瓦得摩莎則約35分鐘。
www.tib.org

火車

馬約卡島上有2條鐵路，分別是通往索耶的觀光火車，及內陸線Inca、Sa Pobla和Manacor的火車。往索耶的火車，每天有6班，回程則有5班，時刻表與票價可至Ferrocarril de Sóller火車站網站查詢(www.trendesoller.com)。

旅遊諮詢
馬約卡島旅遊服務中心
Plaça de la Reina 2, Palma 789-556
週一至五08:30～18:00、週六09:00～16:00（週日提早至13:30）
www.infomallorca.netwww.infomallorca.net

帕馬

`MAP ▶ P.183A2`

帕馬大教堂

MOOK Choice

Catedral de Palma de Mallorca

高第打造聖體傘

🚶 從帕馬港旁的Pl. de la Reina，步行約3分鐘 🏠Plaza de la Almoina s/n ☎713-133 ⏰冬季：週一至六10:00～15:15，夏季：週一至五10:00～15:15（週六提早至14:15）；頂樓陽台：5至10月的週一至五10:00～16:30（週六提早至13:30）休週日 💲教堂：全票€9、教堂＋頂樓陽台：全票€20 🌐www.catedraldemallorca.org

漢姆一世終結伊斯蘭在馬約卡的統治後，下令在清真寺原址，興建哥德式的帕馬大教堂。整座教堂臨水而立，望著帕馬灣(Badia de Palma)和漁港，壯觀的砂岩建築，一派和諧優雅。

教堂內除了炫麗的玫瑰窗（1370年）和高聳的穹頂，還有3座中殿：主殿是聖三一禮拜堂(Capella de la Trinidad，1329年)，長眠著漢姆二世和漢姆三世兩位君王；皇家禮拜堂(Capella de Corpus Christi)中，祭壇正上方的聖體傘(Baldaquino)，在1904至1914年間，由高第重新打造，充份展現高第擅長的鍛鐵技術。

大教堂的立面也極為突出，主門(Portal Mayor)由14根高達22公尺的柱子支撐著，由Guillermo Sagrera雕刻的阿爾莫尼亞門(Portal de l'Almoina，1498年)則是極簡的哥德式樣，另有以幾何學和蔬菜為主題的觀望門(Portal del Mirador)。

帕馬

`MAP ▶ P.183A2`

貝爾維古堡

Castell de Bellver

冰與火之歌的場景

🚶 帕馬市中心搭巴士3、20、46至Pl Gomila站，步行20分鐘；或搭直達的觀光巴士 🏠Carrer de Camilo José Cela s/n ☎735-065 ⏰4至9月：週二至六10:00～19:00、週日和假日10:00～15:00；10至3月：週二至六10:00～18:00、週日和假日10:00～15:00 休週一 💲全票€4、優待票€2

城堡建於1300到1310年，扼守全島制高點，爬上古堡頂端，整座帕馬港灣盡收眼底。貝爾維古堡由漢姆二世下令興建，是摩爾人統治時期所留下最具代表性的建築，採哥德建築形式，兼具防禦和居住用途。目前內部為歷史博物館，展示帕馬發展的相關歷史文物。

整座城堡採環形設計、擁有4座塔樓，外有防禦性的護城河、內有精緻的拱門迴廊，是歐洲少數的環形城堡之一，因此得以被HBO熱門影集《冰與火之歌》團隊選為拍攝場景。

西北海岸

MAP ▶ P.183A1

瓦得摩莎

MOOK Choice

Valldemossa

蕭邦與喬治桑靈感泉源

🚌距帕馬20公里，從帕馬巴士總站搭203號巴士，車程約35至45分鐘，單程車資€4.5

　　小城十分簡樸，數條陡峭的街道貫穿其間，周圍是繁茂的森林，遍植橄欖樹和杏仁樹，若於冬末春初來此，滿山遍野的杏花，搭配偶至的雪花，景色殊絕。

　　城內最有名的是卡修森修道院(Monestir de

la Reial Cartoixa de Valldemossa)，不僅國王漢姆二世曾在此落腳，蕭邦和喬治桑的到訪更讓修道院成為另類的朝聖地點。

　　蕭邦的《雨滴前奏曲》(Prelude，Op28)，就是在雨夜的修道院中創作出來的，他的樂譜、零散的手稿，和鋼琴，目前保存在修道院的博物館內；喬治桑也曾以島上的風土民情和自然風光為本，寫出《馬約卡之冬》，皆為修道院增添了些許文藝氣息。

西北海岸

MAP ▶ P.183A1

索耶

Sóller

寧靜山谷小鎮

🚆從帕馬的Ferrocarril de Sóller車站搭火車，車程1小時，來回車資€32；或從帕馬巴士總站搭231、232號巴士，車程30分鐘，單程車資€4.5 🌐visitsoller.com

　　從帕馬前往索耶的途中，是滿山遍野的柑橘、橄欖，令人心曠神怡。推薦坐在索耶憲法廣場(plaça de Constituco)的咖啡座或餐廳，邊享受咖啡或美食，邊看著叮噹穿過的有軌電車，享受寧靜又悠閒的時光。

　　這座小城擁有數棟頗具歷史與藝術價值的建築，例如14世紀的Sant Bartomeu教堂、現代主義風格的銀行、新藝術風格的豪宅，及奧地利皇太子Archduke Luis Salvador的宅第等。

西北海岸

MAP ▶ P.183B1

波顏撒

MOOK Choice

Pollença

北端濱海小鎮

🚌從帕馬搭巴士，車程約1小時 🌐www.pollensa.com

　　波顏撒的港口和海岸生氣蓬勃，是島上最熱門的觀光勝地，儘管如此，當地仍有一種遠離喧囂的純樸。小城邊上有座羅馬橋

(Pont Roma)，是參觀重點之一，另一個重點是卡瓦利山(El Calvari)上的Oratori禮拜堂，小巧精美，從禮拜堂往下眺望，遠處的耕地與城裡的石屋相映成趣。

　　旅客服務中心旁的聖多明哥修道院，有著巴洛克式的祭壇和哥德式雕刻的屏風，在7、8月的音樂節期間，逢週三和週六晚會在此舉辦演奏會。

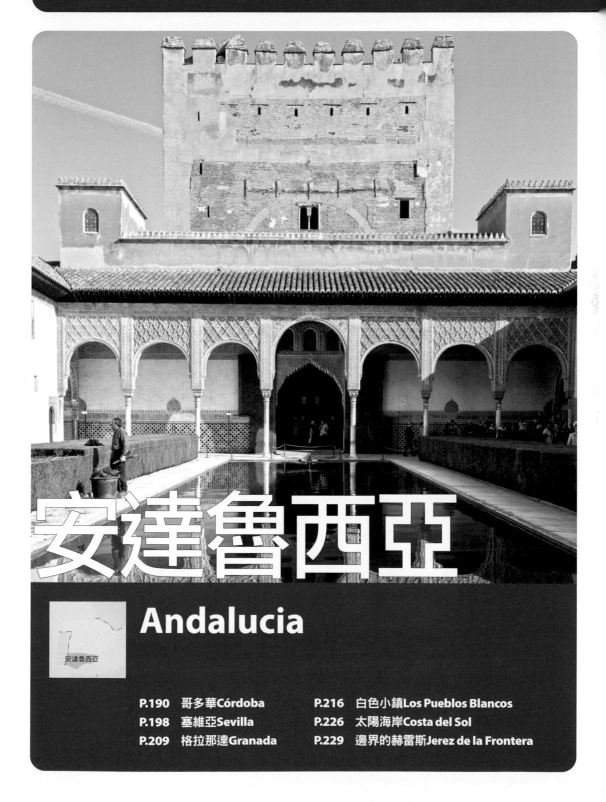

安達魯西亞

Andalucia

安達魯西亞

碧如洗的藍天、隨丘陵起伏的橄欖園、被艷陽曬得亮晃晃的白色建築、結實纍纍的橙黃柑橘…這是安達魯西亞的日常風光，說這是西班牙的縮影，似乎也不為過，畢竟許多遊人對這個陽光國度的印象，就是源自此區的佛朗明哥舞、鬥牛和雪莉酒，及大名鼎鼎的阿爾罕布拉宮。

安達魯西亞因鄰近非洲，無論氣候或文化都深受影響，撒哈拉沙漠的熱風穿越直布羅陀海峽，吹進安達魯西亞，為夏日帶來炎熱的氣候；同樣渡海而來的，還有北非的摩爾人。

摩爾人建立長達8個世紀的伊斯蘭政權，即便腓尼基人、古羅馬人和西哥德人曾先後統治安達魯西亞，且最後被天主教雙王收復，摩爾政權帶來的伊斯蘭文化仍影響悠遠，成為伊比利半島最富異國風情的地區。

往更南的地方走去，星羅棋布於山間海濱的白色小鎮，以及擁有崎嶇海灣和溫和氣候的太陽海岸(Costa del Sol)，是這一區的熱門度假勝地。

安達魯西亞之最Top Highlights of Andalucia

阿爾罕布拉宮La Alhambra
宮殿傲立於格拉那達山崖之上，從王宮、花園到軒尼洛里菲宮，將精緻的摩爾藝術發揮得淋漓盡致。(P.212)

塞維亞大教堂Catedralde Sevilla
西班牙最大的教堂，同時是哥倫布長眠之處，融合哥德、文藝復興和伊斯蘭等建築風格，蒐藏珍貴的宗教藝術。(P.202)

哥多華清真寺
Mezquita-Catedral
隱藏在清真寺裡的天主教堂，世上少見伊斯蘭教與天主教得以如此奇特的方式混血併存。(P.194)

隆達
坐落在740公尺高的山崖上，為西班牙最古老的城鎮之一。新橋跨越深100多公尺的峽谷，構成驚心動魄的絕景，是白色小鎮最具代表性的城鎮。(P.217)

How to Explore Andalucia
如何玩安達魯西亞

陽光、柑橘、白色山城、穆德哈爾式建築⋯安達魯西亞形塑出最經典的西班牙印象，大名鼎鼎的哥多華、塞維亞和格拉拉那達已難以取捨，再加上白色小鎮、地中海沿岸，時間怎麼分配都不夠用。先快速瀏覽各城精華，再做決定！

塞維亞Sevilla

先是長期接受伊斯蘭藝術的洗禮，後成為卡斯提亞王室最喜愛的住所，塞維亞保留著許多珍貴的穆德哈爾式建築。乘坐馬車，漫遊石板路、迷失在王宮中庭、穿梭於聖十字區的蜿蜒街道，塞維亞像跳著佛朗明哥舞的女郎，教人移不開視線。

代表景點：大教堂和希拉達塔、阿卡乍堡、瑪麗亞露意莎公園

邊界的赫雷斯Jerez de la Frontera

安達魯西亞第五大城，坐落於山脈和海洋之間，肥沃土壤孕育出聞名全球的雪莉酒，此外，這裏也是安達魯西亞名駒的故鄉。

代表景點：雪莉酒窖、阿卡乍堡、安達魯西亞皇家馬術學校

白色小鎮Los Pueblos Blancos

鋪著鵝卵石的山坡小徑，串連起綠意盎然的中庭，白色屋舍沿著山坡層層堆疊，陽台上各色花朵爭相綻放，白色小鎮個個擁有屬於自己的個性。

代表景點：隆達、瓜地斯、格拉薩萊馬

哥多華Córdoba

這座世界文化遺產的城市，混合了伊斯蘭教、天主教和猶太教文化。漫步狹窄曲折的巷弄間，白色牆面迸出鮮豔花朵，遇見自成一方天地的靜謐中庭。除了清真寺裡數不清的拱門柱林，哥多華的閒情逸致更加迷人。

代表景點：羅馬橋、阿卡乍堡、清真寺

格拉那達Granada

阿爾罕布拉宮無疑是全世界旅人朝格拉那達前進的主因，而它的賣點不僅於此，作為伊斯蘭政權統治最久的城市，阿爾辛拜區的阿拉伯風情至今依然流竄石板巷弄間，白色山城薩克羅蒙特則呈現吉普賽人的自由與奔放。

代表景點：阿爾罕布拉宮、大教堂、阿爾拜辛區

太陽海岸Costa del Sol

方便船隻停泊的海灣、綿延細緻的沙灘、全年超過300天的晴日，加上慵懶的地中海氣氛，和洋溢當地風情的舊城，讓太陽海岸成為歐洲人最愛的度假勝地。

代表景點：馬貝拉、馬加拉

189

●哥多華

哥多華
Córdoba

哥多華曾是羅馬帝國統治下的西班牙首都，西哥德人在西元6至8世紀佔領此地，200多年後，摩爾人聯合受天主教迫害的猶太人，拿下哥多華的統治權，在阿布杜勒‧拉曼三世(Abd-al-Rahman III)和哈坎二世(Hakam II)的統治期間，哥多華成為10世紀歐洲最進步且富裕的城市，擁有一座阿拉伯大學，以及300多座清真寺。

在舊城區裡，伊斯蘭的建築、靜謐的中庭和陽台的鮮豔花朵，讓哥多華成為一座浪漫迷人的城市，特別是境內融合伊斯蘭教、猶太教和天主教等文化，清真寺的拱門與壁龕代表著摩爾人政權帶來的伊斯蘭藝術，猶太區保留著伊比利半島罕見的猶太教堂，至於14世紀的皮亞納宮(Palacio de l Viana)，則為西班牙16至17世紀的黃金時期埋下伏筆。

INFO

基本資訊
人口：約32.5萬人　**面積**：1,253平方公里　**區碼**：(0)957

如何前往
◎火車
　　從馬德里的阿托查火車站，可搭高速火車AVE和長程特快車ALTARIA，車程約1小時40分至2小時；從塞維亞，可搭AVE、ALTARIA或MD，車程約40分至1小時20分；從格拉那達，車程約1小時50分。詳細時刻表及票價可上網或至火車站查詢。

　　哥多華的中央火車站(Estación Central)位於舊城北方約2公里處，可搭3號巴士至羅馬橋邊，或步行20至30分鐘，搭計程車前往市區約€5。

西班牙國鐵 🌐www.renfe.com

◎長途巴士
　　從馬德里的南巴士總站，搭Secorbus巴士公司的車，車程近5小時，每天約5班車；從巴塞隆納北車站，搭Alsa巴士公司的車，約15小時，一天4班（週六3班）；從格拉那達或塞維亞，搭Alsa巴士，車程各需2小時50分和2小時。至於哥多華巴士站，就在火車站旁。

Secorbus巴士 🌐www.socibus.es
Alsa巴士 🌐www.alsa.es

市區交通
　　景點多在舊城市區，可以步行遊覽。

旅遊諮詢
◎哥多華遊客中心
📍P.191A2　🏠Plaza del Triunfo（羅馬橋旁）
902-201774　🕐週一至六09:00～19:00，週日和假日09:00～14:30　🌐www.turismodecordoba.org

◎中央火車站遊客中心(RENFE-AVE)
🏠Estación Central
🕐09:30～14:00、16:30～19:30
🌐www.esp.andalucia.com

◎坦蒂里亞斯廣場遊客中心
🏠Plaza de las tendillas　🕐09:00～14:30

喧囂中尋覓一方寧靜－中庭Patio

　　安達魯西亞的中庭，是最能展現出數百年伊斯蘭政權帶來的文化特色，尤其是哥多華，行走於巷弄間，常會突然闖進藏身其中的一方寧靜空間。

　　中庭的文化來自兩個外來政權：一是羅馬，一是伊斯蘭。羅馬人將中庭視為與人會面之處；伊斯蘭文化裡，中庭則是休息與娛樂的空間。至於今日的中庭，延續著這兩大功能，可以在這裡偷得浮生半日閒。

　　在San Lorenzo、猶太街區、清真寺西邊的San Basilio等地，可以看到典型的安達魯西亞地中海型房舍中庭，特色包括磚瓦砌成的拱形門柱、色彩鮮豔的瓷磚、鐵門或燈飾等鐵製品，以及幾棵柳橙或檸檬樹、小池塘或水柱，和許多花朵，圍繞著中庭的是客廳和臥室。

　　一般只要看到門口有「Patio」標誌，即可入內參觀中庭，開放時間約下午5點到凌晨，全年開放的則有皮亞納宮和安達魯西亞之家。而在每年5月初的中庭節(Festival de los Patios)，為了角逐獎項，至少有50多座中庭會用大量鮮花裝飾，相當值得前往參觀。

MAP ▶ P.191B2

羅馬橋

MOOK Choice

Puente Romano
扼守城市的戰略要道

🚶 從清真寺，步行約2分鐘

掃地圖

奧古斯都大帝在西元1世紀打造的羅馬橋，如今僅殘留部分橋樑，其他皆為後來整修新建，因此整座橋看起來相當新。

羅馬橋自清真寺前的橋門(Puerta del Puente)延伸至對岸的卡拉歐拉塔(Torre de la Calahorra)，橋長230公尺，共有16座橋墩，4座呈尖頂狀，其他則為半圓形，中央立著哥多華的守護神—聖拉菲爾(San Rafael)雕像，這是出自藝術家Gómez del Río之手。

卡拉歐拉塔

🏠Puente Romano s/n　📞293-929　🕐6至9月：10:00～14:00、16:30～20:30；10至5月：10:00～19:00　💲全票€4.5、優待票€3　🌐www.torrecalahorra.com

建築與遺產之城(La Cité de l'Architecture et du Patrimoine)和夏佑國家劇院(Théâtre National de Chaillot)位於東翼，前者於2007年成立，近1萬平方公尺的展區展示了法國從12世紀至現代有關歷史古蹟、建築和城市設計的文物和作品，後者是法國文化部指定做為巴黎4個國家劇院的其中之一，在此可以欣賞到一流的戲劇、舞蹈和時尚秀等各式藝文表演。

💡

燉牛尾Rabo de Toro

燉牛尾是哥多華的傳統料理，也是西班牙名菜，當年為了充份利用因鬥牛而死亡的牛隻，以香料與紅酒燉煮入味，肉質軟嫩多汁又富含膠質。今天若走進餐廳詢問招牌菜，十之八九會推薦這道燉牛尾！

阿卡乍堡

MOOK Choice

Alcázar de los Reyes Cristianos

曾經的皇宮兼堡壘

🚶 從清真寺，步行約5分鐘　🏠 Calle Caballerizas Reales
420-151　🕐 6月中至9月中：週二至日08:15～14:45；9月
中至6月中：週二至五08:15～20:00、週六09:30～18:00、
週日08:15～14:45　🚫 週一　💲 全票€4.91、優惠票€2.66、
哈里發浴池€3.11　🌐 www.alcazardelosreyescristianos.
cordoba.es

掃地圖

　　四周築起厚實城牆的阿卡乍堡，
既是要塞也是皇宮，歷經統治者的
更迭，層層建築彼此相疊或接鄰，
形成今日這座擁有古羅馬、西哥德、伊斯蘭等多
樣風格的建築。

　　在西元1236年費南度三世收復哥多華後，這
座伊斯蘭王殿便棄置成為廢墟，阿方索五世著
手重建，於14世紀的阿方索六世任內完工。然
而，這處天主教雙王曾經下榻的地方，仍一度
淪為監獄，在1428至1821年還成為宗教法庭
(Inquisition)所在地。

　　堡內現設置博物館，藏有3世紀的古羅馬石
棺，石棺上方浮雕一扇半開的門，描述死後前往
地下世界的歷程，而在巴洛克式的小禮拜堂牆
上，可以看到珍貴的馬賽克鑲嵌，蛇髮女妖梅杜
莎、愛神厄洛斯等神話人物清晰可辨。

　　除了登高塔和城牆來欣賞風景，不要錯過阿卡
乍堡的阿拉伯式庭園，排列有序的噴水池、池
塘、橘子樹、花園、樹林，及自庭園後方延伸出
去的古羅馬城牆和城門，皆值得細細品味。

　　皇宮外有一座保存狀況良好的哈里發浴池
(Baños del Alcázar Califal)，屬於皇宮的一部
分，設有不同水溫的水池，陽光透過拱頂的星形
氣孔灑落地面，採光之外，也很有伊斯蘭風味。

爭取贊助的哥倫布

哥倫布當初能
愉快出航，尋找
新大陸，要感謝
天主教雙王伊莎
貝爾女王和費南
度二世的贊助，
1489年他就是
在這座城堡內，
謁見雙王爭取贊
助，庭院裡還有
座雕像描寫當時
場景！

清真寺

MOOK Choice

Mezquita–Catedral

伊斯蘭柱子叢林遇見教堂

🚶 從羅馬橋,步行約3分鐘 　🏠 C/ Cardenal Herrero 1 　☎ 470-512 　🕐 清真寺:週一至六10:00～19:00,週日和假日08:30～11:30、15:00～19:00;鐘塔:09:30～14:30,購票時會安排上塔時間 　💲 日間全票€11、優待票€9、鐘塔€3 　🌐 www.catedraldecordoba.es 　⏰ 週一至六08:30～9:30免費參觀

掃地圖

　　舉世聞名的哥多華清真寺,最早可追溯至西元786至788年的伍麥葉王朝,阿布杜勒·拉曼一世(Abd al Rahman I)下令興建這座規模超過巴格達清真寺的建築,它是伊斯蘭王朝留在安達魯西亞的最佳文化遺跡,但耐人尋味的是,裡頭還塞了座教堂!

　　9至10世紀,哥多華發展成足以媲美東羅馬帝國首都君士坦丁堡的城市,阿布杜勒·拉曼三世(Abd ar-Rahman III)決定打造一座能充分彰顯這座城市繁榮和因應需求的清真寺,重建了高達80公尺的喚拜塔。其子哈坎二世(Hakam II)則將清真寺擴建一倍,拆除了南邊牆面,增添了14排廊柱,並聘請拜占庭工匠打造一座堪稱摩爾式宗教建築最美的壁龕(Mihrab)。

　　清真寺最後一次的擴建工程,是Almanzor在東翼新增的7排廊柱,完成今日所見這座占地2萬4,000平方公尺、可容納2萬5千人的超大清真寺。它是西方世界中規模最大的清真寺,也是伊斯蘭教藝術的最佳典範。

　　然而,天主教政權收復哥多華後,清真寺搖身一變,成了天主教徒的禮拜場所,不過,在天主教雙王收復這座城市將近3個世紀後,16世紀的卡洛斯五世不顧當地市政府與居民的反對,硬要將清真寺改建成天主教堂,把文藝復興風格的主祭壇和唱詩班席大剌剌地放在清真寺的正中央。

　　儘管這樣的改建工程對清真寺造成永難回復的破壞,並引發後世相當多的批評,卻也因此誕生了一座獨一無二的奇特建築。或許,它的存在便是為了說明當年伊斯蘭教和天主教的文化如何互相影響,並產生了什麼樣的糾結情緒!

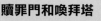

主教堂 Cathedrall

卡洛斯五世在1523年動工興建主教堂，他與當時的主教達成協議，不破壞哈坎二世擴建的部分，更動的部分將鎖定阿布杜勒‧拉曼三世和Almanzor增建的區塊。工程歷經兩個世紀，建築師Hernán Ruiz I和其兒孫先後參與工事，最後完成這個擁有拉丁十字結構的建築。

整座教堂結合16至17世紀的法蘭德斯、文藝復興和早期巴洛克的建築風格，哥德式拱頂和文藝復興式圓頂的下方，是17世紀完工的大理石祭壇，兩旁以大理石和桃花心木打造的講壇，出自雕刻家Miguel Verdiguer之手，而邱里格拉風格的唱詩班席則幾乎每吋都刻滿了圖案。

拱門與樑柱 Arches and Pillars

清真寺中有850多根外來的花崗岩、碧玉和大理石柱，多半來自西哥德人和羅馬人的建築。在昏暗的清真寺內，眾多的樑柱營造出一種神祕的氣氛。紅白兩色磚石砌成的馬蹄狀拱頂，壓在一根根柱腳上，數十列一字排開，形成一座柱林，既如棋盤般整齊，又如迷宮般令人迷惑。

贖罪門和喚拜塔 Puerta del Perdon y Minaret

緊鄰喚拜塔的贖罪門，是1377年天主教政權統治下動工的建築，卻有著穆德哈爾式風格，據說通過此門，所有罪孽都將被赦免，如今則做為出口使用。

現在用途是鐘樓的喚拜塔，是帶領哥多華邁向盛世的阿布杜勒‧拉曼三世所建，1593年因遭大風暴破壞，天主教廷於是委任Hernán Ruiz II將它改建成鐘樓；17世紀末時，為了害怕坍塌，再次強化其建築結構。鐘塔上方立著聖拉菲爾雕像，與羅馬橋上的雕像一樣，皆是藝術家Gómez del Río的作品。

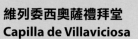

維列委西奧薩禮拜堂 Capilla de Villaviciosa

天主教政權入駐哥多華的第一年，清真寺便被祝聖為大教堂。不過，禮拜堂則要等到阿方索十世在1371年下令興建，維列委西奧薩禮拜堂是首座在清真寺內的禮拜堂，裝飾著許多造型特殊的多重菱瓣拱形門柱。

壁龕 Mihrab

清真寺南邊的壁龕是摩爾宗教藝術的經典之作，以一整塊大理石打磨出貝殼狀頂棚的壁龕和兩旁側廳，用金碧輝煌且巧奪天工的拜占庭鑲嵌藝術裝飾，令人嘆為觀止！壁龕在伊斯蘭教膜拜儀式中有兩個功能：一是標示麥加的方向，一是讓帶領祈禱的伊瑪目(Imam)聲音更嘹亮。地上一面面帶有磨痕的石板，是昔日教徒行一日七跪的禱告處。

橘園中庭 Patio de los Naranjos

庭園因滿是橘子樹而聞名，同樣經過多次整建，阿布杜勒‧拉曼三世在重建新喚拜塔的同時，也將庭園往北擴建，這裡在伊斯蘭政權時期用來舉辦公眾活動，像是政策宣揚與教導。中庭有一個阿蒙斯爾水池，以前是供信徒禱告前淨身。

195

猶太街區

La Judería

窄巷裡的花花世界

🚶 從清真寺,步行約5分鐘 🏠 清真寺和Avda. del Gran Capitán之間

猶太會堂 🏠 Calle Judíos 20 ☎202-928 ⏰週二至六09:00～21:00(7至8月提早至15:00休息),週日及假日09:00～15:00 🚫週二至六09:00～21:00(7至8月提早至15:00休息),週日及假日09:00～15:00 💲€0.3 🔗www.turismodecordoba.org

掃地圖

清真寺的北邊和西邊都屬於猶太區,一盆盆鮮艷花卉妝點著牆壁,其中以百花巷(Calleja de las Flores)最為迷人,附近聚集不少餐廳和紀念品店,店家陳列於戶外的商品讓人目不暇給。

猶太區是舊城中最古老的一區,四周有多座清真寺,這裡曾聚集著伊比利半島上最大的猶太社群。猶太人在伊斯蘭政權期間扛起重要的經濟支柱,因此不但免於種族迫害,還受到摩爾人重用,多數擔任稅吏。

不過,天主教收復國土之後,猶太人也失去了勢力,甚至在1492年被逐出西班牙國土。現今唯一能見證那段猶太歷史的,是坐落於猶太街區的猶太會堂(Sinagoga),它是西班牙境內碩果僅存的3座中世紀猶太會堂之一,其他兩座位於托雷多。根據建築內發現的碑文,這間會堂大約興建於1314至1315年,一直使用到被驅逐為止。

安達魯西亞之家

Casa Andalusí

12世紀回憶寶屋

🚶 從清真寺,步行約5分鐘 🏠 Calle Judíos 12 ☎290-642 ⏰10:00～19:30 💲全票€4、優惠票€2.5 🔗lacasaandalusi.es

掃地圖

猶太會堂旁的安達魯西亞之家,有如是哈里發(Caliphate)統治時期的迷你珠寶盒,穿過那扇窄小的大門,時光便回到12世紀。

穿過雕刻著阿拉伯圖案的摩爾式拱廊,小小的廳房裡展示著手工造紙機器。這項來自中國的技術,10世紀時隨著穆斯林從巴格達傳進西班牙,哥多華正是歐洲第一個懂得造紙的城市。

從另一道門出去,狹巷通往另一座中庭,沿途建物倚著古城牆而建,更直接將古城牆當做建物的一面牆,這些牆面訴說著12世紀以來的上千年變遷。地下室則保留了西哥德式的淺浮雕,藏有不同伊斯蘭政權時期的金、銀、銅幣。

小馬廣場
Plaza del Potro
文豪也曾是過客

🚶 從清真寺，步行約10分鐘
哥多華美術館 🕐週二至六09:00～21:00
（7至8月提早至15:00休息）、週日及假日
09:00～15:00　休週一　💲€1.5　🌐www.
museosdeandalucia.es
胡利歐美術館 🕐時間：6月中至9月中：週二至日08:15～
14:45；9月中至6月中：週二至五08:15～20:00、週六
09:30～18:00、週日及假日08:15～14:45　休週一　💲全票
€4.01　🌐museojulioromero.cordoba.es

掃地圖

　這座文藝復興式的噴泉於1577年落成，小馬
雕像是本市的市徽，16、17世紀的商人和旅客
常在此聚集，《唐吉軻德》一書的作者塞萬提斯

不但在書中提及這座廣場，據說也曾下榻一旁的小馬客棧(Posada del Potro)。

　廣場另一側是哥多華美術館(Museo de Bellas Artes de Córdoba)和胡利歐美術館(Museo Julio Romero de Torres)，前者藏有萊亞爾、慕里歐和利貝拉等西班牙大師畫作；胡利歐美術館則展出同名畫家作品，胡利歐19世紀末出生於哥多華，擅長女性繪畫。

考古學博物館
Museo Arqueológico
當地珍貴出土文物

🚶 從清真寺，步行約5分鐘　🏛Plaza
Jerónimo Páez 7　☎355-517　🕐週二
至六09:00～21:00（7至8月提早至15:00
休息）、週日及假日09:00～15:00　休週一
💲€1.5　🌐www.museosdeandalucia.es/
web/museoarqueologicodecordoba

掃地圖

改建自16世紀文藝
復興式豪宅，收藏史前
時代至中世紀的本地文
物。館區共分兩層，包
括羅馬文物、石棺、陶
瓷器及伊斯蘭飾品等。

　最引人注目的，像是西元前1世紀的羅馬劇
場遺址(Yacimiento del Teatro Romano)、
1世紀的大理石潘神面具(Máscara del Dios
Pan)，皆是在本館改建工程時出土，另有來
自郊區的梅迪納亞薩拉宮殿遺址(Medina al-
Zahara)的青銅鹿像(Cervatillo de Madinat
al-Zahra)等。

皮亞納宮
Palacio de Viana
中庭博物館

🚶 從清真寺，步行約15分鐘　🏛Plaza
de Don Gome 2　☎496-741　🕐7至8
月：週二至日09:00～15:00；9至6月：
週二至六10:00～19:00、週日10:00～
15:00　休週一和特殊假日　💲宮殿與花園中庭
€10，花園中庭€6　🌐www.palaciodeviana.com　☀週三
14:00～17:00（7至8月14:00～15:00）免費

掃地圖

　這座豪宅原是皮亞納公爵家族的府邸，興建於
14世紀，16世紀經過多次整修，但至今仍保留
著當年他們離去時的原貌。1981年時做為博物
館對外開放，光從17世紀的家具，及來自法蘭
德斯的織錦、繪畫、陶瓷器等生活用品，不難看
出公爵家族當年的氣派！

　中庭是皮亞納宮最大的
亮點，在約6,500平方公
尺的面積中，中庭就占了
一半以上，曾多次獲得中
庭節大獎，而有「中庭博
物館」的美譽。

塞維亞
Sevilla

熱情而充滿陽光的氣氛，造就出塞維亞迷人的色彩，在這些歡樂的背後，其實有其精采的歷史背景。塞維亞是由伊比利人創建，後來遭凱撒大帝掠奪，成為羅馬帝國管轄下的土地；西元712年被摩爾人攻克，改名為Ishbiliya，成為摩爾王朝的首都；直到1248年，才被費南度三世(Fernando III)收復，回歸為天主教徒的領域。由於長期接受伊斯蘭教藝術的洗禮，至今依然留下許多珍貴的穆德哈爾式建築，成為西班牙文藝復興的重要城市。

乘坐馬車漫遊石板路、在酒館的露天座位邊聊天邊品嘗Tapas下酒菜、迷失在王宮內的中庭、穿梭於聖十字區蜿蜒的街道上、攀爬大教堂的鐘塔俯瞰這座城市、在西班牙廣場追憶20世紀初美洲博覽會的盛況、甚至在春會期間參與西班牙最熱鬧的盛宴……這些都是遊客在塞維亞不可錯過的體驗。

今日身為區域首府的塞維亞可說扮演著捍衛安達魯西亞文化的角色，從佛朗明歌舞、供應下酒菜的小酒館、鬥牛、春會到聖週活動，都讓造訪過的遊客回味無窮。而這座歷史悠久的城市也有新潮的一面，位於化身廣場(Plaza de la Encarnación)的都市陽傘(Satas de Sevilla)如同一座格狀的大型裝置藝術，海浪般的律動曲線劃過城市天空，地下層為考古博物館，地面是中央市場，屋頂與廣場空間合而為一，還能走上格狀傘頂，眺望塞維亞主教堂，將城市的過去歷史、現代生活匯集於這個垂直動線。

INFO

基本資訊

人口：約68.4萬人　**面積**：140.8平方公里
區碼：(0)95

如何前往

◎飛機

　　塞維亞機場(Aeropuerto de Sevilla，代號SVQ)是安達魯西亞區域最主要的機場，位於市區東北方約10公里處，每天有航班往來馬德里及巴塞隆納，透過廉價航空Ryanair、Vueling等往來歐洲主要城市。

　　機場前往市中心可搭乘機場巴士，路線行經火車站、Prado de San Sebastián、最後抵達武器廣場的巴士總站(Plaza de Armas)，04:30～01:00間運行，20至30分鐘一班次，車程約35分鐘，票價單程€4。搭乘計程車前往市中心，車程15分鐘，車資約€24。

Tussam機場巴士 ⓦwww.tussam.es

◎火車

　　從馬德里的阿托查火車站，可搭AVE或ALVIA，車程約3小時，每小時1至2班車；從哥多華，車程約45分鐘至1小時25分鐘，每小時2至3班次；從格拉那達，搭直達的中程火車AVANT，車程約2小時40分鐘，每天3班，或搭AVE至哥多華，轉乘另一段AVE，車程2.5~3小時，每天2班。

　　聖胡斯塔火車站(Estación de Santa Justa)位於城東邊，距舊城中心約1.5公里，步行約20分鐘。市區巴士可搭32號巴士至化身廣場(Plaza de la Encarnación)；或搭C1號巴士至塞維亞大學對面的Av.Carlos V(juzgodos)。市區巴士票可在書報攤購買，或直接向司機購票，單程€1.4。

西班牙國鐵 ⓦwww.renfe.com

◎長途巴士

　　從馬德里的南巴士總站，搭 Socibus巴士，車程約6至6.5小時，每天6至7班；從格拉那達或哥多華，搭Alsa巴士，車程各約需3小時及2小時。

　　塞維亞有兩個主要的巴士站，聖塞巴斯提安普拉多巴士站位於塞維亞大學(Universidad de Sevilla)對面，往返安達魯西亞其他城鎮的中程巴士幾乎都停靠於此；至於從馬德里、巴塞隆納和里斯本等長程線巴士，則主要停靠河畔的武器廣場巴士總站(Estación de Autobuses de Plaza de Armas)，步行前往大教堂約20分鐘。

Socibus巴士 ⓦwww.socibus.es
Alsa巴士 ⓦwww.alsa.com

佛朗明哥舞表演場

　　塞維亞是佛朗明哥舞的發源地之一，有許多專業表演場地，Tablao是遊客可以輕鬆欣賞佛朗明哥舞的場所，有些用餐和表演同時進行，有些先用餐再看表演，熱門的Tablao常常客滿，建議先向旅客服務中心或旅館洽詢及訂位。

Los Callos
創立於1966年，全塞維亞歷史最悠久的佛朗明哥表演場地，有許多一線舞者前來表演。
ⓦwww.tablaolosgallos.com

Casa de la Memoria
位於18世紀的貴族宅邸，夜間在中庭露天演出的表演氣氛滿點。ⓦwww.casadelamemoria.es

Auditorio Álvarez Quintero
小巧、不華麗的表演會場，然而舞者美妙的姿態和動人的樂音讓人深感純粹的震撼。

El Arenal
創立於1975年，《紐約時報》譽為塞維亞最專業的佛朗明哥表演。ⓦwww.tablaoelarenal.com

市區交通

　　景點多集中舊城市區，步行即可。

◎觀光巴士Tour por Sevilla y Triana

　　持有效的車票，兩天內可不限次數搭雙層巴士，沿途停靠14站，並提供9種語言的語音導覽。購買一張票可玩遍4種行程：Sightseeing Tour、Romantic Tour、Walking Tour of the Santa Cruz quarter以及Walking Tour of Triana。

💲全票€20，優待票€7，網路訂票另有優惠　🕐4至10月09:30～22:00，11至3月10:00～19:00，全程5小時，20至30分鐘班車　ⓦsevilla.busturistico.com/en

旅遊諮詢

◎塞維亞省遊客中心
📍P.200C3　📍Plaza de Triunfo 1（大教堂旁）　☎421-0005　🕐09:00～19:30　ⓦwww.andalucia.org

◎聖胡斯塔火車站遊客中心
📍Avda. Kansas City s/n（火車站內）　☎478-2002　🕐週一至五09:00～15:00、週末和假日09:30～15:00

◎賽維亞市立旅遊局
📍P.200C3　📍Paseo de las Delicias 9　☎547-1232　🕐週一至五09:30～13:30　ⓦwww.visitasevilla.es

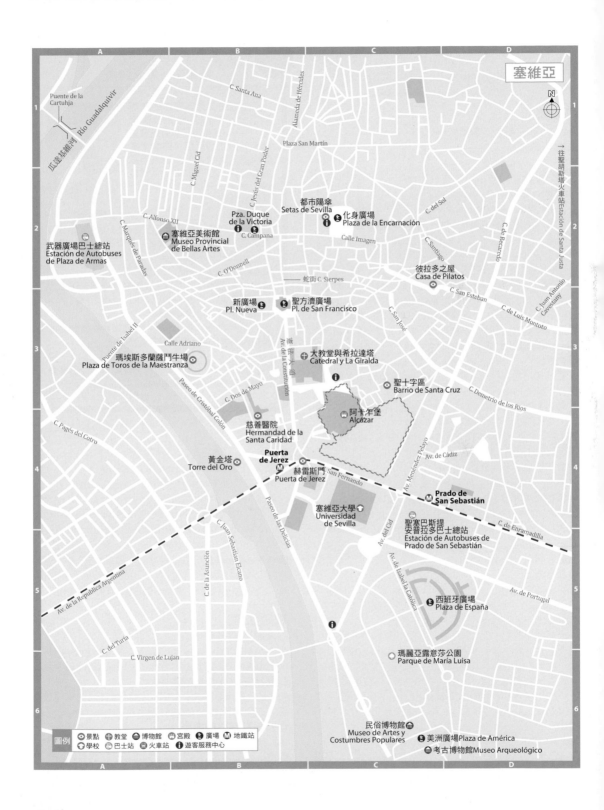

塞維亞

Puente de la
Cartuhja
瓜達基維河 Río Guadalquivir

C. Santa Ana

Alameda de Hércules

Plaza San Martín

→往聖胡斯塔火車站Estación de Santa Justa

C. Miguel Cid

C. Jesús del Gran Poder

都市陽傘
Setas de Sevilla

化身廣場
Plaza de la Encarnación

C. del Sol

C. de Recardo

C. de Recardo

C. Alfonso XII

Pza. Duque
de la Victoria

C. Campana

C. Santiago

武器廣場巴士總站
Estación de Autobuses
de Plaza de Armas

塞維亞美術館
Museo Provincial
de Bellas Artes

Calle Imagen

彼拉多之屋
Casa de Pilatos

C. Marqués de Paradas

C. O'Donnell

蛇街 C. Sierpes

C. San Esteban

C. de Luis Montoto

C. Juan Antonio Cavestany

新廣場
Pl. Nueva

聖方濟廣場
Pl. de San Francisco

C. San José

Puente de Isabel II

Calle Adriano

Av. de la constitución

大教堂與希拉達塔
Catedral y La Giralda

C. Demetrio de los Ríos

瑪埃斯多蘭薩鬥牛場
Plaza de Toros de la Maestranza

聖十字區
Barrio de Santa Cruz

Paseo de Cristóbal Colón

C. Dos de Mayo

阿卡乍堡
Alcázar

慈善醫院
Hermandad de la
Santa Caridad

黃金塔
Torre del Oro

Puerta
de Jerez

赫雷斯門
Puerta de Jerez

San Fernando

Av. Menéndez Pelayo

Av. de Cádiz

Prado de
San Sebastián

C. Pagés del Cotro

塞維亞大學
Universidad
de Sevilla

塞塞巴斯提
安普拉多巴士總站
Estación de Autobuses de
Prado de San Sebastián

C. de Enramadilla

Paseo de las Delicias

Av. del Cid

C. de Isabel la Católica

C. Juan Sebastián Elcano

Av. de la República Argentina

C. de la Asunción

西班牙廣場
Plaza de España

Av. de Portugal

C. del Turia

C. Virgen de Luján

瑪麗亞露意莎公園
Parque de María Luisa

民俗博物館
Museo de Artes y
Costumbres Populares

美洲廣場Plaza de América

考古博物館Museo Arqueológico

圖例　〇景點　♦教堂　🏛博物館　🏛宮殿　🏛廣場　Ⓜ地鐵站
〇學校　🚌巴士站　🚉火車站　ⓘ遊客服務中心

MAP ▶ P.200B4

慈善醫院
Hermandad de la Santa Caridad
閃亮耀眼金碧輝煌

掃地圖

🚶 從大教堂，步行約7分鐘　🏠 Carrer Temprado 3　☎ 422-3232　🕐 週一至五10:30～19:00，週六日14:00～19:00　💲 全票€8，含語音導覽　🌐 www.santa-caridad.es　⊕ 週日14:30～18:30免費

慈善醫院屬於慈善兄弟會(Hermandad de la Caridad)所有，慈善兄弟會創立於15世紀的，目的在幫助孤苦的病人，或替受刑者及溺斃者安葬與祈禱。兄弟會歷經多次搬遷，直到1662年，塞維亞貴族Miguel Mañara加入並獲選為會長後，在他的捐助下，1664年終於建了一個家，也就是今日的慈善醫院。

慈善醫院是一棟擁有兩座中庭的建築，各自點綴著一座分別象徵「慈善」與「慈悲」的雕像，四周裝飾著描繪《新約》與《舊約》場景的瓷磚鑲嵌畫。附設的教堂是參觀重點，金碧輝煌的氣勢讓人忍不住發出驚嘆，中央的主祭壇出自Simon de Pineda之手，以大量金飾展現巴洛克的風華。

刻劃基督葬禮主題的雕像，是Roldan和萊亞爾(Valdés Leal)兩人的傑作。此外，裝飾教堂的畫作也值得注意，包括慕里歐(Murillo)的《讓水湧出岩石的摩西》(Moisés Haciendo Brotar el Agua de la Peña)，以及萊亞爾的《世間榮光的結束》(Finis Gloriae Mundi Ó Jeroglífico del Juicio del Alma)等。

MAP ▶ P.200C3

聖十字區
Barrio de Santa Cruz
安達魯西亞街弄風情

🚶 從大教堂，步往約1分鐘　🏠 大教堂和阿卡乍堡以東的整個地區

掃地圖

13世紀時，卡斯提亞國王費南度三世從伊斯蘭教徒手中收復塞維亞後，將本市的猶太人集中於此，成為當時伊比利半島除托雷多外的猶太區(judería)。15世紀末，天主教雙王下令驅逐西班牙境內的猶太人後，許多貴族和富商遷居此區。這裡是較能體會塞維亞的伊斯蘭教風情的區域，交錯巷弄間有傳統的小酒館、紀念品店、極具特色的餐廳。

Calle Susona小街上，有戶門上鑲嵌著特殊的骷髏頭圖案瓷磚，源於當地流傳的古老傳說：猶太女孩Susona愛上一位天主教騎士，偏偏女孩的父親計畫謀殺數位宗教裁判官，其中包含這位騎士；女孩警告她的愛人，反而造成全家遭到血腥屠殺。女孩在臨死前，要求將她的頭蓋骨掛在她家的門樑上，以示懲處她對父親的背叛。

安達魯西亞……塞維亞 Sevilla

MAP ▶ P.200B3

大教堂和希拉達塔

MOOK Choice

Catedral y La Giralda

融合多種風格的混血教堂

🚶 從聖塞巴斯提安普拉多巴士站或化身廣場，步行約10分鐘
🏠 Avenida de la Constitución s/n ☎ 902-099692 ⏰ 教堂：週一至六10:30～19:30（週日14:30開放）；屋頂導覽：購票時安排場次，時間約90分鐘 💲 全票（含希拉達塔）€11，優待票€6，屋頂導覽+教堂€20 🕸 www.catedraldesevilla.es

掃地圖

大教堂和希拉達塔是塞維亞最華麗的天際線，1248年塞維亞重回天主教徒手中後，將原本的清真寺當成教堂使用，後因受損嚴重，1401年教會決定在此重修一座更大、更壯觀的教堂，以彰顯天主教在西班牙的勢力，於是昔日的Almohad清真寺

完全遭到拆除，誕生了這座寬160公尺、長140公尺的大教堂。它是全世界第三大的教堂，僅次於羅馬的聖彼得大教堂和義大利的米蘭大教堂。

歷經一個世紀興建的大教堂，原本為哥德式，中央圓頂坍塌之後，建築風格轉為文藝復興式，加上改建自喚拜塔的摩爾式希拉達塔，及伊斯蘭教徒入內祈禱前淨身的橘子庭園(Patio de los Naranjos)，整座教堂融合了多種風格。

龐大的體積和富麗堂皇的裝飾是大教堂的特色，儘管如此，教堂在整體結構上卻不複雜，中央圓頂高42公尺，圓頂下方的主禮拜堂(Capilla Mayor)和唱詩班席猶如兩個巨大的盒子彼此對望，外圍環繞著無數的小禮拜堂，哥德式中殿的一邊為圓弧型的教長會議廳和聖器室，另一邊通往庭園。

祭壇屏風

鎮堂之寶－祭壇屏風位於主禮拜堂，這座堪稱全世界最大的祭壇屏風，費時80多年完工，雕飾超過1,000位聖經人物雕像，金碧輝煌的程度令人驚嘆，隨著不同位置的燈光亮起，搭配語音介紹，就像瀏覽一本立體聖經故事。屏風下還有一座供奉聖母與聖子(Santa Maria de la Sede)的神龕。

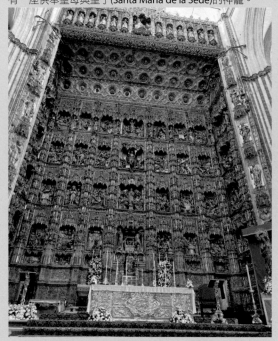

希拉達塔La Giralda

希拉達塔高98公尺，外觀裝飾著精緻的灰泥浮雕，頂端有座一手持君士坦丁棋子的女人雕像，成為塞維亞最著名的地標，教堂門口也放了一個複製品。

以尖塔頂端的16世紀風向標giraldillo命名，這座摩爾式結構的伊斯蘭教鐘塔建於西元1184年，歷經12年完工，14世紀天主教政權取回失土後，將鐘塔的圓頂改建為教堂式的尖塔，到了1568年，頂部再增添具文藝復興風格的裝飾。

有別於其他鐘樓要一階階爬樓梯上去，希拉達塔登頂路線卻是斜坡，據說這是為了讓以前的國王可以騎馬登上鐘樓而做的改建。從教堂內部登上鐘塔，塞維亞市景開展於眾人眼前。

哥倫布靈柩Sepulcro de Cristóbal Colón

教堂內另一處吸睛的景點，是面對Puerta de los Principes大門的哥倫布靈柩。這位大航海家原本下葬於古巴的哈瓦納 (Havan)，西元1898年古巴獨立後，由聖地牙哥遷回此地，今日的靈柩完工於1902年，其四周扶棺者分別代表哥倫布大航海時代的西班牙四大王國－卡斯提亞(Castilla)、萊昂、亞拉崗(Aragón)和納瓦拉(Navarra)的國王。

屋頂

爬上狹窄螺旋梯，城市在腳下展開。穿梭飛扶壁圓拱間，路過壯觀的巨型玫瑰花窗，尋找不同時期的建造線索，蕾絲裙般的尖細高塔和希拉達塔彷彿伸手可及，大教堂屋頂導覽行程提供另一種截然不同的視野。

MAP ▶ P.200C4

阿卡乍堡

Real Alcázar de Sevilla

穆德哈爾式王宮典範

從大教堂，步行約1分鐘 ⌂Patio de Banderas s/n
501-0010 ◷4月至10/28：09:30～19:00；10/29至3
月：09:30～17:00 休1/1、1/6、12/25 💲全票€13.5，優
待票€7，國王寢殿€5.5 ⊕www.alcazarsevilla.org ◷4至9
月18:00～19:00、10至3月16:00～17:00免費。主要入口在
Plaza del Triunfo上的獅子門(Puerta de León)

掃地圖

這座皇宮與格拉那達的阿爾罕布
拉宮，並列為西班牙最具代表的伊
斯蘭教宮殿！

羅馬時期原為一座防禦性的堡壘，建於西元
913年，9世紀末，伊斯蘭教政權阿拔斯王朝
(Abbadid)的統治者穆塔迪德(al-Mu'tadid)哈
里發在此興建宮殿，據說當時還有座足以容納
800位后妃的後宮，而這位殘酷的國王將敵人的
頭骨拿來當作花盆種花，用來裝飾陽台。12世
紀的阿爾摩哈德王朝(Almohads)進一步擴建為
堅固的要塞，面積之大一度延伸至瓜達基維河
(Guadalquivir)畔的黃金塔(Torre del Oro)。

1248年卡斯提亞國王費南度三世收復塞維亞
後，將王室成員安置於此。目前看到的宮殿，是
1364年時佩德羅一世(Pedro I)下令修建，來自格
拉那達和托雷多的工匠，在此建造了具穆德哈爾
風格的佩德羅一世宮殿(Palacioi Pedro I)，不過
部分建於阿爾摩哈德王朝的城牆還是獲得保留。

之後的天主教伊莎貝爾女王和費南度國王也將
此當作收復格拉那達的基地，由於天主教政權
收復西班牙之後，塞維亞長達4個世紀成為西班
牙諸王最愛的居住地之一，阿卡乍堡也因此當作
皇宮使用，歷經多次重修與擴建後，逐漸改變面
貌，然而依舊是西班牙境內保存最完善的穆德哈
爾式建築之一。

為什麼到處都有阿卡乍堡(Alcázar)？

Alcázar不是城堡的名字，這個字源於阿拉伯語
「宮殿」，當初阿拉伯語系的摩爾人征服伊比利
半島，在各地興建宮殿堡壘，因此處處都有名為
阿卡乍堡的景點。

貿易館Casa de la Contratación

位於狩獵中庭的右邊，屬於皇宮內少數保留摩爾人建築痕跡的地方，阿爾摩哈德王朝在原有基礎上所建。1503年伊莎貝拉女王在此設立管理美洲殖民地及處理貿易問題的機構，二樓現為瓷器展示廳，可通往國王寢宮。

使節廳Salon de Embajadores

興建於西元1427年的使節廳，有一座幾乎令人暈眩的鑲金木雕圓頂，圓頂上裝飾的星星狀圖案代表宇宙，它是整座皇宮裡最精緻的大廳，原來是穆德哈爾式宮殿的加冕廳，四周被8個長方形的臥室所包圍，其中3面牆嵌著三重式哥多華風格的馬蹄拱門，這些馬蹄拱門上方又被一個大型的拱狀穹頂所包圍，雕飾華麗，令人讚嘆。

中庭花園

占地廣達7英畝的熱帶花園，洋溢著典型的伊斯蘭風格，以步道分區，點綴噴泉水池與花床，為炎熱的安達魯西亞提供綠蔭與涼意。熱門影集《冰與火之歌》第五季中，有關多恩國王馬泰爾家的流水花園就是在此取景。

少女中庭Patio de las Doncellas

少女中庭位於佩德羅一世宮殿的核心，是皇宮的朝政中心，分為上下兩層，四周環繞著迴廊；一樓的多層式拱門與精緻的鑽石形灰泥壁雕，是格拉那達工匠的傑作，壁緣上嵌著阿拉伯花紋的多彩瓷磚。

©flickr Hernán Piñera

皇家浴池Baños de Doña María de Padilla

位於卡洛斯五世宮殿的地下，長型池兩旁是能引進天光的狹長走道，也是《冰與火之歌》拍攝場景之一。

MAP ▶ P.200A2

MOOK Choice

塞維亞美術館

Museo de Bellas Artes de Sevilla

集塞維亞畫派大成

從大教堂，步行約20分鐘　Plaza del Museo 9　478-6498　週二至六09:00～21:00，週日與假日09:00～15:00；8月：09:00～15:00　休日：週一、1/1、1/6、5/1、12/24~25、12/31　€1.5　www.museosdeandalucia.es/cultura/museos

圍繞著三座中庭，改建自17世紀修道院的塞維亞美術館，收藏了中世紀至現代的西班牙繪畫，其中以塞維亞派(Sevilla School)的作品最有看頭。

西班牙在16、17世紀因海外殖民地帶來的資源和貿易，進入黃金時期，帶動起鼎盛的藝術風氣，尤其是皇室居住地塞維亞，許多當地藝術家獲得培植，誕生了以委拉斯奎茲、慕里歐、蘇巴蘭等人為首的塞維亞派，畫風以明亮和擅長處理光線著稱。

幾件非看不可的代表作，《哀悼耶穌之死》(Wepping over the Dead Christ)，是15世紀塞維亞派雕刻之父Pedro Millán的作品，融合哥德與自然主義風格；《聖傑洛尼莫》(San Jerónimo)出自在塞維亞度過晚年的義大利雕刻家Pietro Torrigiano之手；至於繪畫方面，慕里歐的《聖告圖》(La Purisima Concepción)和《聖胡絲塔與聖露菲娜》(Santas Justa y Rufina)、蘇巴蘭的《耶穌受難》(Jesús Crucificado Expirante)和《聖湯瑪斯‧阿居紐受封》(Apoteósis de Santo Tomás de Aquino)、萊亞爾(Valdés Leal)的《聖傑洛尼莫的誘惑》(Tentaciones de San Jerónimo，以及利貝拉的《聖泰瑞莎》(Santa Teresa)等，都是不可錯過的作品。

蘇巴蘭——聖潔簡樸的白袍畫家

16世紀初，當西班牙畫派進入發光的時代，當時有四大畫家：委拉斯奎茲、慕里歐、萊亞爾和蘇巴蘭(Francisco de Zurbarán，1598～1664)，尤以蘇巴蘭的畫風最早成熟，畫中聖潔、簡樸的氣氛成為他的特色。

蘇巴蘭的家境還不錯，透過親友關係，很容易就進入塞維亞著名的畫室當學徒，而且年紀輕輕就被任命作畫，得到塞維亞市長的讚美：「寧靜而簡單的藝術。」

穿著白袍的修士經常是蘇巴蘭作畫的主題，那帶著重量感的潔淨及細微的動作，讓他贏得「白袍畫家」之名；不過他最成功的畫作是在他搬往塞維亞後畫的《聖湯瑪斯‧阿居紐受封》(Apoteósis de Santo Tomás de Aquino)，該畫以色彩深淺創造出空間感。

蘇巴蘭晚期的風采全讓給了慕里歐，他抑鬱地遷往馬德里，希望能為皇室工作再創事業高峰，但事與願違，蘇巴蘭也被後人遺忘一段時日。其實蘇巴蘭對西班牙畫派的影響深遠，慕里歐、利貝拉，甚至委拉斯奎茲也都曾臨摹他的畫、學習他的技巧，所以觀察西班牙畫派一定不能忽略蘇巴蘭。

慕里歐(Bartolomé Esteban Murillo，1617～1682)出生於塞維亞的富裕家庭，自由奔放的巴洛克晚期風格讓色彩超越形體，這一點和委拉斯奎茲很像。

慕里歐畫的乞丐等下層人物的肖像畫，展現他最高的技術成就，尤其是以巴洛克手法所繪的《聖告圖》極受好評，幾乎等於是當時處理聖母處女懷孕主題的第一人選；慕里歐同時也是宗教熱忱極高的畫家，

他藉著畫出人物虔誠的沈思、脆弱而敏感的表情以及低層人物的日常生活，來顯現宗教悲天憫人的情懷，因此慕里歐留下許多關於乞丐、窮人、流浪漢的畫作。慕里歐在妻子去世後，筆觸變得更流暢、色彩更明亮，《塞維亞聖母》(Virgen con el Niño－Virgen de la servilleta)中半身聖母抱著的聖嬰，似乎快探頭出畫布，眼神及動作直向觀畫者奔來，是他風格改變後最教人難忘的作品。

MAP ▶ P.200C2

彼拉多之屋

Casa de Pilatos

美麗的貴族豪宅

從大教堂，步行約15分鐘　Plaza de Pilatos 1　422-5298　09:00～18:00　整棟建築含導覽€12（樓上暫時關閉）、地面樓層€10　網址：www.fundacionmedinaceli.org

被喻為塞維亞最美麗的貴族宮殿，這棟安達魯西亞總督Pedro Enriquez de Quiñones下令興建的宅邸，在他的兒子塔理法(Tarifa)侯爵手中落成，由於侯爵曾經在1519年時前往耶路撒冷朝

掃地圖

聖，於是將這棟豪宅以判決耶穌死刑的羅馬總督彼拉多來命名。

這棟結合穆德哈爾式和文藝復興風格的建築，有著美麗的瓷磚、雕刻精緻的天花板以及植滿綠樹的中庭花園。其中特別是主中庭(Patio Principal)，裝飾著穆德哈爾式的灰泥壁飾與16世紀時的彩色瓷磚，搭配文藝復興式水池以及4尊羅馬雕像，形成一種獨特的融合氛圍。至於1樓通到2樓的樓梯間壁磚，是整座宮殿中保存得最為完整的瓷磚藝術，相當值得一看。

MAP ▶ P.200C5

瑪麗亞露意莎公園
Parque de María Luisa
華麗展現帝國榮耀

🚶從大教堂，步行約15分鐘 🚇Parque de María Luisa ⏰冬季：08:00～22:00，夏季08:00～00:00

掃地圖　瑪麗亞露意莎王妃在1893年捐出聖特爾摩宮(Palacio de San Telmo)部分土地來蓋公園。後來，為了舉辦1929年的伊比利－美洲博覽會，公園畫分成西班牙廣場(Plaza de España)與美洲廣場(Plaza de

América)。

　　離塞維亞大學比較近的西班牙廣場，是一座半圓形廣場，兩旁聳立兩座高大塔樓，分別象徵天主教雙王費南度和伊莎貝爾，底層有一座座座椅，代表西班牙58個重要城市，座椅上的彩色磁磚敘述著該市最重要的史跡並標出所在位置。

　　美洲廣場保留著昔日博覽會的建築，其中有兩棟改建成博物館—民俗博物館(Museo de Artes y Costumbres Populares)和考古博物館(Museo Arqueológico)，前者是穆德哈爾式混哥德和文藝復興風格的大型宮殿建築，後者則採新文藝復興式風格。

MAP ▶ P.200B3

瑪埃斯多蘭薩鬥牛場
Plaza de Toros de la Maestranza
人與牛的生死競技場

🚶從大教堂，步行約10分鐘 🚇Paseo de Colón 12 ☎422-4577 ⏰博物館：11至3月09:30～19:00，4至10月09:30～21:30，每20分鐘一場導覽；鬥牛活動在4月春會至10月間舉行 ❌12/25 💲博物館＋導覽全票€10、優待票€8；鬥牛門票視座位而異 🌐www.realmaestranza.com

掃地圖　這是西班牙最重要的鬥牛場之一，建於18世紀，歷經120年才完工，可容納超過1萬名觀眾。外觀為白色和黃色，場內設有鬥牛博物館，藏有鬥牛

主題的畫作、鬥牛器具、名鬥牛士的華麗服裝，及曾在場上刺死鬥牛士的牛頭標本，以上有畢卡索繪製圖案的鬥牛披肩最引人注目。

　　塞維亞的鬥牛季從每年的春會開始，平日可以參加導覽，入內參觀博物館，了解鬥牛的歷史與方式，並走進場中，實際感受一下鬥牛的緊張氣氛。

●格拉那達

格拉那達
Granada

格拉那達最重要的遺跡便是舉世聞名的阿拉伯建築傑作——阿爾罕布拉宮，這座西班牙伊斯蘭教末代王宮，不論就其歷史意義或建築本身，在世界上都舉足輕重。

格拉那達坐落於海拔680公尺以上的丘陵，以內華達山脈(Sierra Nevada)為背景，冬季得以望見山頂覆蓋白雪的美景，夏季時氣溫也略低於塞維亞和哥多華。

格拉那達是西班牙境內接受伊斯蘭統治時間最久的城市，在摩爾人的統治下聲勢達到巔峰。13世紀時，西班牙天主教勢力在國土復興運動上獲得一連串的勝利，潰敗的摩爾難民紛紛逃往當時唯一與天主教維持友好關係的格拉那達，卻也造就此地經濟、藝術、文化上的黃金時期。

1474年，費南度與伊莎貝爾聯姻，天主教勢力大增，終於在1492年攻陷格拉那達，完成天主教統一西班牙的大願，格拉那達也。是最後被天主教雙王收復的國土。

現今的格拉那達，除了精采的阿拉伯建築藝術之外，還有充滿伊斯蘭教風情的阿爾拜辛區，以及沿山坡而建的白色薩克羅蒙特山丘，很容易就讓人掉入阿拉伯神話般的夢境！

INFO

基本資訊
人口：231,755人
面積：88.02平方公里
區碼：(0)958

如何前往

◎飛機

格拉那達機場(F.G.L. Granada-Jaén, 代號GRX)位於市區西邊17公里,每日有航班往來馬德里、巴塞隆納及西班牙各地,歐洲廉價航空EasyJet、Vueling、Iberia也有航班往來倫敦、米蘭等歐洲城市。

機場至市區可搭乘Alsa巴士,行經巴士總站前往大教堂附近的Gran Vía,車票€3,飛機降落後約30分鐘發車。搭計程車約€27~29。

Alsa巴士 www.alsa.com

◎火車

從馬德里的阿托查火車站,搭高速火車AVE,車程約3小時20分鐘,每天3班;從塞維亞,搭中程火車AVANT前往,車程約4小時,每天3班;從哥多華,AVE車程約1.5至~2小時,每天4班直達;從巴塞隆納,需在馬德里轉車,車程約7小時。時刻表及票價可上網或至火車站查詢。

格拉那達的火車站位於市區西邊,從火車站前方的安達魯西亞大道(Avda. de Andaluces)直走到憲法大道(Avda. de la Constitución),可搭4、8、33等號巴士,經哥倫布格蘭維亞大道(Gran Vía de Colón),前往市中心的伊莎貝爾廣場(pl. de isabel la católica)等地。巴士票需事先在巴士站購票。

西班牙國鐵 www.renfe.com

◎長途巴士

從馬德里的南巴士總站,搭Alsa巴士公司的車,車程約4.5至~5.5小時,每小時約1至~2班。從巴塞隆納的北巴士站,車程約13至~17小時,每天7班。從哥多華出發,約3小時;從塞維亞出發,搭約3小時,每天約有6至~7班車。

巴士站位於西北方3公里,可搭33號巴士至大教堂附近,車程約15分鐘。

Alsa巴士 www.alsa.es

市區交通

市區景點多半在大教堂、伊莎貝爾廣場、新廣場(Plaza Nueva)附近,可步行串連;阿爾罕布拉宮和阿爾拜辛區位於山坡上,可步行或利用小巴。市區巴士單程€1.4。

觀光行程

◎格拉那達觀光巴士Granada City Tour

格拉那達有三節的觀光小巴士,繞行火車站、市區內重要景點、阿爾罕布拉宮和阿爾拜辛區,包含中文語音導覽,效期內可任意上下車,1趟約1小時20分鐘。可於官網或上車購票。

09:30~21:30白天約每30至~40分鐘一班 一日票€9、二日票€13 www.granada.city-tour.com

優惠票券

◎格拉那達城市通Granada Card

格拉那達推出的旅遊卡分為四種卡,24小時(Granada Card 24h)、48小時(Granada Card 48h)、72小時 (Granada Card 72h)及花園卡(Granada Card Jardines)。

除了花園卡不包含阿爾罕布拉宮,其他票卡都包含大教堂、皇室禮拜堂等門票,此外,可搭9趟市區巴士和觀光巴士,5天內有效。由於拜訪阿爾罕布拉宮須提前1天預約入場時間,購票時售票人員即會代為安排預約。建議事先於網站購買較方便。

858-880990 09:00~20:00 成人€36.5~43、3~11歲€10.5 en.granadatur.com/granada-card

旅遊諮詢

◎格拉那達省遊客服務中心

P.210A2 Cárcel Baja 3(大教堂旁) 247-128
週一至五09:00~20:00、週六10:00~19:00、週日和假日10:00~~15:00 www.turgranada.es

◎格拉那達市遊客服務中心

P.210A2 Plaza del Carmen s/n(市政廳內部)
248-280 週一至五09:30~~17:30,週日和假日09:30~~13:30;7至~9月:09:00~~14:00 www.granadatur.com

◎格拉那達市遊客服務中心

www.andalucia.or

MAP ▶ P.210A2

大教堂
Catedral

多元風格富麗堂皇

🚇 從伊莎貝爾廣場步行約2分鐘 🏠Gran Vía de Colón 5 ☎222-959 ⏰週一至六10:00~18:15、週日和假日15:00~18:15 💲全票€5、優待票€3.5 🌐www.catedraldegranada.com

掃地圖

　　收復格拉那達之後，在天主教君王的命令下，西元1518年開始興建這座大教堂。建於昔日的清真寺所在，原本希望打造出類似托雷多大教堂的哥德式風格，然而，接手的建築師Diego de Siloé採用富麗堂皇的銀匠風格裝飾教堂內部，又受到義大利文藝復興風格的影響，將主禮拜堂(Capilla Mayor)設計成圓形，取代常見的半圓形結構。

　　歷經181年的工程期，大教堂換過多位設計師，直到18世紀，成為混合了哥德式、銀匠式和文藝復興風格的龐大建築。教堂立面由3座大型拱門所組成，出自建造羅馬凱旋門的建築師Alonso Cano的設計，這位格拉那達當地出生的畫家還完成與主禮拜堂圓頂等高的彩繪玻璃，敘述聖母的故事。除此之外，炫目的黃金祭壇也值得一看。

MAP ▶ P.210A2

皇室禮拜堂

MOOK Choice

Capilla Real

收復西班牙雙王長眠地

🚇 從伊莎貝爾廣場，步行約2分鐘 🏠Calle Oficios s/n ☎227-848 ⏰週一至六10:00~18:30、週日及宗教節日11:00~18:00 ❌1/1、耶穌受難日、12/25及1/2、10/12上午 💲全票€5、優待票€3.5 🌐www.capillarealgranada.com ☀週三14:30-18:30免費，需上網預約

掃地圖

　　對於將格拉那達自伊斯蘭政權手中收復的伊莎貝爾女王而言，將陵寢建立於格拉那達不僅是她的遺願，更是紀念西班牙自此統一的最佳地點。

　　這座於西元1505至1507年間為了天主教君王而建的禮拜堂，長眠著伊莎貝爾和費南度，以及他們的女兒胡安娜(Juana la Loca)、女婿菲利浦(Felip el Hermoso)一家。大型陵寢環繞著金色的欄杆，陵寢中央的豪華石棺雕像，出自佛羅倫斯雕刻家Domendico Fancelli之手。自陵寢兩側，可走進地下室的納骨堂，裡面是他們的停柩之處。

　　主祭壇金碧輝煌的屏風上描繪耶穌的生平故事，祭壇上存放著數代羅馬教皇進貢給國王的聖遺骨。此外，聖器室展出這兩位君王的雕像和伊莎貝爾的皇冠、費南度的寶劍等寶物，以及梅林(Hans Memling)等法蘭德斯大師的畫作。

安達魯西亞⋯**格**拉那達 Granada

參觀注意事項

1. 王宮、軒尼洛里菲宮及城堡，須持票入內，門票得小心保管，丟掉就不能進去。
2. 每張票都標明參觀王宮的時間，請依票面時間前往，否則無法入內參觀；王宮的入口處在卡洛斯五世宮殿旁邊，非大門售票處，切勿走錯。
3. 宮殿內沒有餐廳，請記得攜帶足夠的水和食物，參觀至少需半天時間。
4. 參觀人數眾多且有人數限制，尤其夏天的門票經常售罄，最好提前透過網路預訂門票或前一天至遊客中心購票，門票一旦預訂，即無法更換或退換。

MAP ▶ P.210B1

阿爾罕布拉宮

La Alhambra

摩爾建築藝術巔峰

從伊莎貝爾廣場，搭C3、C4小型巴士；從新廣場(Pl. Nueva)旁的Cuesta Gómerez街往上坡走，通過格拉那達門，沿著小徑至正義門(Puerta de la Justicia)，購票處在軒尼洛里菲宮附近，路程約20分鐘 🏠Real de La Alhambra s/n 📞027-971 🕐4至10月中：08:30~20:00、週二至六夜間票22:00~23:30；10月中至~3月：08:30~18:00、週五和週六夜間票22:00~23:30 🚫1/1、12/25 💲通票全票€14，軒尼洛里菲宮、花園和城堡€7，夜間全票€8，網路訂票手續費€0.7 🌐www.alhambra-patronato.es

誰都無法否認，這是一座美麗的宮殿，精緻的摩爾藝術在此發揮得淋漓盡致。「阿爾罕布拉」一名是阿拉伯文的「紅色城堡」，宮殿的紅色城牆和高塔，在莎碧卡山丘(La Sabica)的圍繞下顯得特別醒目。

阿爾罕布拉宮原為摩爾式碉堡，可能建於13世紀，穆罕默德(Muhammed Al-Ahmar)曾加以修復，其子在繼位後也陸續加蓋；約14世紀，在兩位摩爾國王Yusuf I和穆罕默德五世(Muhammed V)的努力下，開始興建王宮，範圍包括正義門、浴室(baños)、格瑪雷斯塔(Torre de Comares)和其他塔樓。穆罕默德五世執政時，除了完成王宮工程，還修築了獅子宮殿。

王宮Palaclo Real
（納薩里耶斯宮Palacios Nazaries）

格瑪雷斯塔
Torre de Comares

使節廳
Salón de los Embajadores

浴室
baños

梅斯亞爾宮
Mexuar

桃金孃中庭
Patio de los Arrayanes

雙姊妹廳
Sala de Dos Hermanas

獅子中庭
Patio de los Leones

國王廳
Sala de Rey

卡洛斯五世宮殿
Palacio de Carlos V

阿本瑟拉黑斯廳
Sala de los Abencerrajes

1474年，費南度與伊莎貝爾聯姻，天主教勢力大增，終於在1492年完成天主教統一西班牙的宿願。阿爾罕布拉宮於是落入天主教徒手中，陸續增建教堂、聖方濟各修道院和要塞。在這座宮殿度過幾個月的卡洛斯五世，更以自己的名義增建新建築，而有了卡洛斯五世宮殿。

18至19世紀初，阿爾罕布拉宮逐漸荒廢。成為罪犯和小偷的聚集場所，拿破崙的軍隊也曾在此紮營，撤退時炸燬了碉堡，僅留下Torre de los Siete Suelos 和Torre de Agua兩座塔樓。直到1870年，這裡才被西班牙政府列為紀念性建築，在努力修復下，世人才得以重見這座精心雕琢的摩爾宮殿！

王宮Palacio Real

又稱「納薩里耶宮(Palacios Nazaríes)」，原是摩爾國王的起居室，更是阿爾罕布拉宮中最具藝術價值的建築。

王宮區分為3大部分：梅斯亞爾宮、格瑪雷斯宮、獅子中庭。繁複灰泥壁飾、天花板雕工功、格局嚴謹的房間，及還充滿回教風味的中庭，皆值得細細品味。

梅斯亞爾宮 Mexuar

王宮最古老的部分，一般認為是摩爾王室的審判庭，天主教君王在此增建禮拜堂，可從樓上的木欄杆往外看。祈禱室位於梅斯亞爾宮盡頭，面對著阿爾拜辛區。北邊的牆壁有4扇拱形窗，雕刻著精細複雜的灰泥壁飾和阿拉伯經文。中庭的牆壁原刻滿阿拉伯經文，後來被天主教徒改成天主教祈禱文。

格瑪雷斯宮Comares

由使節廳(Salón de los Embajadores)、加冕廳和桃金孃中庭(Patio de los Arrayanes)組成，是王宮中最重要的地方。線條極簡，左右平衡的設計讓人有種宛如置身天堂般的奇妙。

這裡是蘇丹詔見大臣共商國事的宮殿，也是訪客等候的地方。中庭有一長方水池，兩旁植滿桃金孃，格瑪雷斯塔(Torre de Comares)的倒影清楚倒映池中，遊客可從中體會「對稱」的設計理念。

興建於1334至~1354年的使節廳，富麗堂皇的程度讓人瞠目結舌，它是斯里德王朝的象徵，被視為歐洲最後的伊斯蘭教殿堂。每項建築元素都非常細緻，入口處的拱門上貼有金箔雕飾，內部布滿令人眼花撩亂的灰泥壁飾與阿拉伯文，令人讚嘆的頂棚代表伊斯蘭教的七重天宇宙觀。

獅子中庭Patio de los Leones

這裡是摩爾王真正的私人活動空間，當然也包括後宮。根據歷史記載，蘇丹曾在此舉辦過政治及外交活動。不過根據1362年穆罕默德五世執政時的紀錄，並沒有獅子宮的相關文件，因此應該是之後才建的部分。

由124根柱子圍成的獅子中庭，中央噴泉四周環繞著12隻獅子，噴泉水源源不絕，再向四方溢流至小噴泉，可見識到宮殿複雜的引水系統；廊柱間的拱形簾幕，雕刻著精細的裝飾花紋，上方還有一排斯里德王朝「阿拉是唯一的征服者」的格言。圍繞著獅子中庭的是雙姊妹廳(Sala de Dos Hermanas)、國王廳(Sala de Rey)和阿本瑟拉黑斯廳(Sala de los Abencerrajes)。雙姊妹廳是獅子中庭裡最古老的宮殿，裝飾上也獲得最高評價，猶如5,416塊蜂窩窩般組織而成的天棚，光線透過上方的小窗戶照入。

中庭東側的國王廳可分為5個區域，包括3間廳堂，光線來自中庭和內部的小窗，每間房間皆以高挑的拱形廊柱區隔開來。在中央廳堂的天棚上方裝飾著大型彩色畫作，圖案包括斯里德王朝的前10位國王和中世紀的騎士與穆斯林爭奪心儀女子的故事。阿本瑟拉黑斯廳的設計架構與雙姊妹廳相似，亮點是鐘乳石形狀的八角形頂棚。傳說這裏上演過一場血腥的鴻門宴，大權在握的阿本瑟拉黑斯家族的所有男性，一夜之間在此被處死。

城堡Alcazaba

這座軍事用途的堡壘歷史可追溯至9世紀，為宮裡最早期的遺跡，如今僅存城牆與殘石。制高點設有守望塔，可眺望內華達山脈、對面的阿爾拜辛區和格拉那達市區的景觀。

卡洛斯五世宮殿 Palacio de Carlos V

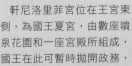

這座大型的文藝復興式宮殿，是阿爾罕布拉宮中唯一建於天主教統治時期的宮殿，由米開朗基羅的學生、也是托雷多畫家Pedro Machuca，於西元1527年開始建造。整座中庭環繞著32根圓柱，分為上下兩層，下層是阿爾罕布拉宮博物館，上層為美術館，參觀美術館須額外付費。

軒尼洛里菲宮和花園 Generalife

軒尼洛里菲宮位在王宮東側，為國王夏宮，由數座噴泉花園和一座宮殿所組成，國王在此可暫時拋開政務，享受片刻寧靜，有「高居天堂的花園」之稱。

整座花園維持著伊斯蘭風格，像是宮殿、中庭、花園步道、水池、高大的柏樹林。其中，長池庭(Patio de la Acequia)為融合西班牙與伊斯蘭風格的花園，東西兩側分別聳立著一座宮殿。隔壁的蘇塔娜中庭(Patio de la Sultana)又名柏樹中庭，有棵700多歲的巨柏，傳說某位蘇丹抓到其愛妾蘇塔娜在此和阿本瑟拉黑斯家族成員幽會，導致此一家族的男子全部被殺的慘劇。

阿爾拜辛區

MOOK Choice

El Albayzín

眺望阿爾罕布拉宮最美角度

🚍 從伊莎貝爾廣場，步行約15分鐘；從新廣場，搭C1小巴至聖尼可拉斯瞭望台 🏠 面對新廣場的後方山區

掃地圖

走進這摩爾人很早就在此落腳，密密麻麻的白色房舍沿山壁而建，在伊斯蘭式的建築、中庭、門飾、餐廳等，巷弄曲曲折折，有種迷失在阿拉伯世界裡的錯覺。

歷史回溯到11世紀，伊斯蘭教君主開始興建阿爾罕布拉宮時，百姓也隨之在附近設立自己的社區。而在天主教雙王收復格拉那達之時，潰敗的摩爾人更以將此山頭當作反攻基地，可惜戰局並未翻盤，反而血洗了四周的白牆。

從聖尼可拉斯瞭望台(Mirador de San Nicolás) 眺望阿爾罕布拉宮，可順便把終年白頭的內華達山脈(Sierra Nevada)收進眼底，畫面讓人捨不得眨眼。

不妨以聖尼可拉斯瞭望台為起點，在此區的小巷中亂走，即使參照地圖或問路，還是難免迷路。這一帶沿著城牆有許多觀景餐廳，阿爾罕布拉宮就是最佳賣點。

阿拉伯街

Calle Calderería

濃郁中東風情

🚍 從大教堂或新廣場，步行約5分鐘 🏠 Calle Calderería Nueva與Calle Calderería Vieja一帶

掃地圖

阿爾拜辛區山腳下的Calle Calderería Nueva，整條街道盡是摩爾式的茶館與伊斯蘭風格的飾品店，瀰漫著中東香柱散發的特殊氣味，並延伸到相鄰的Calle Calderería Vieja。

這一帶有來自摩洛哥的手工牛皮燈罩、阿拉伯傳統服飾、彩色玻璃燈罩、水煙等，相當具有異國風味，餐館亦以阿拉伯茶和甜點為主。

薩克羅蒙特

Sacromonte

吉普賽人大本營

🚌 從新廣場，搭C2號小型巴士；或從阿爾拜辛區步行 🏠 阿爾拜辛區東北方山區

掃地圖

薩克羅蒙特山村的樣貌和阿爾拜辛區乍看之下差不多，也都是白壁、紅瓦、青瓷飾牆和地磚，一派伊斯蘭風情；不同的是，此區的房舍大部分是挖掘山洞而成的半穴居，背部多半嵌入山壁，近看更顯特別。

從阿爾拜辛區的東面，一路延伸至薩克羅蒙特山丘，是吉普賽人在格拉那達的大本營，此區的房舍一片純白，室內空間狹小，而且天花板很低，或許和久居於此的吉普賽人較為矮小的體型有關。

這支流浪的民族為了避暑，昔日多鑿洞而居，這些洞穴遺留至今，聰明的吉普賽人轉而將它當作佛朗明哥舞的表演場所，也因此，入夜後，有許多遊客前來探訪。除此之外，薩克羅蒙特山丘仍遺留著摩爾式水道，和洋溢著安達魯西亞風情的花花草草，走在小小的巷弄中，不時會被這些景象所吸引。

安達魯西亞…格 拉那達 Granada

佛朗明哥——渾然忘我的靈魂舞動

在薩克羅蒙特山丘洞穴觀賞佛朗明哥舞，是旅遊格拉那達不可錯過的行程。

多數業者提供接送服務，在預定好的時間，至各家飯店載遊客前往洞穴小酒館。抵達表演場之前或結束後，會安排夜間徒步導覽，導遊帶著遊客穿梭在阿爾拜辛區與薩克羅蒙特山丘的巷弄間，解說本地的歷史背景和吉普賽人在此穴居的來龍去脈。若擔心語言障礙，可請旅遊服務中心或飯店代訂。

表演場地也是餐廳所在，遊客可選用餐加表演；不用餐的，票價通常包含一杯飲料，可選擇西班牙最有名的桑格莉亞水果酒，和氣氛最搭。

這裡的佛朗明哥舞者燕瘦環肥、老的小的都有，他們跳的佛朗明哥稱為Zambra，用「自己人聊天討論」的方式來串場，像是一場隨興的家庭聚會，可是一旦輪到自己站到聚光燈下舞動，立刻沉浸在自己的世界裡，令人鼓掌叫好。

Venta El Gallo 🌐cuevaventaelgallo.es
Cuevas Los Tarantos 🌐www.cuevaslostarantos.com
Jardines de Zoraya 🌐jardinesdezoraya.com
La Rocío 🌐www.granadainfo.com/rocio

白色小鎮

白色小鎮
Los Pueblos Blancos

行經安達魯西亞，放眼望去，清一色白牆瓦頂的民宅，依著地形起起落落，每個村鎮有各自的個性和美麗，成為此一地區獨特的風情。

摩爾人以灰泥塗抹外牆的建築習慣，延襲迄今形成了一處處的白色小鎮。建於斜坡、窄街、白牆及滿是鮮豔花卉的陽台，是典型的白色小鎮景觀，高高低低的樓梯宛如迷宮，常被帶往不知名的中庭或角落。而異族政權的更迭，除了影響 民居建築及生活習慣，還留下清真寺、羅馬城堡、教堂等建築，見證歷史的軌跡。

這些山城各具特色，像是擁有橫斷崖壁城牆的隆達、保留穴居的瓜地斯、以風乾火腿聞名的特列貝雷斯、擁有最多伊斯蘭圓拱建築的阿爾克斯，或是卡畢雷拉、布比昂、潘帕內拉串連的最佳健行路線等，都有其獨特的魅力與景色。

不過，白色小鎮對外交通不甚方便，除了隆達和安特蓋拉(Antequera)等大城有火車經過，巴士是最主要的大眾交通工具，然而班次不多，一天只能拜訪1到2個城市，建議先在大城市的長途巴士站或旅遊服務中心詢問清楚往返的班車時刻表，以免不小心錯過回程的時間。

有些城鎮的巴士站沒有服務人員，也不見得會張貼時刻表，而且小鎮巴士站的服務人員大多英文有限，最好寫下預計前往的地名，筆談會比較容易和清楚。

時間有限又想多看幾個地方的旅客，可以考慮包車，以大城鎮為根據地，請計程車司機兼導遊當天來回，一天可以拜訪3個白色小鎮，雖然價格貴上許多，但比較有效率。

白色小鎮

N

哥多華Córdoba

卡莫納 Carmona
埃西哈 Écija

塞維亞 Sevilla

歐蘇納 Osuna

格拉那達 Granada
瓜地斯 Guadix

莫哈卡 Mojácar

奧維拉 Olvera
安特蓋拉 Antequera
卡畢雷拉Capileira
特列貝雷斯Trevelez
潘帕內拉Pampaneira
布比昂Bubion

薩哈拉德拉西艾拉 Zahara de la Sierra
塞特尼爾Setenil
格拉薩萊馬Grazalema
阿爾克斯 Arcos de la Frontera
隆達Ronda
馬拉加Málaga
米哈斯Mijas

Costa de la Luz

卡地斯 Cádiz

西美納 Jimena de la Frontera

維哈 Vejer de la Frontera

太陽海岸 Costa del Sol

大西洋 Atlantic Ocean

地中海 Mar Mediterraneo

直布羅陀海峽 Estrecho de Gibraltar

隆達

圖例	◎景點	☩教堂	🏛廣場
	ℹ️遊客服務中心	Ⓗ飯店	

中區

MAP ▶ P.216B3

隆達
Ronda

MOOK Choice

懸崖深谷驚心動魄

🚆火車—從馬德里阿托查火車站，搭城際火車AV city經哥多華到隆達，車程約3小時50分鐘，每日2班；從格拉那達與塞維亞，皆需在Antequera-Santa Ana換車，車程分別為2至3.5小時和3小時。抵達隆達火車站後，搭每30分鐘一班的小巴士到城中心的西班牙廣場(Plaza de España)，若步行則約20分鐘，搭計程車約€7。
巴士—從塞維亞和馬拉加，搭Damas(www.damas-sa.es)的巴士，車程各約2.5小時和2小時，每天分別有2至4班及5至8班車；從邊界的赫雷斯和卡地斯，搭Transportes Generales Comes巴士公司(www.tgcomes.es)的車，車程分別為2.5和3.5小時，每天1班車。
旅遊服務中心 🏠Paseo de Blas Infante s/n ☎952-187119 🕐週一至五10:00～19:00，週六10:00～14:00、15:00-18:00，週日和假日10:00～15:00 🌐www.turismoderonda.es

掃地圖

　　隆達坐落在740公尺高的山崖上，是西班牙最古老的城鎮之一。

　　數百年來有無數人妄想征服此處，它是羅馬人的貿易中心，是阿拉伯人的王室采邑，天主教國王費南度在1485年將其收復，拿破崙在1808年率軍抵達此地…

　　隆達也是鬥牛士羅密歐(Pedro Romero)率先制定出鬥牛賽規則的地方；1984年，導演Francesco Rosi選在此地拍攝電影《卡門》，讓此悲劇更具真實性；熱愛旅行的諾貝爾文學獎得主海明威，1925年發表作《In Our Time》時，曾在此停留。

　　瓜達雷敏河(Río Guadalevin)河谷將隆達分成新舊兩城，跨過新橋即抵舊城，許多建築就蓋在山崖邊，景象十分壯觀。

　　隆達可以說是最大、最容易到達、景觀又最令人印象深刻的白色小鎮，如果時間有限，只能擇一探訪，那麼隆達無疑是最佳選擇；但若時間充足，建議以隆達為基地，往外延伸探索其他小鎮。

新橋 Puente Nuevo

從火車站，步行15至20分鐘
Plaza de España後方

在隆達，即使不造訪任何景點，只要往新橋上一站，就會覺得不虛此行。新橋建於1735年，當時工程歷時8個月，橋身卻在6年後倒塌，造成50人死亡；1751年進行第二次工程，這次施工期卻長達42年，可見工程的艱鉅與浩大。

新橋的橋身由3個拱頂支撐，中央是高達90公尺的大拱頂，兩側以小型的側拱頂與路面相銜接，橫跨深達100多公尺的峽谷，是當地最著名的景觀。如果體力不錯，可以沿著峽谷走到溪谷看台，仰望新橋橫跨峽谷的壯觀景象。

蒙德拉貢宮殿 Palacio de Mondragón

從新橋，步行約5分鐘　Plaza Mondragón s/n　952-870818

春夏：週一至五10:00～19:00，週六日及假日10:00～15:00；秋冬：週一至五10:00～18:00　休1/1、1/6、12/25　全票€3、優待票€1.5　www.museoderonda.es　週三免費參觀

曾是摩洛哥蘇丹之子Abomelic、伊斯蘭的格拉那達國王，甚至天主教雙王的皇宮，目前則做為市立考古博物館。

宮殿內部採用摩爾式或穆德哈爾風格，裝飾著馬賽克磁磚鑲嵌和馬蹄形拱門，錯落著多座伊斯蘭式中庭。立面以石塊堆砌，上方兩座16世紀的多立克式柱，支撐著增建於17世紀的更高樓層，窗戶兩側則是愛奧尼克式石柱。

主建物兩側分別是穆德哈爾式的塔樓和半圓形拱門，4面斜屋頂之下的塔樓內部，有座18世紀的中庭，是這座宮殿的第一座、也是最重要的中庭，又名「蓄水池庭院」。

阿拉伯澡堂 Baños Árabes

從新橋，步行約15至20分鐘　Calle San Miguel s/nMolino de Alarcón, 11　656-950937　週一和六10:00～14:00、15:00～18:00，週二至五：09:30～20:00，週日和假日10:00～15:00　休1/1、1/6、12/24-25、12/31　全票€4.5、優待票€3　www.juntadeandalucia.es/cultura/enclaves

從舊城往東走，站在崖上俯瞰，可以望見舊橋(Puente Viejo)和聖米蓋橋(Puente San Miguel)，順著橋的方向往下行，經過菲力浦五世之門(Puerta de Felipe V)，不久就到了幾乎成了一片廢墟的阿拉伯澡堂。

這裡因為地勢低，便於儲水，適合蓋澡堂，建造歷史可以追溯至13世紀末至14世紀初，是西班牙同類型建築裡少數幾座規模較大的。以前運用水車引進溪水，從浴池拱門上方的引水道流入澡堂，不過今日已不見水車蹤跡。內部大致分成三大區，由馬蹄形的拱門，支撐起鑿有星形透氣孔的天花板。

中區

MAP▶P.216B2

塞特尼爾
Setenil de las Bodegas
冬暖夏涼半穴居

MOOK Choice

🚌 從隆達，搭Damas巴士公司(www.damas-sa.es)的車，車程約65分鐘，每天最多1班車，亦可能全日停駛
🏛 旅遊服務中心 🏠Calle Villa 2 ☎956-134004 🌐www.turismodesetenil.es

　　塞特尼爾在卡地斯省的東北方，特雷荷河(Río Trejo)流經小鎮，沿岸民居多依崖壁而建，室內可見扭曲或不甚平順的牆壁與室內樓梯，這類民居冬暖夏涼，若有機會可一探究竟。

　　鎮上有些餐廳以此為賣點，刻意不粉飾室內牆面，讓顧客體驗當地的「半穴居」生活。最具代表性的街道，就是向陽岩洞(Cuevas del Sol)和向陰岩洞(Cuevas de la Sombra)。

　　主教堂(Iglesia de Ntra. Sra. de la Encarnación)與城堡(Castillo)等老建築，位於安達魯西亞廣場(Plaza de Andalucía)附近。當地的城堡雖不像其他小鎮般宏偉，但在1484年時天主教國王得發動7次戰役，才能將其拿下。

　　位在最高處的主教堂，遠看猶如城堡，建於15至16世紀，內部有座圓頂，左右翼呈十字形，採晚期哥德式建築風格。對面山丘有座小廣場，立著一尊耶穌像，那裡是拍攝主教堂全景的最佳地點。

中區

MAP▶P.216B2

格拉薩萊馬
Grazalema
自然公園健行踏青

MOOK Choice

🚌 從隆達，搭Damas巴士公司(www.damas-sa.es)的車，車程約45分鐘，每天1至2班車

　　格拉薩萊馬山脈(Sierra de Grazalema)簇擁下的格拉薩萊馬，離塞特尼爾不遠，1984年成為安達魯西亞第一座自然公園，自然生態保護良好，有很多獨特的動植物，也有多條健行步道。

　　小鎮的歷史雖然可以追溯至羅馬時期，但要到17世紀，這裡製造的羊毛織毯和服飾等受到歡迎，名氣才傳開來。除了紡織品，當地居民主要以農耕、牧羊、家具製造維生，以前有水車做動力，磨坊可以榨橄欖油和磨麵粉，可惜這些早期的機械多半遭廢棄或消失。

　　不幸的是，19世紀工業革命後，西班牙北方開始大批生產紡織品，嚴重打擊小鎮的經濟命脈，工作機會驟減、人口外移，小鎮於是沒落。

　　格拉薩萊馬目前仍有2,000名居民，拜自然公園所賜，來健行、爬山、玩獨木舟等戶外活動的人相當多，觀光業成為當地最重要的產業。

薩哈拉德拉西艾拉

Zahara de La Sierra

青山綠水擁抱白牆紅瓦

🚌 從隆達，搭Transportes Generales Comes巴士公司(www.tgcomes.es)的車，車程約75分鐘，平日每天約2班車，週六、日及假日停駛

旅遊服務中心
🏠 Plaza de Zahara 3 ☎ 956-123114

位於格拉薩萊馬自然公園(Parque Natural de Sierra de Grazalema)北側，從南面走進，底部的大水壩有如這白色小鎮以的背景，天氣好的時候，青山綠水圍繞著白色房舍，說它是最美的白色小鎮也不為過。

早在摩爾人統治時期，就有薩哈拉德拉西艾拉的存在，伊斯蘭教和天主教兩大勢力經常爭奪此地的統治權，山丘上的制高處至今還留著8世紀摩爾人建的城堡。

體力好的人，不妨順著山徑登上16世紀的鐘樓(Torre de Reloj)，換個角度來欣賞這座山城，之後再沿著巴洛克式教堂Iglesia de Santa María de la Mesa，走至摩爾城堡的頂端，從這裡俯瞰，一邊是層層疊疊的白牆房舍、一邊是青山綠水交織的畫面，隨便拍都好看。這段坡路雖然陡，但不難走，約15分鐘可攻頂。

西美納

Jimena de la Frontera

兵家必爭防禦重地

🚌 從隆達，搭Transportes Generales Comes巴士公司(www.tgcomes.es)的車，班次請上網查詢

位於Los Alcornocales自然公園南方，坐落於陡峭山坡上，最高處就是城堡(castillo)。這座城堡曾是卡地斯省南部防禦線的一環，南部防禦線北起奧維拉，南至特拉法(Traifa)，形成完整的山區防線。城堡的歷史可追溯至羅馬時期，城牆圍繞的中央廣場和鵝卵石步道是當年僅存的遺跡，今日的外觀則奠基於18世紀。

登上城堡，可盡覽小鎮全貌，反方向的大片山林即為自然公園。園裡有塊背對城堡的奇岩，近看似巨形橢圓扇貝，凹處還有侵蝕的痕跡，俗稱「摩爾皇后浴池(El Baño de la Reina Mora)」，過去是舊教會進行洗禮儀式的地方。

兵工廠水道(Antiguo Canal de la Real Fábrica de Artillería) 是西美納為了防禦打造的另一工事，從城堡步行約需20分鐘。國王卡洛斯三世於1777年下令建造兵工廠，1788至1789年停止運作，當年為了工廠運作，從赫茲岡塔河(Río Hozgarganta)引進河水，以當地砂石為建材，修築全長650公尺的引水道。

西區
MAP ▶ P.216B3

維哈
Vejer de la Frontera
中古世紀城牆與修道院

🚌 從塞維亞或卡地斯，搭Transportes Generales Comes巴士公司(www.tgcomes.es)的車，車程分別約3小時和70分鐘，班次請上網查詢

🏠 **旅遊服務中心** Avenida de Los Remedios 2 ☎956-451736 ⏰週一至六10:00～14:00、16:00～19:00，週日和假日10:00～14:00 🌐turismovejer.es

掃地圖

鋪著鵝卵石的山坡小徑、綠意盎然的民居中庭、階梯式的白色房屋、完整保留的城牆、典型的摩爾式建築，就是維哈小鎮的樣貌。

薩爾瓦多教區教堂(Iglesia Parroquial del

Divino Salvador)是全鎮的信仰中心，混合著14世紀哥德式和17世紀晚期哥德式建築風格，內部沒有繁複的裝飾，圓頂留有被填平的星形圖案，見證不同宗教文明勢力的消長。

為保護小鎮安全，10至12世紀蓋了4座城門，如今保留下來的3座，在15世紀都曾重建過，一起保留下來的還有城牆，從新市鎮遠望舊市區，可清楚看見後者四周環繞著城牆。鎮上還有一座9世紀的城堡，歷經多個世代的整建，11世紀的穆斯林大門，旁邊被填平的拱門仍清晰可見。

西區
MAP ▶ P.216B3

阿爾克斯
MOOK Choice
Arcos de la Frontera
拱門與高處的防禦城

🚌 從隆達、塞維亞、邊界的赫雷斯，搭Los Amarillos巴士公司(reserbus.es)的車前往，班次請上網查詢。抵達阿爾克斯後，巴士站位在新市鎮，步行前往舊城鎮Corredera街約15至20分鐘

🏠 **旅遊服務中心** C/ Cuesta de Belén 5 ☎ 956-702264 ⏰週一至二10:00～14:00，週三至六10:00～14:00、16:30～19:30，週日和假日10:00～14:00 🌐turismoarcos.com

掃地圖

主要景點集中於舊市區，市政廳的Plaza del Cabildo是本鎮的重心，市政廳後方的15世紀城堡，曾是阿爾克斯公爵的府邸，目前不對外開放。城堡旁有座瞭望台，可遠眺田園風光，正對面的是聖母教堂(Iglesia de Santa María)，前身為清真寺，重建於1764年，是鎮上的信仰中心，綴有藍色瓷磚的鐘塔，哥德式銀匠風格的正門恢弘雄偉。

巷弄中的聖佩德羅教堂(Iglesia de San Pedro)原為15世紀阿拉伯防禦建築，18世紀改建，巴洛克風格的大門頂端聳立著一座新古典式鐘塔。教

堂收藏有歷年聖週遊行的聖母和耶穌像，及卡地斯最古老的聖壇。

教堂前是座改建為音樂學校的舊行宮Palacio del Mayorazgo，保留著文藝復興時期的雙圓柱大門，及西班牙建築特有的明亮中庭。另一棟有趣建築是仁慈修女修道院(Convent des Dechaussees de la Merci)，原是座監獄，雖然早在1642年就改建為修道院，但監控犯人用的刺馬窗戶，迄今仍留在牆上。

北區

MAP ▶ P.216B2

歐蘇納

Osuna

開放的宗教博物館

🚌 從塞維亞，每天約4至5班火車，車程約70分鐘；或搭Valenzulea巴士(www.grupovalenzuela.com)，班次請上網查詢。若搭乘巴士前往，歐蘇納巴士站位於市區東南方500公尺處，至市區步行約10分鐘

掃地圖

鎮上多為文藝復興時期建築，從中央廣場出發，沿Sevilla路轉進Cristo路、San Pedror街，再從Carrera路回廣場，即能一覽鎮上的重點建築，其中以瑪格斯行宮(Palacio del Marqués de la Gomera)最受矚目，建於1764至1765年，由西班牙藝術家Juan Austinio Blanco設計，目前是四星飯店。

小鎮還有多座18世紀修道院，擁有精雕細琢的巴洛克式立面，如Palacio de Govantes y Herdara前身是法院，大門兩旁雕刻著華麗的葡萄藤門柱。

循著中央廣場旁的指標往上走，有3座博物館：考古博物館(Arqueológico)藏有當地出土的古羅馬和摩爾時期文物，包括殘環柱腳、器皿、石斧等；化身修道院 (Monasterio de la Encarnación)是宗教博物館(Museo de Arte Sacro)，2樓收藏17至18世紀宗教藝品；16世紀的昇天聖母教堂(Colegial Santa María de la Asunción)為典型的文藝復興式建築，收藏著豐富的宗教藝品，宛如宗教博物館。

北區

MAP ▶ P.216B2

卡莫納

Carmona

暴君退守的根據地

🚌 從塞維亞，搭Casal巴士公司(www.autocarescasal.com)M-124班次，班次請上網查詢

掃地圖

沿著主要幹道San Pedro前進，塞維亞城門(Alcázar de la Puerta de Sevilla)巍峨聳立在斜坡上。城門始建於羅馬時期，目前仍可見部分城牆遺跡，第二層中庭留有摩爾人建的蓄水池，原來的房間和監獄改設為文物展示館。

城門前方有座聖佩德羅教堂(Iglesia de San Pedro)，巴洛克式的鐘塔相當顯眼，登塔可以眺望全鎮風光，展示室收藏著葛利果聖歌的樂譜，以及皇室在此舉行宗教儀式所穿的禮服華袍。

穿過舊市鎮、朝東南方前進，可以抵達佩德羅國王城堡(Parador Alcazar del Rey Don Pedro)，殘酷的佩德羅一世因行徑殘暴而眾叛親離，被迫從塞維亞轉移陣地至鄰近的卡莫納，但還沒真正入住精心打造的城堡，就因為戰敗，又逃往其他地區，城堡目前是國營旅館。

古堡右側下坡的哥多華城門(Puerta de Córdoba)，是座八角形的防禦塔，據說仿照塞維亞大教堂而建，分為兩層樓，1樓是教堂，2樓則收藏許多宗教藝術品、畫作。

北區

MAP ▶ P.216B2

奧維拉

Olvera

打翻的珍珠寶盒

🚌 從隆達和馬拉加，搭Los Amarillos巴士公司(www.losamarillos.es)的車，班次請上網查詢

掃地圖

奧維拉位於卡地斯山脈(Sierra de Cádiz)西北方，矗立山巔的城堡、保留伊斯蘭教樣式的大教堂、沿山坡而建的白色小屋，在陽光照耀下，像是從打翻的珍珠寶盒裡灑出的珍珠般閃閃發亮。

這座小鎮的過往並不平靜，原由摩爾人統治的奧維拉，當基督教勢力從塞維亞南移後，曾多次易主。建於12世紀末的城堡(Castillo Árabe)，見證這段混亂的歷史，城堡依山勢而建，呈現不規則的三角狀，完整保留的部分有中央堡壘與瞭望塔。從城堡後方往下望，橄欖林遍佈山坡，不難想像奧維拉是安達魯西亞地區的優質橄欖油產地。

城堡博物館(Museo 'La Frontera y los Castillos')改建自當時領主歐蘇納公爵家族的穀倉，館內陳列奧維拉的歷史和舊的街道照片，及安達魯西亞各小鎮的邊防城堡圖片。

原為清真寺的主教堂(Iglesia Arciprestal de Ntra. Sra. de la Encarnación)，與城堡並肩盤踞山頂，歐蘇納公爵於18世紀下令改建為新古典風格。夾在大教堂與城堡之間的教堂廣場(Palaza de la Iglesia)，可一覽小鎮全貌。

北區

MAP ▶ P.216B2

安特蓋拉

MOOK Choice

Antequera

罕見巨石遺址群

🚌 火車—從格拉那達、塞維亞和隆達，每天約有1至4班火車，車程約48分鐘至2小時45分；巴士—從塞維亞或格拉那達，搭Alsa巴士公司(www.alsa.com)的車，車程約1小時50分鐘至3小時，每天約2至5班，下車的巴士總站在市區西北1公里處

旅遊服務中心
🏠 Calle Encarnación, 4　☎ 952-702505　🕐 週一至日 09:00～15:00　🌐 turismo.antequera.es

掃地圖

要認識安特蓋拉，可以從名列世界文化遺產的巨石遺址群開始。遺址分為3大區，其中，孟加巨石遺址(Dolmens de Menga)歷史最久，遠溯至西元前2,500年，再來是西元前2000年的維拉巨石遺址(Dolmens de Viera)，和西元前1800年的羅曼拉巨石遺址(Dolmen de el Romeral)。

這些遺址使用巨石架設石室，推斷用途應為陵

墓群，細究其採石與架設手法，可知當時已發展出卓越的建築技術，並擁有嚴謹的社會結構。

回到市區，參觀重點有16世紀的巨人門(Arco de los Gigantes)，及13世紀摩爾人的城堡(Alcazaba)，巨人門為文藝復興風格，裝飾著象徵安特蓋拉的獅子，至於城堡，前身是羅馬人的要塞，伊斯蘭教徒和基督徒為其戰略價值，爭戰近兩個世紀，還發生一齣情侶苦戀的悲劇，男女主角最後跳崖殉情，地點就在城郊的情人岩(La Peña de los Enamorados)。

內哈拉宮(Palacio de Nájera)的鎮立博物館(Museo Municipal)珍藏不少羅馬藝術品，鎮館之寶是1世紀的青年青銅像，線條柔美、姿勢優雅，有「伊比利半島最美出土物」的美譽。

安達魯西亞⋯⋯白色小鎮 Los Pueblos Blancos

MAP ▶ P.216C2

瓜地斯

Guadix

穴居最密集的白色小鎮

🚌 從格拉那達,搭Alsa巴士公司(www.alsa.com)的車,班次請上網查詢

旅遊服務中心 🏠Plaza de la Constitución 15/18 📞958-662804 🕙10:00~14:00 🌐www.guadix.es

掃地圖

不同時代的移民,為瓜地斯留下了豐富且多元的古蹟。在市中心的大教堂(Catedral),看得出有清真寺、哥德式、文藝復興式和巴洛克式的痕跡;後方巷弄裡的聖地牙哥教堂(Iglesia de Santiago),興建於16世紀,深具哥德風采,金字塔型的塔樓十分搶眼。

一旁的佩內浮洛侯爵宮(Palacio de los Marqueses de Peñaflor),展現17、18世紀貴族生活的奢華;相鄰的城堡(Alcazaba)屹立近10個世紀,依舊散發著無敵的氣勢。城堡後方的陶器博物館(Cueva Museo de Alfarería la Alcazaba),展示陶器藝術之外,洞穴式展覽室是一大特色。

瓜地斯的魅力之一就是穴居建築,全境有多達2,000餘棟,為安達魯西亞地區穴居最密集的城鎮。今日的穴居民宅通常有4至8間房,水電及家電用品一應俱全,就連車庫都有,室內維持17℃恆溫。至於穴居的由來,根據穴居博物館(Cueva Museo de Costumbres Populares de Guadix)的推論,可能是16世紀摩爾人為躲避迫害而開鑿的避難所,更多相關資訊可至博物館參觀,若想體驗箇中滋味,不妨找間穴居旅館住上一晚。

MAP ▶ P.216C2

特列貝雷斯

Trevélez

以風乾火腿聞名的雪峰小鎮

🚌 從格拉那達,搭Alsa巴士公司(www.alsa.es)的車約3小時,每天約3班

掃地圖

特列貝雷斯緊鄰穆拉森峰(El Mulhacén),位於安達魯西亞東南邊的艾爾普哈拉山區(Las Alpujarra)。艾爾普哈拉山區北倚內華達山脈(Sierra Nevada),境內連綿山峰,有1/5超過3,000公尺,形成險峻峽谷。從格拉那達前往山區,需經過1個半小時的山路,在山坳處會不時撞見一幢幢摩爾式白屋,令人驚喜連連!

其中,特列貝雷斯等20多座小鎮,背倚積雪山峰,景色尤其優美。標高3,481公尺的穆拉森峰,是伊比利半島最高峰,而特列貝雷斯就是攀登穆拉森峰的起點,旺季時一床難求。

此外,特列貝雷斯的風乾火腿非常有名,選用肥碩豬種,以傳統方式風乾12至18個月後,肉質依舊軟嫩,絕不添加防腐劑及人工色素。據說義大利音樂家羅西尼(Rossini)曾不惜以Stradivarius名琴來交換,可見當地風乾火腿之滋味鮮美!

東區

MAP ▶ P.216C2

卡畢雷拉、
布比昂、潘帕內拉

Capileira · Bubión · Pampaneira

登山健行三小鎮

從格拉那達，搭Alsa巴士公司(www.alsa.es)往Alcutar的車，就會經過潘帕內拉、布比昂、卡畢雷拉，每天約2至3班。格拉那達至潘帕內拉車程約2小時5分鐘；潘帕內拉至布比昂約7至13分鐘；布比昂至卡畢雷拉約7至13分鐘。巴士班次請上網查詢。www.nevadensis.com

波卡拉峽谷(Poqueira Ravine)由下往上依序坐落著潘帕內拉、布比昂、卡畢雷拉等3座白色小鎮，宛如珍珠點綴在翠綠山嶺間，多數為摩爾人於16世紀末逃到艾爾普哈拉山區所拓墾打造。

潘帕內拉如今仍有不少摩爾式房舍，屋頂鋪著數層石板，房子間的通道常用石板搭出遮棚，通道上再加建房間或陽台；煙囪呈圓柱形，上方覆以蘑菇狀小頂蓋；外牆敷土、刷白漆，門窗垂掛著鮮花，一派優雅閒適。

最上方的卡畢雷拉，海拔1,436公尺，背倚維萊塔峰，是山野運動愛好者必遊之地，每逢夏季擠滿登山客。遊客也可選擇健行路線，掌控好體力、往返時間，就可玩得盡興。

體力好的遊客可嘗試健行遊覽3城，單程約6公里，居中的布比昂可作為休憩站。除了白屋與山景，這3座小城也販售陶器、針茅草(Esparto)編織品、粗獷的氈毯等具地方特色的手工藝品，實用且富異國風情。

東區

MAP ▶ P.216D2

莫哈卡

Mojácar

混合文化的地中海氣味

從格拉那達或哥多華，搭Alsa巴士公司(www.alsa.es)的車，車程約5小時45分至8小時40分不等，每天約1至2班。莫哈卡分為海濱區及山城區，巴士首站停海濱區，第二站才停在山城區，兩站均設有Transportes Urbanos公車站牌，可轉搭至山頂的鎮中心。

旅遊服務中心 Plaza del Frontón s/nº 950-615025 週一至六10:00~14:00、17:00~20:00 www.mojacar.es

一面倚山，一側鄰海，莫哈卡全境分為海濱區及山城區，相距約2公里，依山而建的白屋和濱海戲潮區各有風情。

城鎮中心位於山頂，新廣場(Plaza Nueva)四周盡是紀念品店，家家戶戶門上掛著一個雙手扛著曲拱的人形，這是著名的避邪標誌Indalo。

Indalo是古代伊比利半島居民對全能天神的敬稱，此圖和莫哈卡北方山區的Vélez-Blanco洞穴岩畫相仿，最早可追溯至西元前2,500年。莫哈卡人早期將Indalo畫在門上，藉以驅除惡咒或天災，如今成了觀光圖騰，出現在T恤、陶盤、馬克杯上，造型多樣可愛。

由新廣場往西沿著Alcalde Jacinto小街，會先看到聖母教堂(Iglesia de Santa María)，這座建於1560年代的教堂，原是碉堡，因此氣勢與一般教堂迥異。再循階梯往下走，曲折巷弄往四處延伸，耀眼的白牆和繽紛的鮮花，鋪陳出獨特的魅力，間或散發地中海混合文化的氣味，這就是莫哈卡，安達魯西亞家族中最具異國情調的成員。

太陽海岸
Costa del Sol

太陽海岸是一段介於陽光海岸(Costa de la Luz)和熱帶海岸(Costa Tropical)之間的海岸線,長達300公里,除了沿岸城鎮,還囊括馬拉加省的地中海沿岸。如同安達魯西亞的其他地區,腓尼基人、古羅馬人、西哥德人和摩爾人等政權先後進駐統治,但即使在天主教政權期間,這裡也只是一座座小漁村。要到1950年代,才搖身一變成為遊客最愛的度假勝地之一。

這一帶北有山脈阻隔北風的侵襲,一年擁有超過300日的晴天,並同時擁有得天獨厚的沙灘和崎嶇的海灣,及方便利於船隻停靠的港

口,加上當地獨特的文化,今日的太陽海岸成為富商名流的樂園,尤其是馬拉加、馬貝拉和托雷莫里諾斯等,終年遊客不斷。

MAP ▶ P.226B1

馬拉加

Málaga

古意盎然的大都會

🚄火車—從馬德里的阿托查火車站，搭高速火車AVE約2.5至3小時，每天約8至11班；從塞維亞，搭快車AVANT或中程火車MD，約2至3.5小時，每天約8班；從哥多華，搭AVE或AVANT約1小時，每天約15班。抵達馬拉加火車站後，在車站前可搭3號巴士至市中心的海洋廣場(Plaza de la Marina)。
🚌巴士—從馬德里的南巴士站，搭Inter Bus巴士公司(www.interbus.es)的車，車程6小時，每天約10至12班車；從哥多華，搭Alsa巴士公司(www.alsa.es)的車，約2.5至3.5小時，每天約5至7班車；從格拉那達，搭巴士需1.5至2.5小時，每30分至1小時1班車。抵達馬拉加巴士站後，可搭4號巴士前往市區。
🏠旅遊服務中心 Paseo de Antonio Machado, 12 5ª ☎951-926020 🌐www.malagaturismo.com

掃地圖

　　馬拉加是太陽海岸的首府，也是對外的主要門戶，根據歷史記載，它是腓尼基人創建的城市，相較太陽海岸其他城市，馬拉加的面積較大。

　　迥異於其他度假城市，在馬拉加舊市區散步，宛如走進歷史裡，最具代表性的景是伊斯蘭政權期間興建的阿卡乍堡(Alcazaba–Gibraljaro)和希伯來法洛城(Castillo de Gibralfaro)。阿卡乍堡落成於11世紀，是當年的統治者宮殿兼碉堡，位於山丘頂端的城堡，依地勢而建，上下兩道城牆用來防禦海盜；與城堡相連的希伯來法洛城，由伊斯蘭君王Yusuf I興建於14世紀，根據名稱推斷，用途可能是瞭望塔。這兩座城堡如今僅存城牆，走在其上，港口與全城景致一覽無遺。

　　另外，有一些有趣的建築，例如混合哥德、文藝復興和巴洛克風格的大教堂(Catedral)、新古典式的市政廳、巴洛克混新古典主義的西班牙王宮等。大教堂興建於16至18世紀，由於當年規畫的雙塔到今日仍未完工，而有「單臂貴婦」(La Manquita)之稱，內有17座禮拜堂，收藏多幅大師作品，包括Alonso Cano的《玫瑰聖母(Virgen del Rosario)》。

　　更重要的是，馬拉加是畢卡索的故鄉，記得拜訪位於Plaza de la Merced一隅的畢卡索故居(Casa Natal de Picasso)，畢卡索在此出生，10歲之前的童年時光皆在這裡度過，館內展示畢卡索相關文獻和照片。與故居距離5分鐘路程的畢卡索美術館(Museo Picasso de Málaga)，則展示由畢卡索的媳婦與孫子所捐贈的多達200件作品，包括雕刻、繪畫以及陶器等。

　　此外，港口邊的龐畢度藝術中心(Centre Pompidou Málaga)是龐畢度美術館在法國之外的第一間分館，以藝術呈現馬加拉新潮現代的一面。

托雷莫里諾斯

Torremolinos

漁村變身度假勝地

🚆 火車—從馬拉加，搭近郊火車C1，約19至22分鐘，班次頻繁，抵達托雷莫里諾斯火車站後，步行3分鐘可到市中心的太陽海岸廣場。巴士—從馬拉加，搭Portillo巴士公司(www.ctsa-portillo.com)的巴士，約15至25分鐘，班次頻繁；從隆達，搭巴士約2.5小時，每天約3班，抵 托雷莫里諾斯巴士站後，步行約3分鐘可至太陽海岸廣場。

旅遊服務中心 🏠Plaza de las Comunidades Autónomas ☎608-208871 ⊙週一至五09:00～14:00 🔗 turismotorremolinos.es

托雷莫里諾斯是典型的海濱度假小鎮，離馬拉加僅12公里，擁有方便的交通網絡，是太陽海岸重要的度假據點。

此地大致分為市區和海灘區。市區以太陽海岸廣場(Plaza Costa del Sol)為中心，由此通往海灘的聖米歇爾街(Calle San Miguel)是主要的購物和餐廳聚集處。順著聖米歇爾街往沙灘方向走，會經過聖米歇爾教堂(Iglesia de San Miguel)，這家新古典主義風格的小教堂坐落於同名廣場上，後方有一座14世紀初的警戒塔，在天主教取得政權後，為了感謝提供糧食和馬匹的Benavente伯爵Rodrigo Pimentel，命名為皮蒙特塔(Torre del Pimentel)。

海盜覬覦的Bajondillo，原本是漁民和農夫的居住地，沿著山壁而建的一棟棟掛滿花盆的白色房舍，現改建為一家家特色商店。順著階梯走到盡頭便是沙灘，長達6公里的海岸線，前後區分為6個海灘區，夏季常有風帆、水上摩托車等活動。

馬貝拉

Marbella

地中海畔花園之城

🚆 從馬拉加搭乘Portillo巴士公司(www.ctsa-portillo.com)的車前往，車程約45~60分鐘，班次頻繁；從隆達前往約1.5小時，每天約5~9班車。馬貝拉巴士站距離舊市區約1.5公里，可搭乘8C巴士前往，車程約10分鐘

旅遊服務中心
🏠Glorieta de la Fontanilla s/n ☎952-768760 🔗 turismo.marbella.es

馬貝拉有「美麗之海」、「花園之城」等美譽，是典型的地中海度假小鎮，聚集著許多巨賈富豪，濱海的人行道上常見穿著高雅的歐洲旅客、港邊停滿大大小小的遊艇，海灘邊還有不少引人垂涎的高級海鮮餐廳，只是價格通常偏高。

而在舊城區，從馬貝拉的狹窄街道、教堂和廣場建築，不難看出伊斯蘭與天主教在此皆留下了深遠的影響。橘子廣場(Plaza de Los Naranjos)是舊城中心，四周圍繞著美麗的白色房舍，其中3棟頗具歷史價值：馬貝拉首座教堂—聖地牙哥教堂(Ermita de Santiago)，建於15世紀，以及有眾多鑄鐵陽台的16世紀市政廳(M.I. Ayuntamiento)，和頂層裝飾著摩爾式浮雕、融合哥德和文藝復興元素的馬格斯特之家(Casa del Corregidor)。

邊界的赫雷斯
Jerez de la Frontera

身為安達魯西亞的第五大城，坐落於山脈和海洋之間，邊界的赫雷斯深受地中海的恩澤，因為海洋的調節，冬季有著潮濕且溫和的氣候，加上肥沃的土壤，得以孕育出著名的雪莉酒，豐饒農產亦提供優秀馬匹和牛隻絕佳食糧。

邊界的赫雷斯建城歷史悠久，同樣曾被羅馬人、西哥德人和摩爾人統治，奇特的名稱有兩個出處：「赫雷斯(Jerez)」來自阿拉伯文Sherish，再往前追溯至伊斯蘭政權時期，有一個更古老的名稱Xerez；至於「邊界(Frontera)」，則和國土復興運動有關，天主教政權在1264年收復此處，但要到1492年才拿下格拉那達完成統一，因此在200多年的時間裡，這裡象徵著天主教和伊斯蘭教兩大政權的邊界。

這座西班牙最南端的小鎮，經濟重心放在釀酒工業上，另著重培育西班牙良駒，此外，溫暖且樸實的小鎮氣氛，吸引遊人駐足。

INFO

基本資訊
人口：約21.2萬人　**面積**：1,188平方公里
區碼：(0)956

如何前往
◎火車
從馬德里的阿托查火車站，搭長程特快列車ALVIA，車程約3.5至4小時，每天3至5班直達車；從塞維亞，搭ALVIA或中程火車MD，車程約1小時，每1至2小時1班；從哥多華，車程約1小時40分至3

小時，每天約8至10班直達車。

火車站位於市區東邊，至舊城的阿雷納廣場(Plaza del Arenal)約15分鐘路程。
西班牙國鐵 www.renfe.com

◎長途巴士
從塞維亞，搭巴士約1小時30分左右；從隆達，巴士車程約2小時15分。車班由巴士公司Autocares Valenzuela(www.grupovalenzuela.com)、Los Amarillos(www.checkmybus.com)、Secorbus(socibusventas.es)提供服務，車資和班次時間請上網查詢。

市區交通
除安達魯西亞皇家馬術學校比較遠之外，大多可以步行遊覽。

旅遊諮詢
◎邊界的赫雷斯旅遊服務中心
Plaza del Arenal, Edificio Los Arcos　149-863
週一至五09:00～14:30、週六日10:00～14:00
www.turismojerez.com

MAP ▶ P.229A2

阿卡乍堡
Alcázar
固若金湯邊防要塞

📍從阿雷納廣場，步行8分鐘 🏠Alameda Vieja s/n ☎149-956 🕐7至9月：週一至五09:30～17:30、週六日09:30～14:30；10至6月：09:30～14:30 💲全票€5、門票＋Cámara Oscura全票€7

外觀方正的這座12世紀建築，最初做為塞維亞哈里發的伊斯蘭宮殿，儘管歷經多次整修與重建，包括15、18和20世紀大舉翻修多數，原始結構依舊保留了下來，擁有固若金湯的要塞格局，阿方索十世從伊斯蘭政權手中收復此地後，便將這座城堡當成天主教政權的軍事基地。

兩座塔樓相當引人注目，塔頂方正的是12世紀Almohade王朝興建的城門(Puerta del Campo)，

猶如小狗後腿般的彎曲設計，是為了將通道隱匿於內部；同時期建造的另一座八角塔(Torre Octogonal)，曾有「黃金塔」之稱，做為瞭望塔使用，是城堡的地標，也是本市的制高點。

城堡內部因天主教政權入駐有些許更動，如將清真寺改建成獻給Santa María la Real的禮拜堂、建於17至18世紀的Villavicencio宮等，不過，屋頂有著星形鏤空透光孔的阿拉伯澡堂，及洋溢著異國風情的伊斯蘭式庭園，都被保存下來。另外，時間足夠的話，可以至Cámara Oscura觀看以投影方式播放的本地風光。

MAP ▶ P.229A2

岡薩雷斯和畢亞斯酒窖
Bodegas González Byass
雪莉酒鄉聞酒香

MOOK Choice

📍從阿雷納廣場，步行約12分鐘 🏠Calle Manuel María González 12 ☎357-016 🌐www.bodegastiopepe.com 💲參觀和品酒€18起，參觀、品酒和Tapas€19起 ❗酒窖參觀必須跟導覽行程，建議事先預約

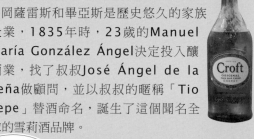

參觀雪莉酒窖是當地的必訪行程，名氣最響亮的莫過於「岡薩雷斯和畢亞斯」。

岡薩雷斯和畢亞斯是歷史悠久的家族企業，1835年時，23歲的Manuel María González Ángel決定投入釀酒業，找了叔叔José Ángel de la Peña做顧問，並以叔叔的暱稱「Tio Pepe」替酒命名，誕生了這個聞名全球的雪莉酒品牌。

酒窖參觀行程從一座大型拱頂建築開始，貼著各國國旗的酒桶，象徵該品牌運銷出口的國家，接著觀賞影片，了解相關背景。穿梭酒窖之間，除了可以看到西班牙國王等名人簽名的酒桶，地上放著進貢給老鼠的食物、小酒杯和小梯子，相當有趣，最後在大帳篷內品酒結束行程，記得試試酒窖最古老的Tio Pepe。

赫雷斯大教堂
Catedral de Jerez

倚斜坡仰之彌高

🚶從阿雷納廣場,步行約10分鐘 🏠
Plaza de la Encarnación s/n 📞
956-169059 ⏰4至9月:週一
10:00~18:30、週二至六10:00~
20:00、週日13:30~20:00;10至3月:週一至六10:00~
18:30、週日13:30~18:30 💲教堂€6,教堂+鐘樓€7 🌐
www.catedraldejerez.es

掃地圖

光矗立在斜坡上的這一點,就讓人留下深刻的印象,旅客必須站在前方的化身廣場(Pl. de la Encarnación),才能將整座教堂盡收眼底。

當地的教團在1695年決定興建一座大教堂,於是摧毀了大清真寺和薩爾瓦多教堂,僅留下可能曾是喚拜塔的塔樓,後來亦改為大教堂的鐘樓,獨立於建築主體之外。大教堂在1778年落成,融合哥德式、巴洛克式及新古典主義式風格,內部格局呈拉丁十字狀,擁有5座中殿,寶藏室裡藏有蘇巴蘭的《聖母圖》(La Virgen Niña)。

考古博物館
Museo Arqueológico

珍藏出土文物

🚶從阿雷納廣場,步行約20分鐘 🏠Plaza del Mercado s/n 📞
149-560 ⏰週二至六、國定假日09:00~15:00 🚫週一、1/1、1/6、復活節、12/25 💲全票€5,優待票€1.8 🌐www.jerez.es/index.php?id=museo

掃地圖

這棟建築是當地典型的中庭之屋(Casa Patio),也是一座小型的巴洛克式宮殿建築,位於阿方索十世於1264年劃分的6個教區之一San Mateo。

19世紀中葉,這裡是當地第一座省立中學,博物館的Julián Cuadra廳就是以當時一位傑出的教師命名。學校後來搬家,經過整修與擴建,1963年轉做考古學博物館。

館藏以史前時代至中世紀的文物為主,其中又以古羅馬和西哥德時期的藏品最為出色,主要來自此地及東北方11公里處的古羅馬遺址Mesas de Asta的考古發現,包括青銅器、女性頭像與雕刻,及葬禮用的土器等。

安達魯西亞皇家馬術學校

MOOK Choice

Fundación Real Escuela Andaluza del Arte Ecuestre

展現名駒騎術之美

🚶展現名駒騎術之美 🏠Avenida Duque de Abrantes s/n, Palacio Recreo de las Cadenas 📞956-319635 ⏰開放及表演時間請上網查詢 💲馬術表演€12起、參觀(含博物館)€11、博物館€4.5 🌐www.realescuela.org

掃地圖

創立於1975年,目的在保存與安達魯西亞名駒相關的祖傳技能與傳統,及培養騎士參與國際級花式騎術競賽,另提供打鐵、餵養與照顧、上馬具、駕

駛馬車等課程。

邊界的赫雷斯是安達魯西亞名駒的故鄉,根據考古推論證實,遠在史前的伊比利亞(Iberians)時代,瓜達基維河地區的馬匹即已脫穎而出。中世紀時,赫雷斯的騎士以一種叫做cañas的遊戲,來訓練作戰用的馬匹,到了文藝復興時期,轉為在Arenal廣場舉辦馬術展示。雖然這項展示活動逐漸荒廢,這些技術卻保留了下來,並在20世紀時,因皇家馬術學校的創立而得以系統化。

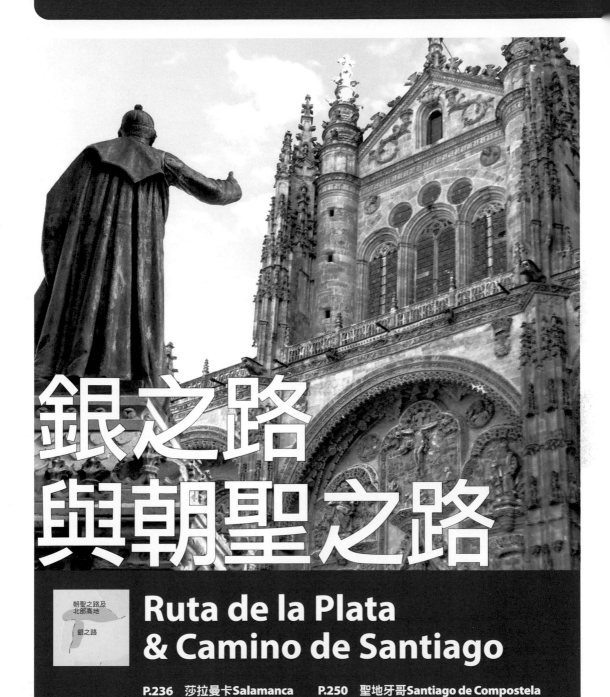

銀之路
與朝聖之路

早在古羅馬時期，西班牙西部就有一條貫穿南北的商道—銀之路，修築於西元前2世紀，是羅馬人當年將梅里達(Mérida)北邊坎特布里亞山區的豐沛礦藏，運往羅馬帝國本土的主要道路。

銀之路最早是從萊昂(Léon)地區的阿斯托佳(Astorga)到艾斯特馬度拉省(Estremadura)的梅里達，後來朝四方延伸，成為一條北起鄰海的Gijón、南抵南達魯西亞塞維亞，全長超過800公里的路線。

一如羅馬人修建的其他道路，銀之路的首要目的為軍事用途，但也伴隨著商業機能，沿著這條來往繁盛的商道，幾座大城市開始蓬勃發展。此外，由於銀之路與朝聖之路交會，中世紀在伊斯蘭政權統治下的安達魯西亞天主教徒，於是得以藉由此路徑前往聖地牙哥朝聖。

西班牙北部接鄰坎塔布利亞海(Mar Cantábrico)，擁有許多濱海小鎮，內陸則有著隨群山起伏的綠地，肥沃的土壤和潮濕的氣候，孕育出豐富的農作物，這裡還出產鐵礦和煤礦，讓巴斯克地區成為當地知名的工業區。

不過，北部最著名的還是「朝聖之路」，其年代已難以追溯，一般認為，9世紀時一位加利西亞牧羊人，在星星指引下，發現聖雅各(St. Jacob，西班牙稱為San Santiago)之墓，眾多信徒聞訊後，便跋山涉水，專程至此處朝聖。

歷經16世紀的黑死病和宗教改革後，朝聖之路一度沒落，今日則轉變成知名的旅遊勝地，雖然徒步的朝聖者日益稀少，以腳踏車或汽車代步的遊客卻不斷增加。

銀之路與朝聖之路之最
Top Highlights of Ruta de la Plata & Camino de Santiago

朝聖之路Camino de Santiago
朝聖之路有很多條路線，其中，最受歡迎的是從法國松坡(Somport)啟程，翻越庇里牛斯山，經布勾斯、萊昂等城鎮的法國之路(Camino Frances)。不同國籍、不同背景的朝聖者，在數百年前，沿著此路，一步一步走往聖雅各陵墓。

聖地牙哥大教堂
來自世界各地的朝聖者，千里跋涉，就為了長眠於教堂中的聖雅各；對於非教徒而言，大教堂有如一座雕刻博物館，每個角落都是藝術。(P.251)

銀匠式建築
兼具哥德式、義大利文藝復興式的特點，不見一絲空白的繁複雕刻，令人聯想到細密精緻的銀器。西部和北部的古城都有這種風格，以莎拉曼卡最為密集。(P.236)

古根漢美術館Museo Guggenheim Bilbao
流線的銀色造型宛如一尾從河中躍起的銀魚，古根漢美術館的落成，翻轉畢爾包的工業城市定位，以現代藝術重塑城市風格。(P.259)

How to Explore Ruta de la Plata&Camino de Santiago
如何玩銀之路與朝聖之路

銀之路貫穿西班牙西部，羅馬時期因運送銀礦而繁榮，沿途幾座大城市各自保留精彩的古蹟；朝聖之路則是歐洲天主教徒前往聖地牙哥的必經之路，許多旅人將之視為一生一次的壯遊挑戰，就算不用雙腳走一遍，也要安排參觀幾個城市！

莎拉曼卡Salamanca

擁有西班牙歷史最悠久的大學，砂岩建築打造出金黃色大學城，另有大教堂雕刻繁複細緻、修道院金碧輝煌…讓這裡成為西班牙銀匠式建築的代表城市。

代表景點：莎拉曼卡大學、大教堂、聖埃斯特班修道院

聖地牙哥 Santiago de Compostela

和羅馬、耶路撒冷並列天主教世界的三大朝聖地，是西班牙朝聖之路的終點，幾乎所有人都是為了聖雅各長眠的大教堂而來。

代表景點：聖地牙哥大教堂

卡薩雷斯Caceres

大航海時代的中繼站，卡薩雷斯騎士團的據點，保留中世紀的氣質，貴族富商的豪宅林立，舊城為世界文化遺產；伊斯蘭統治時期的30多座高塔是另一項特色。

代表景點：布亞可塔、聖母廣場與大教堂

梅里達Mérida

曾是羅馬海外殖民省的首府、銀之路的起迄點，保存西班牙境內最豐富的羅馬時期遺跡，有「西班牙的小羅馬」的美譽，被列為世界文化遺產。

代表景點：羅馬劇場、圓形競技場、水道橋

萊昂Leon

　　銀之路與朝聖之路的交會點，中世紀的基督教中心。城內保存有羅馬式、哥德式、銀匠風格、文藝復興式等建築風格的教堂和貴族宅邸，還有少數跨出巴塞隆納的高第作品，值得細細欣賞。

代表景點：大教堂、波堤內之家、聖伊索多羅教堂

畢爾包Bilbao

　　擺脫工業城市的形象，古根漢美術館、新穎的地鐵和造型特殊的橋樑讓畢爾包成為西班牙北部的現代藝術之都。

代表景點：古根漢美術館、畢爾包的橋

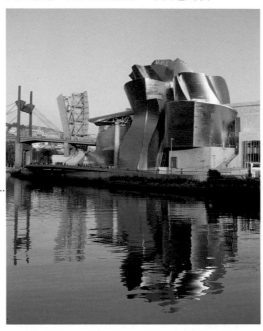

楚西尤Trujillo

　　有「探險家的搖籃」之稱，打敗印加帝國的畢沙羅等無數大航海時代的探險家，從這裡出發探索新世界，瀰漫著中世紀的古樸氣質。

代表景點：主廣場、楚西尤城堡

布勾斯Burgos

　　昔日卡斯提亞王國的首都，國土復興運動的英雄席德(El Cid)的故鄉，聳立於城中的大教堂闡述它是朝聖之路的重要據點。

代表景點：大教堂、聖母拱門

●莎拉曼卡

莎拉曼卡
Salamanca

馬德里以西200公尺，莎拉曼卡是一座既古老又年輕的城市！古老的是它悠久的歷史，早在古羅馬人殖民西班牙之前，Vaccaei人已在此建城。而銀之路的開通，則為這處位居樞紐的城市揭開繁榮的序幕，西元1世紀的羅馬橋(Puente Romano)，便是昔日銀之路的一段。

在伊斯蘭教與天主教政權不斷爭奪的年代，莎拉曼卡成為兩者之間的戰場，10世紀時重回天主教的懷抱，天主教政權才開始逐步建設規畫這座城市。西元1218年，天主教國王Alfonso IX of León設立莎拉曼卡大學，從此改寫了城市的命運。

這座小鎮一躍成為歐洲的學術中心，至今仍是西班牙最重要的大學城，吸引許多自慕名而來的外國學生到此求學、定居，這股源源不絕的年輕活力，讓莎拉曼卡成為一處洋溢青春氣息的地方。

除了濃厚的學術氣息之外，莎拉曼卡又有「西班牙最美麗城市」之稱，原因在於市內有多處砂岩建築，每當陽光照射，便散發出金黃色般光輝，尤其是那座大批裝飾丘里格拉式(Churrigueresque)雕刻的主廣場(Plaza Mayor)，更是令人流連忘返！

INFO

基本資訊

人口：約14.4人
面積：38.6平方公里
區碼：(0)923

如何前往

◎火車

　　從馬德里的查馬丁火車站，車程約1小時40分鐘至3小時，每日約10班車；從阿維拉，約1至1.5小時，每日約7班車。時刻表及票價可上網或至火車站查詢。

　　火車站在莎拉曼卡舊城的東北方，步行至舊城約25至30分鐘，也可搭1號巴士前往市中心的主廣場，若搭計程車，車資約€8–10。

西班牙國鐵 ⓦ www.renfe.com

銀匠式的莎拉曼卡
Plateresco

　　莎拉曼卡大學西側立面，密密麻麻地佈滿石雕圖樣，細細品味，竟給人喘不過氣的感覺。這種建築風格稱為銀匠式(Plateresco)，流行於16世紀上半葉的西班牙，兼具哥德式、義大利文藝復興式的特點，並融合了摩爾人的建築元素。

　　雕飾繁複的立面，讓人聯想到精緻的銀器，因此得名。莎拉曼卡是銀匠式風格建築最集中的地方，除了莎拉曼卡大學，大教堂和聖埃斯特班修道院也不容錯過。

◎長途巴士

　　從馬德里的南巴士站，搭Auto Res巴士公司的車，車程約2小時45分鐘，平均每小時1班。另外，銀之路上有不少城市可搭長途巴士往來，如從卡薩雷斯搭巴士，至莎拉曼卡的車程約3至4小時。

　　巴士站位於莎拉曼卡舊城的西北方，至市中心的主廣場，路程約20分鐘，或搭4號巴士。

Avanza巴士
ⓦ www.avanzabus.com

◎市區交通

　　步行即可參觀整個舊城區。

旅遊諮詢

◎莎拉曼卡旅遊服務中心

🗺 P.237B1
🏠 Plaza Mayor 32
☎ 218–342
⏰ 夏季：週一至五09:00～14:00、16:30～20:00，週六10:00～20:00，週日及假日10:00～14:00；冬季：週一至五09:00～14:00、16:00～18:30，週六10:00～18:30，週日及假日10:00～14:00
ⓦ www.salamanca.es

MAP ▶ P.237B1

主廣場
Plaza Mayor
西班牙最優雅的廣場

🚌 從火車站，搭1號巴士達

掃地圖

亞伯特‧丘里格拉(Alberto de Churriguera)在1729年設計出這座被譽為「西班牙最優雅的廣場」，亞伯特來自創造「丘里格拉式」建築風格的丘里格拉家族，該風格興起於17世紀末，是西班牙式的巴洛克主義，特色在於大量且繁複的粉飾灰泥雕刻。

廣場今日四周環繞的是4層樓高的建築，因此你可能很難想像，在1863年前，這裡一直是鬥牛活動的舉辦場所。菲利浦五世當年為了感謝莎拉曼卡支持其在西班牙的王位戰爭，送給了它這座主廣場，現在廣場上仍立有他的半身雕像，伴隨於拱門上的其他西班牙國王胸像。

有3座大鐘的的建築是市政府，體積龐大的立面氣勢宏偉，現在是當地的地標。廣場周邊還有許多餐廳、商店、露天咖啡座，逛累了不妨坐下來喝杯咖啡，一邊曬太陽，一邊欣賞廣場上的熱鬧人群！

MAP ▶ P.237B2

杜耶納斯修道院
Convento de las Dueñas
女地主們的隱居所

🚌 從主廣場，步行約10分鐘 🏛 Plaza Concilio de Trento ☎215-442 ◐週一至六10:30~12:45、16:30~18:45，冬季延後至19:30休息 休週日及假日 💲全票€2

掃地圖

擁有全莎拉曼卡最美麗的迴廊，一進到修道院內，很難不被其寧靜的氣氛所感動，尤其黃昏時分，陽光灑落在迴廊立柱上，映照在地上的剪影更是美麗！修道院內仍有修女居住，製作和販賣傳統糕點。

結構為不對稱五邊形的修道院，前身是Juana Rodríguez Maldonado在1419年創立的聖母修道院(Covento de Santa María)。她是貴族Fernado Alfonso de Olivera的妻子，這裡不但是她的住處，也是許多貴族女性退隱的地方，因此暱稱為「杜耶納斯」，意思是「女地主」。

修道院後來轉為多明尼克教派使用，1522年重新翻修為銀匠式風格，但仍遺留多個有著伊斯蘭風格的拱形迴廊中庭，是此處的參觀重點，特別是上層迴廊的立柱，裝飾著展翅天使、神話怪獸、怪異人臉、公羊頭和貝殼等浮雕。

舊教堂Catedral Vieja

牆壁上殘存著古壁畫，高挑的廊柱撐起哥德式拱頂，柱頭上裝飾著人面鳥神的怪異浮雕。主祭壇有座幾乎頂到穹頂的屏風，描繪53個出自耶穌和聖母生平的場景，最上方則是名為《最後的審判(Juicio Final)》的濕壁畫。

不同於一般教堂的格局，舊教堂的禮拜堂朝中庭開放，四周的迴廊在1755年里斯本大地震時損毀。禮拜堂曾被當成莎拉曼卡大學的閱讀室，而多座禮拜堂中，Capilla de Obispo Diego de Anaya保留歐洲最古老的14世紀管風琴，聖芭芭拉禮拜堂(Capilla de Santa Bárbara)由Juan Lucero主教創立於14世紀，主教亦長眠於此禮拜堂的中央，據說這裡常做為大型活動及校長宣誓就職的場所。

此外，別錯過深受拜占庭風格影響的牛肚塔(Torre del Gallo)，它是大教堂最著名的地標，上方站著一隻公雞風向標，無論從莎拉曼卡的哪個角落都能看見。

MAP ▶ P.237A3

莎拉曼卡大教堂

MOOK Choice

Catedral de Salamanca

跨世紀的宏偉建築

🚶 從主廣場，步行約10分鐘 🏠 Plaza Juan XXIII
📞 217-476 🕐 週一至六10:00～20:00、週日10:00～18:00 💲 全票€6、優待票€4
www.catedralsalamanca.org

[掃地圖]

莎拉曼卡大教堂包含新、舊兩座教堂，但無論外觀或內部都緊密相連，且共用一個出入口，且新教堂有專屬大門通往舊教堂，因而給人一種「教堂中的教堂」的錯覺。

大教堂的歷史可追溯至12世紀，建於1120年，是座結合羅馬式與哥德式風格的教堂，儘管耗時150年才完工，到了16世紀，仍是不敷使用，於是1513年開始在旁進行新教堂的建設工程，沒想到足足花了200多年才完工，這也是為什麼它融合了哥德式、銀匠式及丘里格拉式等多種建築風格。

新教堂Catedral Nueva

新教堂以丘里格拉式的圓頂著稱，從內部往上看，風格由下往上從哥德式轉換至巴洛克式。亞伯特·丘里格拉和他的兄弟、也是催生丘里格拉風格的推手荷西·丘里格拉(José de Churriguera)聯手打造這座新教堂，是丘里格拉風格的最佳示範。

另外，當作入口使用的大門，其立面似乎要與大學的西側立面一決高下，同樣裝飾著繁複到極致的砂石雕飾，刻劃精細的人物佇立在門面上，令人印象深刻。

MAP ▶ P.237A2

莎拉曼卡大學

MOOK Choice

Universidad de Salamanca

西班牙最古老的大學

🚶 從主廣場，步行前往約8分鐘 🏠 Calle Libreros ☎ 294-400 ⏰ 主要歷史建築：9月中至3月：週一至六10:00～17:00；4至9月中：週一至六10:00～20:00；週日及假日10:00～14:00 💲 全票€10、優待票€5 🌐 www.usal.es；museo.usal.es

掃地圖

舊城其實就是一座大學城，由莎拉曼卡大學的各個學院組成，每個學院的建築風格略為不同。它是西班牙最古老的大學，因此除了在此接受教育的年輕學子，還有許多外國學生慕名前來。

追溯莎拉曼卡大學的歷史，最早是一處建於1218年的學術機構，1254年轉型為大學。在教宗Alexander IV的加持下，與當時的牛津大學和巴黎大學齊名，也因此，莎拉曼卡大學提出的理論，普遍受到歐洲各國的認可；到了15、16世紀，其知名度更是達到顛峰。

然而，莎拉曼卡大學並非一路輝煌，17至18世紀受極端教權主義的控制，醫學等許多科學課程被停掉，到了19世紀，戰爭破壞了大學建築，就連學生也少得可憐。不過，苦撐過艱辛的年頭，莎拉曼卡大學如今邁入另一個盛世，就連遊客也想一窺它的真實面目。

大學最經典的建築立面是西側正面的壁雕，呈現精緻的銀匠式風格，英雄人物、聖經角色，及著名家族的徽章，熱鬧躍於其中，讓人眼花撩亂，尤其是中央的天主教雙王費南度和伊莎貝爾的雕像，更是不可或缺的主角。

大學建築群中的大小演講室和音樂室，裡頭的木頭桌椅、講壇和天花板，斑駁痕跡說明其悠久的歷史。大學和教會有著密切的關聯，因此大學內設置了一座禮拜堂，空間雖然不大，主祭壇的壁畫卻金碧輝煌。至於1樓的圖書館，建於1472年，高達數層的書架，分門別類地收藏著珍貴的古書及歷史悠久的地球儀。

猜猜青蛙在哪裡

舊大學建築的西側正面壁雕，大有玄機！無論何時經過，總有許多人擠在下方指指點點，聚精會神地在這複雜的立面上，尋找一隻小到不能再小的「青蛙」，傳說找到的人，就會得到好運。

如果真的找不到，那麼，給你一點提示：先找到費南度和伊莎貝爾的雕像，在雕像右方的條柱上有一個骷髏頭…看到了嗎？！青蛙就在骷髏頭上！

MAP ▶ P.237A2

貝殼之家
Casa de las Conchas
騎士團的榮耀

從主廣場，步行約3分鐘 Calle de las Companias 2 269-317 中庭一3至5月：週一至五09:00～21:00，週六至日和假日09:00～14:00、17:00～21:00（3/29至4/1：週四至日10:00～14:00、16:00～19:00）；6月：週一至五09:00～14:00、16:00～21:00；7月至9/9：週一至五09:00～15:00、17:00～21:00，週六09:00～14:00、17:00～20:00，週日10:00～14:00、17:00～20:00；9/10至2月：週一至五09:00～21:00，週六09:00～14:00、16:00～19:00，週日10:00～14:00、16:00～19:00 免費

坐落於兩街轉角，由於外觀有著滿滿的貝殼浮雕，而被命名為「貝殼之家」。

1493至1517年，聖地牙哥騎士Rodrigo Arias de Maldonado，為守護聖地牙哥騎士團，蓋了這棟私人宅邸。貝殼是該騎士團的象徵，也是朝聖之路的朝聖者象徵，因此這棟融合哥德與銀匠式風格的建築，當然會選用貝殼做裝飾，據說上方的貝殼數量多達300個。此外，窗戶和入口上方可以看見Maldonado家族的家徽。

貝殼之家內部有座中庭，平日對民眾開放，一根根方柱撐起兩層樓高的迴廊，順著樓梯而上，可以欣賞對面的教堂。貝殼之家內部現已改為圖書館，經常可見當地民眾前往。

MAP ▶ P.237B3

MOOK Choice

聖埃斯特班修道院
Convento de San Esteban
全城最金碧輝煌的藝術

從主廣場，步行約8分鐘 Plaza del Concilio de Trento 1 215-000 10:00～14:00、16:00～20:00 全票€3、優待票€2 www.conventosanesteban.es

位在舊城東南方一隅，修道院以其壯觀的銀匠式立面雕刻聞名，其繁複華美的模樣，幾乎可以比擬教堂的主祭壇，令人印象深刻。

西元1525年，哥多華主教Juan Álvarez de Toledo委任設計師Juan de Álava興建這座修道院，歷經了將近一個世紀，於1618年完工。

修道院由教堂、迴廊、聖器收藏室、唱詩班席、修士會館和圖書館等建築組成，主大門建於1660年左右，由多道拱門層層相疊，上方有著驚人的石雕，以中央描繪聖埃斯特班殉教的浮雕最引人注目，這是出自義大利雕刻家Juan Antonio Ceroni之手。

文藝復興式的入口，可以通往哥德式的迴廊，細細廊柱撐起一個個拱頂，屋頂則勾勒出一顆顆八角形的星星，透過地上的鏡子，更能清楚欣賞它優雅的結構。

教堂內部的主祭壇屏風，是荷西・丘里格拉的傑作，稱得上是莎拉曼卡最金碧輝煌的藝術，想要細細欣賞，得花上一段時間。這裡也曾是許多名人旅行的下榻之地，包括哥倫布、西班牙文藝復興時期的哲學家Francisco de Vitoria等人。

● 卡薩雷斯

卡薩雷斯
Cáceres

羅馬人在西元前25年以「Norba Caesarina」之名建立卡薩雷斯，該城隨後長期接受摩爾人的統治，阿方索九世在1229年趕走摩爾人，把這座城賜給卡薩雷斯騎士團，造就了無數遊俠騎士的軼聞。

卡薩雷斯的經濟狀況，因大航海時代而復甦，由於地處銀之路，在運送新世界的黃金與白銀前往西班牙各地時，它擔負起中繼站的角色，因而迅速致富。富商貴族開始興建豪宅，形成了舊城內府邸林立的特色。

而從伊斯蘭政權統治時期開始，高塔建築蔚為風氣，在今日的舊城區中，保留了多達30座高塔。

卡薩雷斯幾乎不曾被烽火波及，中世紀建築保存完整，其主廣場在1949年被西班牙政府列為首座國家古蹟，1986年，更被聯合國教科文組織列為世界遺產。

INFO

基本資訊
人口：約9.6萬
面積：1750平方公里
區碼：(0)927

如何前往
◎火車
從馬德里的查馬丁火車站，車程約3.5至4小時，每日約4班車；從梅里達，車程約40分鐘，每日約4班車。時刻表及票價可上網或至火車站查詢。

火車站在卡薩雷斯的新城，走至舊城約30分鐘，或搭巴士至主廣場附近的Pl. Obispo Galarza，車程約10分鐘。

西班牙國鐵 ⓦwww.renfe.com
◎長途巴士
從馬德里的南巴士站，搭Avanza巴士公司的車，車程約4至5小時，每天約8班車；從莎拉曼卡，搭Alsa巴士約3小時，每天4班車；從梅里達，車程約1小時，每天約7班車。下車後，附近就是卡薩雷斯火車站。

Avanza巴士 ⓦwww.avanzabus.com
Alsa巴士 ⓦwww.alsa.com

市區交通
步行即可參觀整個舊城。

旅遊諮詢
◎卡薩雷斯旅遊服務中心
⬆Plaza Mayor,1
☎111-222
▼夏季：週一至日10:00～14:00、17:30～20:30；冬季：10:00～14:00、16:30～19:30
ⓦturismo.caceres.es

Where to Explore in Cáceres
賞遊卡薩雷斯

MAP ▶ P.242A1

主廣場

MOOK Choice

Plaza Mayor

登布亞可塔眺群塔

📍 從火車站或巴士站，搭巴士前往
布亞可塔

掃地圖

☎ 246-789 🕐 週二至日和假日10:00~14:00、17:30~20:30 休 週一 💲 免費

　保存完整的摩爾城牆，界定出舊城的範圍，城牆有多處出入口，最主要的一個是主廣場上的星辰拱門(Arco de la Estrella)。今日的星辰拱門落成於1726年，由Manuel de Lara Churriguera修建，市議會另決定新建一道斜拱門，以方便馬車進出。拱門上方的壁龕，供奉著聖母像，聖母腳下是卡瓦哈(Carvajal)家族的徽章。

　布亞可塔(Torre de Bujaco)為具防禦功能的正方形摩爾式塔樓，是卡薩雷斯眾多塔樓中最具代表性的一座。1170年費南度二世收復卡薩雷斯後，在此成立卡薩雷斯聖會(Cáceres Congregation)，也就是後來的聖地牙哥騎士團。

　塔樓的名字源自1173年占領這座城市的哈里發Abú-Ya'qub，在16、17世紀時曾當成鐘樓使用，目前開放參觀，登高可盡覽城內一塔高過一塔的景象。

MAP ▶ P.242B1B2

舊城

Ciudad Antigua

方圓之地豪宅林立

📍 從主廣場，步行約1分鐘

掃地圖

　整座舊城雖然都是同色調、同材質的建築，卻各異其趣。

　為數眾多的豪宅，太陽之家(Casa de los Solís)、猴子之家(Casa del Mono)，或強盜之家(Casa de los Golfines de Abajo)，不但名稱充滿趣味，建築本身也值得一探究竟，多採文藝復興風格，可惜許多建築並未開放參觀。

　從主廣場，可望見的省立歷史檔案館(Casa de los Toledo-Moctezuma)，擁有拜占庭式圓頂，興建於16至17世紀，收藏著羅馬、阿茲特克等畫作，並供臨時展覽使用。

　勾斗乙宮(Palacio de Godoy)則是祕魯及智利征服者勾斗乙(Francisco de Godoy)的宅第，由Pedro de Marquina建於1563年，陽台是最大的特色，美麗程度在舊城中數一數二。不少豪宅也坐落在安佳街(Calle Ancha)上，其中，Palacio del Comendador de Alcuescar改為國營旅館。

　城北的基督門(Murallas y Arco del Cristo)，建於1世紀，是城鎮內唯一完整無缺的羅馬古蹟，連續的半圓拱弧營造出寬闊的空間感，巨大的方形石塊則用來繫綁繩索和原木。

MAP ▶ P.242B1

聖母廣場
Plaza Santa María

舊城的輝煌核心

🚶 從主廣場，步行約3分鐘
聖母大教堂Concatedral de Santa María
☎ 215-313 🕐 週一至六10:00～21:00，週日10:00～12:30、14:00～19:00 💲全票€5，優待票€4.5 🌐 concatedralcaceres.com

掃地圖

聖母廣場是舊城的核心，聖母大教堂是最重要的建築是，為當地第一座落成使用的教堂。大教堂從12世紀蓋到15世紀，風格融合了羅馬、哥德和文藝復興式，一度當成主教堂使用，是當地不少名門貴族的長眠處。精雕細琢的主祭壇為銀匠風格，據說建材來自喜馬拉雅山的杉木！教堂內的博物館，收藏著羅馬時期的黑面基督。

廣場周遭，坐落多棟大有來頭的宅邸，大教堂右斜前方的Casa de los Ovando，是棟文藝復興式豪宅，建於1519年，18世紀時重建，曾是La Espanola島（目前分屬於海地和多明尼加共和國）首任總督的居所，有著美麗的中庭，光從其半月弧的正門，就可看出其不凡地位。

大教堂左側的「強盜之家」，是舊城最美麗的宮殿之一，昔日為哥德式的堡壘結構，17世紀時加上了耀眼的銀匠式雕刻。建築兩側各有高低不一的高塔，主立面的半圓形拱門裝飾著徽章。這裡曾做為天主教統治者在當地的府邸，1936年10月29日，佛朗哥元帥也選擇在此宣示就任總統。

MAP ▶ P.242B2

聖馬代歐廣場
Plaza de San Mateo

白鸛笑看古往今來

🚶 從主廣場，步行約8分鐘
風向標之家(卡薩雷斯博物館)
🏛 Plaza de las Veletas s/n 🕐 週二至五09:30～14:30、16:00～20:00，週六和假日10:00～14:30、16:00～20:00，週日09:30～14:30 🚫週一 💲€1.2，週日免費
🌐 museodecaceres.gobex.es

掃地圖

另一處不可錯過的是聖馬代歐廣場，廣場上的聖馬代歐教堂(Iglesia de San Mateo)改建自昔日的清真寺，外觀猶如一座堅實的堡壘，洋溢著哥德式風情。

廣場四周的建築中，以白鸛塔(Torre de las Cigüeñas)最負盛名。該塔以群聚築巢的白鸛得名，夏日黃昏倦鳥歸巢、或清晨人們尚在夢鄉之際，皆是觀鸛的好時機。

白鸛塔正對門的風向標之家(Palacio de las Veletas y Casa de los Caballos)，改建自摩爾城堡，是棟16世紀文藝復興式宮殿，立面有造型奇特的欄杆、鑲上王冠的成排小尖塔，最值得一提的是文藝復興式的庭院，柱廊則為托斯卡尼式半圓弧，仍使用摩爾人12世紀建的地底蓄水池。這裡現為卡薩雷斯博物館(Museo de Cáceres)，展出當地出土的考古文物及傳統工藝品。博物館後方的一大片白屋，是當地的舊猶太區。

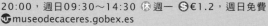

梅里達
Mérida

梅里達地圖圖例：

- ◎水道橋 Acueducto de los Milagros
- 火車站
- 聖尤拉利亞教堂 Basilica de Santa Eulalia
- 路西塔尼亞橋 Puente Lusitania
- 國立羅馬藝術博物館 Museo Nacional de Arte Romano
- 市場
- 西班牙廣場 Plaza de España
- Templo de Diana
- 羅馬古橋 Puente Romano
- 皇宮 Alcazaba
- 圓形競技場之屋 Casa del Anfiteatro
- 羅馬劇院 Teatro Romano
- 圓形競技場 Anfiteatro
- 米特瑞歐之家 Casa del Mitreo

圖例：◎景點 ✝教堂 🛍購物 🏛宮殿 🎭劇院 ⓔ廣場 🚂火車站 ❶遊客服務中心 🏛博物館

梅里達在古羅馬時期稱為「Emeritus Augustus」，意思是「奧古斯都軍隊中的單身漢們」。西元前25年，奧古斯都大帝的女婿艾格列帕(Agrippa)在這裡設立殖民地，主要為了保護瓜迪亞納河(Río Guadiana)上的橋樑與通道，同時讓無依無靠的退役士兵在此養老，名稱便是這樣來的。

這裡是銀之路的終點，也是羅馬Lusitania行省的首府，在古羅馬時期便已相當繁榮興盛。羅馬人對這座城市的建設有著極大的貢獻，城內設有神廟、劇場、水道橋、民居、墳場等公共建築，讓梅里達擁有西班牙境內最重要、最豐富的羅馬遺跡，而有「西班牙的小羅馬」之稱。

西羅馬帝國垮台後，梅里達仍在西哥德政權、伊斯蘭政權、甚至天主教統治時期扮演著重要角色，但羅馬帝國的影響仍處處可見，如阿拉伯人的阿卡午堡，便是重新運用羅馬建築，並且加以擴建，而每年7、8月，當地的羅馬劇院則搖身一變，成為梅里達古典戲劇節的舞台。

INFO

基本資訊
人口：約6萬人
面積：865.6平方公里
區碼：(0)924

如何前往
◎火車
從馬德里的阿托查火車站，車程約4小時，每日約4班車；從塞維亞，車程約3.5小時，每日約1班車；從卡薩雷斯，車程約40分鐘，每日約4班車。時刻表及票價可上網或至火車站查詢。

下車後，從火車站步行前往市中心的西班牙廣場(Plaza de España)約10至15分鐘。
西班牙國鐵 ⓦwww.renfe.com
◎長途巴士
從馬德里的南巴士，搭Auto Res巴士公司的車，車程4至5小時，每天約4至6班車；從塞維亞，搭Alsa巴士，約2至3小時，每天約2班車；從卡薩雷斯，車程約1小時，每天7班車。

梅里達巴士站位於瓜迪亞納河的另一邊，步行至市中心約20分鐘。
Avanza巴士 ⓦwww.avanzabus.com
Leda巴士 ⓦwww.leda.es

市區交通
步行即可參觀整個舊城區。

旅遊諮詢
◎梅里達旅遊服務中心
🔗P.245B2 🏠C/ Santa Eulalia, 62 ☎380-191
🕐4至9月：週一至五09:00～20:30，週六10:00～14:00、17:30～20:30，週日09:00～15:00；10至3月，週一至五09:00～18:30，週六09:00～14:00、16:30～18:30，週日09:00～15:00
ⓦturismomerida.org

為了運用斜坡，營造最佳音效，羅馬劇院選擇坐落在San Albín山丘上，6,000名觀眾分別從三道門進入。中央的神殿式舞台，是整座劇院中最精彩的部分，32根搭配磚紅瓦與石雕的大理石柱，端坐於高達2.5公尺的墩座上。每年7至8月，梅里達古典戲劇節會在這裡舉辦，上演著古希臘劇和莎士比亞的羅馬悲劇。

MAP ▶ P.245B2

MOOK Choice

羅馬劇院
Teatro Romano
紀元前的休閒中心

🚌 從西班牙廣，場步行約15分鐘 🏠 Plaza Margarita Xirgu ⏰ 4至9月：週一至五09:00～20:30，週六和週日10:00～14:00、17:30～20:30；10至3月：週一至五09:00～18:30，週六和週日09:00～14:00、16:30～18:300 💲 羅羅馬劇院和競技場聯票，全票€12、優待票€6

保存完好的羅馬劇院，可以說是梅里達羅馬遺跡裡的珍寶，在通往舞臺的左側通道，上方碑文記載，艾格列帕下令於西元前15年修建此處。

MAP ▶ P.245B2

圓形競技場
Anfiteatro Romono
人與獸的殘酷舞台

🚌 從西班牙廣場，步行約15分鐘 🏠 Plaza Margarita Xirgu ⏰ 見羅馬劇院 💲 見羅馬劇院

落成於西元前8世紀，同樣由艾格列帕下令修造，面積約為64公尺X42公尺，環狀看台分為3層，可容納多達15,000名觀眾。

中央的十字鬥獸場，昔日會在地面鋪設木頭與沙子，下方則是暫時關閉動物的地方，人獸大戰時，猛獸便會從這裡釋出，和鬥士展開激烈對戰。除了劍術比賽和人獸戰，這裡也曾舉行過古戰車競技。緊鄰的幾棟房舍廢墟，內部有好幾塊保存完整的大型馬賽克地板，也很值得一看。

MAP ▶ P.245A1

水道橋
Acueducto de los Milagros
送水功臣功成身退

🚌 從火車站，步行約7分鐘 🏠 Av. de Via de la Plata

用天然岩石和磚塊興建的水道橋，歷史可追溯至西元前1世紀，曾經綿延11公里、高度達25公尺、上下分為3層，一路將梅里達西北方約5公里遠的蓄水池Lago de Proserpina的水，導引入城內，如今只剩全長不到1公里的一小段，留下27個磚瓦貼覆的橋墩，供人追憶。

MAP ▶ P.245A2

羅馬古橋與阿卡乍堡

MOOK Choice

Puente Romano Y Alcazaba

羅馬遺跡跨越時間空間

掃地圖

從西班牙廣場，步行約5分鐘可達

阿卡乍堡

Paseo Roma 見羅馬劇院 全票€6、優待票€3

由64座花崗岩曲拱組成，橫跨瓜迪亞納河的羅馬橋，長達792公尺，是西班牙境內現存最長一座古羅馬橋，1993年做為入城大門使用，現在則是座行人徒步橋。瓜迪亞納河上，除了古橋，還有一座現代化的路西塔尼亞橋(Puente Lusitania)，一古一今形成強烈對比，也正是今日梅里達最真實的寫照。

兩橋之間的河畔步道上，每天清晨和黃昏，常見市民在此散步、慢跑、蹓狗或休憩，夜景亦美得令人難忘！

路西塔尼亞橋附近，有一處Morería考古區，橫斜錯落的石塊上面，凌空聳立著一棟辦公大樓，是梅里達另一個新與舊的時空對話。而羅馬橋附近，則有建於西元835年的摩爾皇宮，臨河而立的阿卡乍堡，改建自羅馬要塞，用來預防外來攻擊與內部叛亂，內部仍可見古羅馬和西哥德時期的結構，包括羅馬城牆和道路的遺跡，及伊比利半島唯一留下的羅馬蓄水池。爬上城牆，羅馬橋、新橋與河畔風光，天光雲影，相映成趣，美景令人陶醉！

MAP ▶ P.245B2

國立羅馬藝術博物館

Museo Nacional de Arte Romano

兩千年歷史珍藏

從西班牙廣場，步行約20分鐘 Calle José Ramón Mélida s/n 311-690 10至3月：週二至六09:30～18:30；4至9月：週二至六09:30～20:00；週日及假日10:00～15:00 休週一、1/1、1/6、5/1、12/24~25、12/31 全票€3、優待票€1.5 www.mecd.gob.es/mnromano

博物館建在羅馬城牆上，由Rafael Moneo設計，於1986年開放，將梅里達2,000多年來的歷史文明，全收藏於這棟有如古羅馬巴西利卡式教堂的建築裡。

掃地圖

就蒐藏品來看，有大批出土自梅里達古蹟群的墓碑、陶器、馬賽克等羅馬人使用的器物和雕像，包括裝飾羅馬劇院舞台柱的雕像，以及蛇魔女梅杜莎、丘比特等神話人物的圓形雕飾，當然，少不了創立梅里達的奧古斯都大帝。地下樓層中，有聖堂遺跡，以及歷年在羅馬劇場演出的戲劇海報、照片展覽。

楚西尤
Trujillo

15至17世紀，超過600個人選擇從楚西尤出發探險，讓此地有了「探險家的搖籃」之稱！楚西尤不僅是亞馬遜河發現者歐瑞拉納（Francisco de Orellana，1511～1546年）的故鄉，也是畢沙羅（Francisco Pizarro，1475～1541年）的誕生地，他打敗印加帝國，創建利馬(Lima)，可說是西班牙殖民史上最重要的征服者。

楚西尤聳立於一座可以俯瞰Tagus河和瓜迪亞納河的山丘上，和艾克斯特馬杜拉地區的其他城鎮一樣，歷經古羅馬人的創建、西哥德等外族侵略、摩爾人的統治，甚至捲入葡萄牙的內戰，直到1232年，天主教才取得統治權。

這一番動盪歷史，讓楚西尤四周築起城牆，其最值得一探的景點，也是一座10世紀的城堡，肩負起全城的防禦大任。

楚西尤於1430年獲得了今日的名稱，但真正引起西班牙人的注意，是在大航海時代，從這裡遠渡重洋的探險家，發現並進而征服新大陸，為楚西尤帶來前所未見的財富與繁榮。然而，大航海時代不再，如今的楚西尤只是座承載歷史的安靜小鎮。

INFO

基本資訊
人口：約9千人
面積：654.53平方公里
區碼：(0)927

如何前往
◎長途巴士
　　從馬德里南巴士站，搭Auto Res巴士，車程約3至4小時，每天約9班車；從卡薩雷斯或Badajoz，搭乘Auto Res巴士，車程各約40分鐘及2小時。
　　下車後，從市區南方Av. de Miajadas上的巴士站，步行約15至20分鐘，可至市中心的主廣場。
Auto Res巴士 ⓦwww.avanzabus.com

市區交通
　　步行即可參觀整座城鎮。

旅遊諮詢
◎楚西尤旅遊服務中心
🏠Plaza Mayor, 6
☎322-677
🕙10:00～14:00、17:00～20:00
ⓦwww.trujillo.es

Where to Explore in Trujillo
賞遊楚西尤

MAP ▶ P.8D3

主廣場
Plaza Mayor
紀錄輝煌殖民史

🚌 從長途巴士站，步行15至20分鐘
聖馬丁教堂
☎323-005 ⏰4至9月：10:00～14:00、17:30～20:00；10至3月：10:00～14:00、16:30～19:00
💰全票€2、優待票€1.5

掃地圖

　　廣場中央矗立著美國雕刻家Charles Rumsery的作品，征服者畢沙羅坐在馬背上，手執韁繩，英姿煥發地直視著遠方，這座雕像完成於1927年，重達6,500公斤，展現著這位西班牙探險家軒昂的氣勢。

　　畢沙羅雕像後方是聖馬丁教堂(Iglesia de San Martín)，是銀之路上的重要朝聖地，建於14世紀，16世紀時擴建，歷代西班牙國王都曾蒞臨朝拜。教堂的兩扇門各具特色，一為文藝復興式，一為哥德式，後者擁有花格窗，稱之為利馬門(Puerta de las Limas)。

　　利馬門對面的Palacio de Duques de San Carlos，則建於17世紀，現在是座修道院，花崗石的立面上有古典巴洛克式裝飾，側邊的角窗，雕飾繁複精緻。

　　提到角窗，不得不提到廣場西側的征服侯爵之宮(Palacio del Marqués de la Conquista)。畢沙羅的爺爺Hernando Alonso Pizarro在15世紀蓋好這棟房舍，16世紀成為畢沙羅弟弟的家，外觀的銀匠式角窗雕飾是18世紀後增建，刻著寶劍、頭盔、畢沙羅的大盾牌，及征服秘魯的傳奇。陽台兩側點綴著該家族人物頭像，包括畢沙羅夫妻、其弟與姪女。

MAP ▶ P.8D3

楚西尤城堡
MOOK Choice
Castillo de Trujillo
登高擁抱全城

🚌 從主廣場，步行約10分鐘 📍Cerro Cabeza de Zorro ☎322-677 ⏰見主廣場 💰見主廣場

掃地圖

　　想一覽楚西尤全景，山頂的城堡是最佳選擇。城堡著重防禦功能，歷史可追溯至13世紀，以9至10世紀摩爾人的堡壘為基礎，再往上搭建，城牆的4座城門至今仍在使用，其中的勝利之門(Puerta del Triunfo)，是1232年1月25日十字軍奪回楚西尤的據點。

　　城堡外牆上有塊大石頭，刻著印加文化的紀念圖騰，提醒世人此城在西班牙殖民史上的輝煌歷史，從這裡可以看到改建自摩爾式建築的鐘塔－針塔(Torre del Alfiler)！

聖地牙哥
Santiago de Compostela

和羅馬、耶路撒冷並列天主教世界的三大朝聖地，聖地牙哥位於西班牙極西處，是長達800公里的朝聖之路的終點。數個世紀以來，成千上萬名朝聖者，從法國翻越庇里牛斯山，途經潘普隆納(Pamplona)、布勾斯和萊昂…歷經千辛萬苦，終於來到其精神的最後依歸。

雖然名為天主教的聖地，聖地牙哥其實早在古羅馬人統治時期便已建城，今日的朝聖之路，極可能衍生自昔日的古羅馬商道，只是現有路線更加完整。

至於聖地牙哥一名「Santiago de Compostela」，Santiago取自耶穌12門徒之一的聖雅各。據稱一位牧羊人因為星星的指引，發現從耶路撒冷運至此地下葬的聖雅各遺體，於是將此地取名為「星星之野的聖地牙哥」。Compostela則結合拉丁文的「campus」和「stellae」，指的就是「原野」與「星星」。

這位聖人目前長眠於聖地牙哥的大教堂裡，不過，傳說中，聖雅各曾騎著白馬、手持長劍，現身替眾人指點迷津，在其精神帶領下，加利西亞人最終在此擊退摩爾人！

INFO

基本資訊
人口：約9.6萬　**面積：**220平方公里　**區碼：**(0)981

如何前往
◎火車
　　從馬德里的查馬丁火車站，車程約3至4小時，每日約4班車；從萊昂，車程約4.5小時，每日約1班車。時刻表及票價可上網或至火車站查詢。出火車站後，步行至大教堂約15分鐘。
西班牙國鐵 ⓦwww.renfe.com
◎長途巴士
　　從馬德里的南巴士站，搭Alsa巴士公司的車，車程約8至10小時，每天有11班車。
　　聖地牙哥巴士站位於市區東北方，前往舊城中心的金塔納廣場(Plaza de la Quintana)，步行約20分鐘，也可搭5號巴士至加利西亞廣場(Plaza de Galicia)。
Alsa巴士 ⓦwww.alsa.es

市區交通
　　景點聚集的舊城區禁止車輛進入，適合徒步參觀。

旅遊諮詢
◎聖地牙哥旅遊服務中心
🏠Rúa do Vilar 63　☎555-129　🕙10:00～18:00
ⓦwww.santiagoturismo.com

聖地牙哥

Rúa de Costa Vella
R. de Porta de Pena
↑往巴士站
Rúa de San Francisco
R. de Algalia de Abaixo
Porta de Camiño ●
Plaza de Inmaculada ⓗ
● Plaza de Cervantes ⓗ
Plaza de Obradoiro ⓗ
大教堂 Catedral ✛
● 金塔納廣場 Plaza de la Quintana
大教堂博物館 Museo de Catedral 🏛
R. de Xelmírez
R. de Santo Agostiño
Rúa de Virxe de Cerca
Rúa do Vilar
舊城 Casco Antiguo
↓往火車站、加利西亞廣場 Plaza de Galicia
🏛 大學 Universidad
圖例 ⓗ廣場 ✛教堂 ⓣ學校 🏛博物館

©Turespaña

MAP ▶ P.250A2

聖地牙哥大教堂

Catedral de Santiago

朝聖終極目的地

🚶 從加利西亞廣場，步行約8分鐘 🏠 Plaza Obradoiro 🕐 博物館557-945 ⏰ 大教堂 07:00～21:00；博物館10:00～20:00 💲 大教堂：免費；博物館：全票€6、優待票€4；大教堂「榮耀之門」導覽＋博物館：全票€12、優待票€10 🌐 www.catedraldesantiago.es

前來聖地牙哥的旅客，幾乎都是為了這座大教堂！最初因發現聖雅各之墓而蓋的小教堂，經過伊斯蘭教的破壞、天主教國王的擴建，成就這座宏偉建築，擁有高聳的立面與盤旋而上的雙層階梯，氣勢不凡！

教堂於1188年完工，建築師馬提歐(Maestro Mateo)在規畫上，主結構採羅馬式，歐布拉多伊洛廣場(Plaza del Obradoiro)上的主立面，則洋溢著濃厚的西班牙巴洛克風格。

從主立面進入，令人眼花撩亂的「榮耀之門」(Portico de la Gloris)，是目前保存最好的羅馬風格作品，上頭鑲嵌著多達2,000尊栩栩如生的聖經人物雕像，除12使徒之外，就屬手持不同樂器的24位樂師最有趣，活脫脫就像一座雕刻博物館。聖雅各在耶穌下方，而在聖雅各之下，據說是建築師馬提歐本人的頭像。由於朝聖者多會抓扶著大理石柱，以便下跪祈禱，日積月累之下，居然在石柱留下五指凹痕。

教堂中央的主祭壇，架設在聖雅各之墓上，採18世紀的丘里格拉風格，金碧輝煌的裝飾簇擁著聖雅各，遊客可以走上階梯，向前親吻聖雅各的斗篷，或前往地下墓室，悼念聖雅各及其兩位弟子的遺骨。祭壇右側是「銀匠之門」(Puerta de las Platerías)，描繪著伊甸園景象，亞當、夏娃、蘋果和蛇等質樸造型饒富趣味。

博物館設於大教堂右側的迴廊，收藏著必須由6位男性才捧得動的大香爐Botafumeiro，及哥雅等藝術家作品，在博物館2樓陽台，可眺望整個歐布拉多伊洛廣場和老城區的。

MAP ▶ P.250A2

舊城

Casco Antiguo

拱門長廊庇護聖徒

🚶 從加利西亞廣場，步行約8分鐘
Pazo de Xelmírez
🏠 Plaza del Obradoiro s/n 🕐 557-945 ⏰ 見大教堂博物館 💲 內含在大教堂博物館門票中

大教堂前的廣場往南，數條平行街道交織出舊城的範圍。舊城架有拱頂長廊，即使在多雨的日子，也不用擔心淋濕，長廊裡擠滿販售手工藝品和朝聖紀念品的商店，餐廳更是塞滿街道兩旁，等著旅客前來大快朵頤。

廣場上，有些斑駁的巴洛克式建築Pazo de Xelmírez，是1120年為大主教Xelmirez建的宮殿，屋裡的宴會廳(Sala de Banquetes)，其長達10公尺的天花板，精細地描繪出阿方索九世的婚禮盛況，相當值得一看。

從廣場往東走，不遠處就是如花園般的金塔納廣場(Plaza de la Quintana)。

萊昂
León

　昂(León)在西文中是「獅子」的意思，有人說其名跟一座橫跨貝內斯加河(Río Bernesga)的橋有關，由於橋上端坐著白獅子，故而得名，但事實上，此名源自拉丁古名「Legio」，來自西元前1世紀在此建城的羅馬軍團(Romam Legion)。

　　羅馬軍團決定在此屯墾，一是保護帝國領土不受坎塔布里人(Cantabrians)和奧斯圖里人(Astures)等蠻族侵略，另一方面，從行省開採出來的金礦，在運送回國的路上，可以有據點來保護其安全。

　　萊昂自古即為連接卡斯提亞和加利西亞兩大地區的要衝，10世紀時，成為奧斯圖里亞斯(Asturias)王國的首都，12世紀時，因位於朝聖之路上，成為西班牙的基督教中心，保有羅馬、哥德和文藝復興等各式建築，值得慢慢欣賞。

　　歷史古城多半與河流脫離不了關係，萊昂也不例外，貝內斯加河將城區縱切成新、舊兩區，舊城區是觀光重點。而西班牙國鐵火車站(Renfe)和舊城之間的Avenida de Ordoño II，又將舊城筆直切成上、下兩大塊，經過熱鬧的聖多明哥廣場(Plaza de Santo Domingo)，波堤內之家、大教堂和聖伊索多羅教堂等主要景點都在不遠處。

INFO

基本資訊

人口：約12.5萬人　**面積**：39.03平方公里
區碼：(0)987

如何前往

◎火車

　　從馬德里的查馬丁火車站，車程約2至2.5小時，每日約6班車。下車後，從火車站步行至市中心的聖多明哥廣場約10分鐘。
西班牙國鐵 www.renfe.com
◎長途巴士

　　從馬德里的南巴士站，搭Alsa巴士公司的車，約4至5小時，班次頻繁；從布勾斯，車程約2至3小時，每日約3班車；從北部的Oviedo和Valladolid，車程約1.5至2小時，每天有超過10個班次。
Alsa巴士 www.alsa.es

市區交通

　　市區景點間，建議步行參觀。

旅遊諮詢
◎萊昂旅遊服務中心
P.252B1
Plaza de la Regla 2
237-082
7至9月中：週一至六09:30〜14:00、17:00-20:00，週日09:30〜17:00；9月中至6月：週一至六09:30〜14:00、16:00〜19:00，週日09:30〜17:00
1/1、12/24~12/25、12/31
www.leon.es

Antiguo Convent de San Marcos
民營火車站
Estación de Matallana(FEVE)
聖伊索多羅教堂
Basilica de San Isidoro
萊昂博物館
Museo de León
聖馬可仕修道院
Antigo Convento de San Marcos
大教堂Catedral
貝內斯加河
Río Bernesga
聖多明哥廣場
Pl. de Santo Domingo
波提內之家
Casa de Los Botines
歐多諾二世大道
Av. de Ordoño II
主廣場
Pl. Mayor
國鐵火車站
Estación RENFE
萊昂
巴士總站
Estación de Autobuses
圖例　景點　教堂　飯店　廣場　郵局
博物館　火車站　遊客服務中心　巴士

Where to Explore in León
賞遊萊昂

MAP ▶ P.252B1

大教堂
Catedral

MOOK Choice

光彩絢爛玫瑰窗

📍從聖多明哥廣場，步行約6分鐘 🏠Plaza de Regla ☎875-770 🕐1至4月：週一至六09:30～13:30、16:00～19:00，週日和假日09:30～11:30、13:00～15:00；5至9月：週一至六：09:30～13:30、16:00～20:00，週日和假日09:30～11:30、15:00～20:00；10至12月：週一至六09:30～13:30、16:00～19:00，週日和假日09:30～11:30、13:00～15:00。部份日期的開放時間有變動，請上網站確認 💲教堂：全票€7、優待票€6；博物館：全票€5、優待票€3.5 🌐www.catedraldeleon.org

這座建於1205年的大教堂，讓萊昂在西班牙的天主教占有一席之地。華麗絢爛的玫瑰窗，隨著陽光的移動，在不同時段展現不同風采，萊昂人甚至說：「一天看她幾遍也不厭倦！」

以法國亞眠(Amiens)大教堂為藍本，來自南錫(Nancy)的建築師恩凱斯，雖然採用法國哥德式結構，搭配純法式彩繪玻璃，在顏色上卻大量揮灑紅、黃等西班牙的象徵色。多達125扇彩繪玻璃，成為教堂最大的特色，並為教堂內部的主祭壇與唱詩班席引進明亮的光線，營造出聖靈滿溢的氛圍，西側與南側的彩繪玻璃最為美麗，最古老的一面還可追溯至13世紀。

除了彩繪玻璃，雕刻精美的唱詩班席、優雅的迴廊，及收藏10至17世紀祭壇和宗教藝術品的博物館，都值得一看。離開前，別忘了欣賞西側立面的玫瑰窗與雙塔，和一片片飛扶壁撐起的主殿結構，至於下方主要入口上的浮雕，描繪的是聖經故事《最後的審判》。

MAP ▶ P.252B1

聖伊索多羅教堂
Basílica de San Isidoro

供奉大主教聖骨

📍從聖多明哥廣場，步行約5分鐘 🏠Plaza de San Isidoro 4 ☎876-161 🕐1至3月：週二至六10:00～14:00、16:00～19:00，週日10:00～14:00；4至9月：週二至六10:00～14:00、17:00～20:00，週日10:00～14:00；10至12月：週二至六10:00～14:00、16:00～19:00，週日10:00～14:00 🚫各月份休日不同，請上網查詢 💲全票€5 🌐www.museosanisidorodeleon.com

費南度一世於1063年下令興建的聖伊索多羅教堂，供奉塞維亞大主教伊索多羅的聖骨，並做為費南度一世和後代子孫的陵寢，11位國王和12位皇后因此長眠於教堂內的皇家先賢祠(Pantéon Real)。

教堂採用羅馬式風格，主要入口兩側裝飾著細緻的浮雕，分別描述《卸下聖體》及《亞伯拉罕的獻祭》，中央是騎馬的聖伊索多羅像。最引人注目的是拱廊上的12世紀濕壁畫，是西班牙最具代表性的羅馬式濕壁畫，色彩至今依然鮮明繽紛，主題擺脫聖經故事，呈現農民日常場景。

德式作品落成之前，曾遭到市民的噓聲，甚至傳出建築將會倒塌的預言。現為高第博物館，可以參觀建築結構，內部裝潢雖然重新翻修過，正門上方的鑄鐵雕飾，仍看得出高第的高超工藝，此外也展出大師的其他作品。

左側的迦茲馬納宮(Palaciao de los Guzmanes)，其精雕細琢的正門，及門前饒富趣味的公共景觀，在廣場上也極為搶眼。

MAP ▶ P.252B1

波提內之家
Casa de los Botines

高第在萊昂唯一作品

📍從聖多明哥廣場，步行約3分鐘 🏠Plaza de San Marcelo 5, Leon ☎987-353247 🕙10:00～21:00 💲全票€8、含導覽全票€12 www.casabotines.es

掃地圖

高第迷別錯過波提內之家(1891～1894)，這是大師出走巴塞隆納的少數作品之一，當年此一新哥

近郊順遊景點

意猶未盡的高第迷，可以搭車半小時，至阿斯托加(Astoga)欣賞高第另一件作品—主教宮(Palacio Episcopal)。原先的主教宮，19世紀遭大火焚毀，教宗Grau在1889年委任他的朋友高第，設計了這棟新中世紀風格的灰色花崗岩建築。

至於教堂迷，則可一訪郊外的聖米蓋教堂(Sant Miguel de Encarada)，看看伊斯蘭教洗禮下的摩札拉藝術(Arte Mozarabe)，和正宗的基督教藝術有什麼不同？！

MAP ▶ P.252A1

聖馬可仕修道院
Antigo Convento de San Marcos

銀匠式建築佳作

📍從聖多明哥廣場，步行約8分鐘 🏠Plaza de San Marcos 7 ☎237-300 🌐www.parador.es/es/paradores/parador-de-leon

掃地圖

萊昂博物館
🏠Plaza de Santo Domingo 8 ☎236-405 🕙10至6月：週二至六10:00～14:00、16:00～19:00，週日和假日10:00～14:00；7至9月：週二至六10:00～14:00、17:00～20:00，週日和假日10:00～14:00 休週一 💲全票€1 🌐www.museodeleon.com

萊昂的美，在於教堂各有千秋，建築風格迥異於大教堂和聖伊索多羅教堂，採文藝復興式的聖馬可仕修道院，建於1168年，當時做為信奉天主教的窮人住所，後來轉成服務朝聖者的臨時醫院。

16世紀時，修道院收到一筆Fernando el Católico的善款，陸續興建了教堂、迴廊、聖器收藏室，及最引人注目的立面。該立面長達100公尺，採西班牙文藝復興式銀匠風格，精雕細琢的模樣令人嘆為觀止。

修道院現改為五星級國營旅館(Paradores)，旅客仍可入內參觀，絕對不可錯過的是2樓迴廊！

隔壁的萊昂博物館(Museo de León)，屬於修道院的一部分，須另外付費參觀，主要展出萊昂省相關文物。修道院前有座橫跨河面的行人徒步橋，由於視覺上的錯覺，行走其上的人看起來就像巨人一般。

●布勾斯

布勾斯
Burgos

圖例 ◎公園 ✝教堂 ▨廣場 ◆景點 ▦布勾斯
🚍巴士站 ℹ遊客服務中心

城堡 Castillo
城堡公園 Parque de Castillo
主廣場 Plaza Mayor
大教堂 Catedral
席德廣場 Plaza del Cid
聖母廣場 Pl. de Santa María
Pl. de Rey Fernando
聖母拱門 Arco de Santa María
聖母橋 Puente de Santa María
Pl. de la Vega
巴士站
往胡迦斯皇室聖母修道院 Monasterio de Sta. María la Real de Las Huelgas

昔日的卡斯提亞王國首都，今日的布勾斯省首府，布勾斯是西班牙國土復興運動中傑出的軍事統帥席德(El Cid)的故鄉。

布勾斯因為地處偏北，僅在8世紀短暫被伊斯蘭政權統治，後被萊昂國王Alfonso III the Great收復，並在此設立許多城堡(Castella)，而獲得「卡斯提亞」(Castile)的稱號，也就是「城堡之境」。

於是，建城於884年的布勾斯，成為天主教政權擴充領土的前哨站，統治當地的卡斯提亞伯爵Diego Rodríguez "Porcelos"，更進一步把此處鞏固成一座具備防禦工事的村莊。其名稱來自西哥德舊名「Baurgs」，指的正是「堅固城牆之村」，在本市的西北方可見城堡遺跡。

在歷任伯爵的規畫下，布勾斯從小村落變成較大的城市規模，11世紀時，因是大主教轄區，成為朝聖之路上的重要據點，今日盡立城中的大教堂，就是其在西班牙天主教政權中占有一席之地的最佳證明。

此外，該城在13世紀時出現一個非常獨特的階級「農民騎士」(Caballeros Villanos)，這些擁有馬匹且可以隨時武裝的人，成為當地政府的最佳「臨時軍隊」，統治者以免稅為做回饋，確保他們長留城中的意願。

INFO

基本資訊

人口：約18萬人 **面積**：107.08平方公里
區碼：(0)947

如何前往
◎火車

從馬德里的查馬丁火車站，車程約2小時，每日約6班車；從巴塞隆納，車程6小時，每日約2班車。時刻表及票價可上網或至火車站查詢。

火車站位於市區東北方約5公里處，搭2號巴士，約15分鐘可至市區的西班牙廣場(Plaza de España)，再步行約15分鐘，到市中心所在的大教堂一帶。
西班牙國鐵 🔗www.renfe.com

◎長途巴士

從馬德里的美洲大道巴士站或馬德里機場4航廈，搭Alsa巴士公司的車，車程約2.5至3小時，平均每小時1至2班；從巴塞隆納，搭巴士約8小時，每日約2班車；從萊昂和畢爾包，車程約2至3小時，每天各有3班及8班巴士。

布勾斯的巴士站在河南岸的新市區，步行10分鐘可至大教堂。
Alsa巴士 🔗www.alsa.es

市區交通

景點集中，建議步行參觀。

旅遊諮詢
◎布勾斯旅遊服務中心

🏠Calle Nuño Rasura, 7 ☎288-874 ⏰10至5月10:00～14:00、16:00～19:30；6至9月09:00～20:00 ❌12/24、12/31 🔗www.turismoburgos.org；www.aytoburgos.es/turismo

MAP ▶ P.255A2

大教堂

MOOK Choice

Catedral

規模全國第三大

📍 從聖母拱門，步行約2分鐘 🏠 Plaza de Santa María s/n ☎ 204-712 🕐 約 09:30～19:00（每日開放時間不定，請上網確認）💲 全票€9、優待票€5 🌐 www. catedraldeburgos.es

掃地圖

© Turespaña

這座獻給聖母的哥德式聖殿，是繼塞維亞和托雷多之後的西班牙第三大教堂，1221年國王菲利浦三世親自為大教堂奠基，歷經整整3個世紀，才成就今日大小尖塔攀天、妝點著多扇花格窗的優雅面貌。

由於歷經漫長的工程時間，在教堂外觀上，可以看出不同建築師留下的「印記」：13世紀的首任法國設計師，將巴黎與雷姆斯(Reims)大教堂的法國哥德式風格，展現在布勾斯大教堂的主立面上，堆疊著3層結構，兩旁立著方形塔樓；到了15世紀，受德國影響的繼任設計師Juan de Colonia，則增建了高聳的尖塔。此外，教堂南、北兩面的門值得一看，前者描繪坐在書桌前的福音書作者群，後者裝飾著12使徒的雕像。

十字格局的教堂內部，容納多達15間的禮拜堂，以統領禮拜堂(Capilla del Condestable)最為出色，有著繁複的銀匠式雕刻，八角屋頂開著星芒狀的花窗，往下延伸的垂柱，建構出鑲嵌著彩繪玻璃與雕像的大壁龕；底層則是由獅子、盾牌、盔甲構成的徽章。

MAP ▶ P.255A1

城堡公園

Parque de Castillo

俯瞰城市天際線

📍 從聖母拱門，步行約15分鐘

掃地圖

大教堂旁的上坡路，可以通往後方的城堡。這座位於75公尺高山丘上的建築，是Diego Rodríguez Porcelos伯爵在9世紀打造的多座城堡之一，也是「卡斯提亞」名稱由來之一。

如果對城堡沒興趣，可以造訪城堡下方的綠地，石塊砌成的階梯狀花圃，除了種滿色彩繽紛的花朵，面對河流的一邊有座瞭望台，得以將這座城市高低起伏的天際線盡收眼底。透過對應的解說牌，眼前一棟棟特色建築，有了輪廓與名稱，是認識這座城市的極佳起點。

席德 El Cid——國土復興運動英雄

　　與妻子長眠於布勾斯大教堂的席德，是對抗伊斯蘭政權的民族英雄，1040年出生於布勾斯，本名Rodrigo Díaz de Vivar，「席德」是摩爾人對他的敬稱，意思是「首領」或「大人」。

　　席德由於善戰，年紀輕輕便擔任軍隊指揮官，不過後來遭人誣陷，遭天主教國王流放，轉而投靠伊斯蘭政權長達10年之久。不過，他的軍事長才終究難被忽視，在阿方索六世的召請下，他重新擔負起國土復興運動的重責，收復了瓦倫西亞。

MAP ▶ P.255A2

聖母拱門

MOOK Choice

Arco de Santa María

通往市中心的門戶

🚶從西班牙廣場，步行約15分鐘 🏠Plaza del Rey San Fernando s/n ☎288-868 🕐週二至六11:00～14:00、17:00～21:00，週日11:00～14:00 ❌週一 💲免費

掃地圖

　　正對著聖母橋（Puente de Santa María）的聖母拱門，建於14世紀，是中世紀的12座城門之一，如今是通往舊城的門戶，爬上塔樓可欣賞城市風光。

　　1552年，以布勾斯典型的白色石灰石為材質重建。通道上方，裝飾著卡斯提亞和布勾斯重要人物的雕像，包括該城的創立者Diego Rodríguez Porcelos、席德，及神聖羅馬帝國皇帝卡洛斯一世。端坐於這些雕像最上方壁龕中的，則是布勾斯的守護聖人和聖母。

　　拱門內部現設有小型博物館，展出與城堡相關的歷史文物、穆德哈爾式的鑲板頂棚、及昔日聖胡安醫院的藥罐收藏等。

MAP ▶ P.255B1

聖胡安廣場

Plaza de San Juan

歷史建築環抱

🚶從聖母拱門，步行約15分鐘

掃地圖

　　西班牙廣場附近的聖胡安廣場，座落於舊城牆的東面。廣場中央的聖胡安修道院（Monasterio de San Juan）和右側的聖胡安醫院（Hospital de San Juan），曾是本篤教派的資產，做為城牆外供朝聖者和窮人養病的醫院，如今僅存修道院的部分遺跡，並改設成瑪塞利諾聖母博物館（Museo Marceliano Santamaría），展出當地畫作。

　　緊鄰橋畔的Iglesia de San Lesmes是座14世紀的教堂，擁有三層牌樓般的鐘塔，外觀樸實，內部卻有當地最傑出的石頭祭壇、美麗的銀匠式唱詩班席，及布勾斯另一位守護聖人San Lesmes的雪花石膏石棺。

畢爾包
Bilbao

儘管身為西班牙知名的工業大城，北方巴斯克地區(País Vasco)的畢爾包卻一直要到20世紀尾聲，才在國際間一舉成名，讓它聲名大噪的推手，正是在國際藝術界享有盛譽的古根漢美術館。

說起畢爾包的歷史，當地賴以維生的造船、鋼鐵等產業，隨著1980至1990年代全球重工業不景氣而開始衰退，畢爾包當時就力圖轉型，而危機帶來轉機，Norman Foster設計的地鐵、Santiago Calatraia規畫的橋樑紛紛完工，加上1997年開幕的古根漢美術館，使得這座曾因坐擁優質鐵礦而繁榮的城市，搖身一變成為現代藝術之都。

INFO

基本資訊
人口：約34.5萬人
面積：41.5平方公里
區碼：(0)944

如何前往
◎火車
從馬德里的查馬丁火車站，搭特快列車ALVIA，至畢爾包的阿邦多火車站(Estación de Abando)約4至5小時，每日2班；從巴塞隆納聖哲車站，搭特快列車ALVIA，約6.5小時，每日1班。時刻表及票價可上網或至火車站查詢。
西班牙國鐵 ⓤwww.renfe.com

◎長途巴士
從馬德里的美洲大道巴士站或機場4航廈，搭Alsa巴士公司的車前往，約需3至5小時，每日約20班車；從巴塞隆納的北車站，車程需8至8.5小時，每日約3班車。下車後，在巴士總站附近可搭地下鐵至市中心。
Alsa巴士 ⓤwww.alsa.es

市區交通
主要景點皆位於河畔，可以步行參觀。建議可以搭地鐵，感受一下建築大師Norman Foster的設計，或坐電車沿河岸欣賞畢爾包的地面風光，地鐵和電車票可通用，1區（市中心）單程票€1.8。

2002年啟用的電車(Euskotran)，是專為連絡市中心及古根漢美術館，起站為Atxuri火車站，沿著老城區的河濱外圍，穿過新區河濱，到古根漢美術館。
ⓤwww.euskotren.es

旅遊諮詢
◎畢爾包遊客服務中心
🏠Plaza Circular, 1 ☎795-760
🕐4月9日至9月18日和假日09:00～19:30；9月19日至4月8日 09:30～17:30 ⓤwww.bilbaoturismo.net

Where to Explore in Bilbao
賞遊畢爾包

MAP ▶ P.258A1

古根漢美術館

MOOK Choice

Museo Guggenheim Bilbao
畢爾包起死回生的關鍵

🚋 搭電車，或從阿邦多火車站步行20鐘
🏠 Avenida Abandoibarra 2 ☎ 359-080
🕐 冬季：週二至日11:00～19:00，夏季：
週二至日10:00～21:00 🈺 週一（假日除
外）、1/1、12/25 💲 全票€18、優待票€9
🕸 www.guggenheim-bilbao.es

掃地圖

幾乎沒有人不被古根漢美術館那造型詭異的銀色龐然大物所震撼，占地32,500平方公尺，從北側對岸遙望，宛如一尾銀魚從河中躍起。

這座設計大膽的地標，讓幾近凋敝的畢爾包起死回生，也讓法蘭克‧蓋瑞(Frank O. Gehry)在建築史上發光發熱。據說這位設計師從小就喜歡魚，1992年巴塞隆納奧運港區的魚形金屬雕塑，同樣出自其手！

蓋瑞和航太專家團隊合作，發展出可在電腦上建立模型，並直接連線工廠製造零組件的程式，且從設計到施工完畢，皆能以3D程式輔助完成。此外，他在河畔設計了一座環繞美術館的水景花園，豎起一大片玻璃牆，讓觀者得以欣賞河濱美景。

美術館的前庭位於河濱，史無前例的55公尺高的超大尺寸，足足比紐約古根漢美術館大了1.5倍。館內的中庭挑高15公尺，宛如花朵的花蕊，像花瓣般向外展開的藝廊，串連3個樓層，之間全無柱子阻隔，明亮、宏偉且前衛，是大型現代藝術的絕佳展示空間，像是美國雕塑家塞拉(Richard Serra)長達31.5公尺的《牆》巨作，幾乎只有本館的船形藝廊才能展出。

入口處的《小狗(Puppy)》是Jeff Koons的裝置藝術作品，6萬株植物打造的大狗熱情迎接前來的遊客。館內可欣賞到1960年代以來的歐洲藝術，如西班牙的達利與達比埃斯的作品、美國普普藝術和極限藝術，而2樓28室的色塊壁畫，是為藝廊特別繪製，則融入成為建築的一部分。

館內少不了蓋瑞的至友歐登柏格(Claes Oldenburg)的雕塑品，中庭3樓廊道的碩大羽毛球、船形藝廊裡的《瑞士刀船》，都是這位普普藝術家的創作。

投資30多億新台幣的這座美術館，不僅美國重量級建築師菲力普‧強生(Philip Johnson)稱贊其為20世紀最重要建築，也讓所在的這座工業城躍上世界藝術舞台。1997年開幕以來，湧進大批觀光客，在開幕後的3年期間，創下近200億新台幣的周邊收益，被譽為「畢爾包奇蹟」！不但展現出蓋瑞結合現代科技的強烈個人風格與特色，更成功將建築物帶入城市文化與觀光業。

MAP ▶ P.258B1

舊城區
Casco Viejo

在地居民的生活中心

🚶從阿邦多火車站，步行約8分鐘，或搭地鐵至Casco Viejo站
利貝拉市場
🏠Calle Ribera, 22 ☎790-695 ▼
週一8:00-14:30，週二至週五8:00-
14:30、17:00-20:00，週六8:00-15:00
🛑週日 🌐mercadodelaribera.biz

畢爾包人暱稱「七條街」(Sieto Calles)的舊城區，適合輕鬆散步遊覽，也是品嘗道地巴斯克美食的好地方。

利貝拉市場(Mercado de la Ribera)曾是歐洲最大的室內市場；有著64個拱門的新廣場(Plaza Nueva)是畢爾包夜生活的重心，每到週日早上，農民帶著自家產品到此叫賣，則搖身一變成為農夫市集。

從地鐵站旁的長階梯，可一探奧運賽場地，天氣好時，還可眺望舊城美景，晨曦或落日餘暉時的景色最為動人。

MAP ▶ P.258A1

畢爾包美術館
Museo de Bellas Artes

珍藏藝術大師傑作

🚶從阿邦多火車站，步行約15鐘；搭地鐵至Moyúa站，再步行約5分鐘 🏠Museo Plaza 2 ☎396-060 ▼週六至一10:00~20:00、週日10:00~15:00 🛑週二、1/1、1/6、12/25 💲全票€7、優待票€3.5 🌐www.museobilbao.com

畢爾包美術館的外觀雖然比不上古根漢，但館藏可是不輸人，尤其是偏好古典藝術的旅客，不能錯過入館參觀。

美術館創立於1908年，後與現代美術館合併，並於1970年增建新翼，形成今日的規模。舊館主要展出埃爾·葛雷科、哥雅和委拉斯奎茲等古典大師的作品，及15至17世紀法蘭德斯派(Flemish)畫作；新翼以現代藝術為主，包括畢卡索等人作品。

水上爭艷──畢爾包的橋

畢爾包的橋樑眾多，不論是新或舊，每座都令人嘆為觀止。連接新、舊城區的Puente del Arenal，色彩鮮明，有著中國風情的欄干；保存橋(Puente de la Salve)的高聳燈塔，像是躍出水面的魚尾，與河畔的古根漢美術館形成連貫的親水空間；不遠處的徒步橋(Puente de Zubizuri)，出自瓦倫西亞土生土長的建築奇才卡拉特拉瓦(Santiago Calatrava)的設計，純白的網絡般造型非常搶眼，畢爾包機場航廈也是出自他的創意。

The Savvy Traveler
聰明旅行家

基本資訊

西班牙

正式國名：西班牙王國(Reino de España)
地理位置：西班牙本土位於伊比利半島，東北隔著庇里牛斯山脈與法國、安道爾公國相連；西鄰葡萄牙，南端則跨過英屬直布羅陀海峽，以位於非洲的休達(Ceuta)和梅利亞(Melilla)與摩洛哥接壤。另包括馬約卡島(Mallorca)、伊比薩島(Ibiza)、門諾卡島(Menorca)在內的巴利亞利群島(Islands Baleares)，及大西洋上的加那利群島(Islas Canarias)。
面積：505,990平方公里
人口：約4,743萬人
首都：馬德里(Madrid)
宗教：天主教
種族：卡斯提亞人(Castilian)即所謂的「西班牙人」，約佔總人口的73%；加泰隆尼亞人(Catalonia)約佔15%，多分布於巴塞隆納及其周圍。另兩大族群為大西洋沿岸的加利西亞人(Galicia)和生活在北部法國邊界一帶的巴斯克人(Basque)，前者約佔7%，後者約佔5%，還有約1萬多名吉普賽人分散在西班牙境內。
語言：卡斯提亞語（即西班牙語）為通行的官方語言，另有3種本土語言：加泰隆尼亞語通行於加泰隆尼亞、瓦倫西亞、巴利亞利群島；加利西亞語通行於加利西亞；巴斯克語通行於巴斯克地區。

簽證辦理

短期觀光免簽證

　　2011年1月11日起，台灣旅客只需持有效期限內的護照，即可出入西班牙等申根公約國，6個月內最多可停留90天。要注意的是，有效期限指的是在離開申根地區時，所持的護照最少需有3個月效期。
　　另有一點提醒，台灣旅客雖然可以免簽入境，建議仍準備好一些入境文件，以備海關臨時要求查驗，如來回航班的訂位紀錄或機票、英文行程表、當地旅館訂房紀錄、英文存款證明或其他足以證明能在當地生活的證明、公司名片或英文在職證明等。

旅遊諮詢與實用網站

西班牙商務辦事處
🏠 台北市民生東路3段49號10樓B1
☎ 商務部(02)2518-4905～7；簽證部(02)2518-4901～3
🕐 週一至五09:00～17:00

駐西班牙台北經濟文化辦事處
Oficina Económica y Cultural de Taipei
🏠 Calle Rosario Pino 14-16, Piso 18 Dcha, 28020 Madrid, Espana(Spain)
☎ (34)91-5718426
☎ 急難救助行動電話：(34)639-384883
🌐 https://www.roc-taiwan.org/es/

其他實用網站

TURESPAÑA

西班牙國家旅遊局
🌐 www.spain.info
巴塞隆納旅遊局
🌐 www.barcelonaturisme.com
馬德里旅遊局
🌐 www.esmadrid.com/en
卡斯提亞・萊昂旅遊局
🌐 www.turismocastillayleon.com
安達魯西亞旅遊局
🌐 www.andalucia.org
加利西亞旅遊局
🌐 www.turgalicia.es

飛航資訊

　　台灣目前無西班牙直飛航班，需至歐洲或中東再轉機，最快的方式是搭乘直飛航班至巴黎、倫敦、阿姆斯特丹、羅馬、法蘭克福等，再轉機前往馬德里、巴塞隆納、瓦倫西亞等大城。

航空公司	訂位電話	網址
中華航空	(02) 412-9000	www.china-airlines.com
長榮航空	(02) 2501-1999	www.evaair.com
德國漢莎航空	(02) 2325-2295	www.lufthansa.com
泰國航空	(02) 8772-5111	www.thaiairways.com.tw
英國航空	(02) 2512-6888	www.britishairways.com
法國航空	(02) 7707-4735	www.airfrance.com
荷蘭航空	(02) 2711-4055	www.klm.com.tw
義大利航空	(02) 2568-2121	www.toe.com.tw
卡達航空	(02) 2711-3298	www.qatarairways.com
阿聯酋航空	(02) 7745-0420	www.emirates.com

旅遊資訊

電壓

　　220V・插頭為歐規雙孔圓形

時差

　　西班牙冬季比台灣慢7小時，夏令時間（3月最後一週的星期日，至10月最後一週的星期六）比台灣慢6小時。

貨幣及匯率

　　單位為歐元€，歐元：台幣匯率為1:31.10（更新：2022年9月）。

　　台灣的銀行皆可直接兌換歐元，可依需求詢問是否有歐元現鈔或旅行支票，或攜帶美金旅行支票或美金現鈔，至當地銀行或兌幣處兌換。大多數飯店與商店可接受國際信用卡，若金融卡開通海外提款功能，也可直接於ATM提領歐元。需注意的是，一般商店和小旅館不接受200歐元以上現鈔，建議換歐元現鈔時以50元小鈔為主。

網路

　　西班牙的無線網路相當普遍，飯店、餐廳、車站多半提供免費無線上網，即便有時需要密碼，只需向櫃台詢問，通常就拿到密碼。

　　開通手機無線漫遊的費用相當高，建議在機場或市區的通信行申辦可無線上網的3G網卡，有固定流量上網、上網＋簡訊、上網＋通話等各種方案可選擇，另一種方式是在台灣預借WiFi分享器，多人同行可共享頻寬。

打電話

　　公共電話可使用電話卡或信用卡，電話卡可在電信局、菸攤或報攤購買，使用方法和在台灣相同，可直接撥打國際電話，

從台灣撥打至西班牙：
002＋34＋城市區域號碼＋電話號碼
從西班牙撥打至台灣：
00＋886＋城市區域號碼（去0）＋電話號碼

急難救助電話

　　遇到緊急事故時，直接撥打112。
警察局(Policía Municipal)：092
救護車(Ambulancía)：061
消防局(Cuerpo de Bomberos)：080

飲水

　　水龍頭的自來水，基本上可以生飲，若是腸胃比較敏感，也可購買礦泉水。

間比較彈性，幾乎是從清早到深夜，可供隨時點些輕食或Tapas，要當成正餐也無妨。

商店

商店的營業時間多為10:00～14:00、17:00～20:00，午休時間很長，不過，現在為了拼經濟，越來越多商家在夏日旺季中午營業不休息，原本在週日休息的店家也會開門營業半天，百貨公司則開到晚上22:00。

景點、博物館

旅遊景點和博物館大多週一公休、週日營業至13:00～14:00，部分地區在7至8月還會縮短營業時間。1月1日新年、1月6日主顯節、5月1日勞動節、12月25日聖誕節等國定假日，幾乎所有景點都不開放，在做旅遊規畫時，最好確認清楚。

購物退稅

西班牙不愧是購物天堂，2018年8月取消退稅的門檻限制，凡在標示「Tax Free」（或詢問店家是否Tax Free）的地方購物，不管消費多少錢，都享有退稅優惠，不過，實際的退稅門檻仍以各店家規定為主，並在3個月內在海關辦妥退稅手續。

西班牙的非民生必需品增值稅為21％、食品10％、藥品書籍4%，外國旅客若要退稅，記得向店家索取退稅單(DIVA)、VAT refund表格和信封，出海關前至機場退稅處辦理。

旅客得在機器上先掃描DIVA上的條碼，沒有DIVA單據的商品則需帶著收據、護照、登機證至出境大廳的退稅蓋章處，交由海關人員蓋章。若選擇將費用退至信用卡，直接將所有文件投入Global Blue或Premier TaxFree 的信箱即可，若想拿回現金，則要在上述兩間公司的駐點櫃檯再排一次隊。西班牙機場的退稅處常常大排長龍，如有退稅的需求，建議提前4小時到機場。

郵政

西班牙郵局稱為Correo，週一至六的營業時間是09:00～14:00，週日、假日不營業（馬德里和巴塞隆納的郵政總局除外），若臨時需要郵票(Sello)，可跟書報攤(Estancos)購買。

小費

多數飯店、酒吧的帳單金額已內含服務費，但習慣上還是會給一點小費。較為正式的餐廳約為帳單金額的5至10％；一般餐廳則可在帳單金額有尾數時，直接湊成整數支付即可。在酒吧、咖啡廳，若只是喝杯咖啡或啤酒，不用給小費。幫忙提行李的服務人員，或在飯店使用客房服務時，建議給€1小費。

營業時間

西班牙人的生活起居時間與台灣大不同，按西班牙人的習慣，早上是08:00～14:00，可以說台灣人的下午2點，是西班牙人心裡的正中午；下午時間則很長，從14:00到22:00，這是因為西班牙的夏季白日很長，甚至到晚上10點，太陽還沒下山！

餐廳

午餐時段是13:00～14:00，中午12點很可能還在準備；晚餐時段則是19:00～20:00；小酒館營業時

西班牙 Spain

MOOK NEWAction no.62

作者
王思佳‧墨刻編輯部

攝影
墨刻攝影部

主編
王思佳

執行編輯
羅鈺荃

美術設計
羅婕云‧洪玉玲‧駱如蘭‧詹淑娟‧Nina

地圖繪製
Nina‧墨刻編輯部

出版公司
墨刻出版股份有限公司
地址：台北市104民生東路二段141號9樓
電話：886-2-2500-7008
傳真：886-2-2500-7796
E-mail：mook_service@cph.com.tw
讀者服務：readerservice@cph.com.tw
墨刻官網：www.mook.com.tw

發行公司
英屬蓋曼群島商家庭傳媒股份有限公司城邦分公司
地址：台北市104民生東路二段141號2樓
電話：886-2-2500-7718　886-2-2500-7719
傳真：886-2-2500-1990　886-2-2500-1991
城邦讀書花園：www.cite.com.tw
劃撥：19863813
戶名：書虫股份有限公司

香港發行所
城邦(香港)出版集團有限公司
地址：香港灣仔駱克道193號東超商業中心1樓
電話：852-2508-6231
傳真：852-2578-9337

馬新發行所
城邦(馬新)出版集團 Cite (M) Sdn Bhd
地址：41, Jalan Radin Anum, Bandar Baru Sri Petaling,
57000 Kuala Lumpur, Malaysia.
電話：(603)90563833
傳真：(603)90576622
E-mail：services@cite.my

製版‧印刷
漾格科技股份有限公司

經銷商
聯合發行股份有限公司（電話：886-2-29178022）
誠品股份有限公司
金世盟實業股份有限公司

城邦書號
KV3062

定價
480元

ISBN
978-986-289-793-5‧978-986-289-796-6（EPUB）
2023年1月初版　2023年10月三刷

首席執行長　Chief Executive Officer
何飛鵬　Feipong Ho

生活旅遊事業總經理暨墨刻出版社長　PCH Group President & Mook Managing Director
李淑霞　Kelly Lee

總編輯　Editor in Chief
汪雨菁　Eugenia Uang

資深主編　Senior Managing Editor
呂宛霖　Donna Lu

編輯　Editor
趙思語‧唐德容‧陳楷琪
Yuyu Chew, Tejung Tang, Cathy Chen

資深美術設計主任　Senior Chief Designer
羅婕云　Jie-Yun Luo

資深美術設計　Senior Designer
李英娟　Rebecca Lee

影音企劃執行　Digital Planning Executive
邱茗晨　Mingchen Chiu

業務經理　Advertising Manager
詹顏嘉　Jessie Jan

業務副理　Associate Advertising Manager
劉玫玟　Karen Liu

業務專員　Advertising Specialist
程麒　Teresa Cheng

行銷企畫經理　Marketing Manager
呂妙君　Cloud Lu

行銷企畫專員　Marketing Specialist
許立心　Sandra Hsu

業務行政專員　Marketing & Advertising Specialist
呂瑜珊　Cindy Lu

印務部經理　Printing Dept. Manager
王竟為　Jing Wei Wan

本刊所刊載之全部編輯內容為版權所有，
非經本刊同意，不得作任何形式之轉載或複製。
Copyright © Mook Publications Inc.All Rights Reserved
版權所有‧翻印必究

國家圖書館出版品預行編目資料

西班牙/王思佳,墨刻編輯部作. -- 初版. -- 臺北市：墨刻出版股份有
限公司出版：英屬蓋曼群島商家庭傳媒股份有限公司城邦分公司發
行, 2022.12
　264面；16.8×23公分公分. -- (New action；62)
　ISBN 978-986-289-793-5(平裝)
　1.CST: 旅遊 2.CST: 西班牙
746.19　　　　　　　　　　　111017612

U0011233